増補

縄文人の時代

戸沢充則〔編〕

新泉社

はじめに

縄文時代の研究は、日本考古学史の中ではもっとも古い伝統をもち、かつ豊富な成果をもつ研究のジャンルである。

研究の対象範囲は、年代的には約一万三〇〇〇年前から二千数百年前まで、約一万年という長い期間にわたり、地域的には北は北海道から南は沖縄まで、日本列島全域におよぶ。

そのため遺跡や遺物はきわめて多く、現代人であるわたしたちの生活領域は、そのほとんどが縄文人たちの生活立地に重なるといってもよい。したがって日本国中のどこにでも遺跡があり、畑を耕やし、家の庭を掘り返せば、手易く土器や石器を手にすることができて、数千年前の大昔の時代のことではあるが、わたしたちにとってもっとも身近かで親しい歴史の遺産であるともいえる。

ところがこの縄文時代が、意外なほど一般の人々にはわかりにくく、また理解できない謎の時代でもあった。ごく一般概説的な時代の定義や、個別の資料・事象についての解説はできても、全体的・包括的に、また具体的に縄文時代を歴史叙述の形で示すことは、残念ながら、まだ誰一人として、本格的にそれにとりくんだ考古学者はなかったといってよい。

なにが研究をその方向に傾けてしまったかといえば、それにはいくつかの理由があるが、その一つには、本書拙文でもややくわしくとりあげたが、少なくとも戦前についていえば、縄文時代も縄文人も、日本歴史の「正史」には不要な存在であり、考古学者にとっては、それは学術研究の対象であっても、歴史研究の材料となしえなかったからである。

このことも本文の中で概略を説明してあるが、戦後、一九七〇年代に入ってから、急速に縄文時代に関する大発見・新発見が続出するようになった。高度成長経済の中での大開発にともなう、事前の大規模発掘が急増したためである。不備な調査体制、不足しがちな調査期間や予算の中で、工事着工に迫られておこなわれる調査は、現場の発掘には一応の結着をつけられても、出土した厖大な資料やデータを、十分に研究するいとまも与えられないまま、調査は終了する。

かくして学術的な体系化も評価も未消化な記録と資料だけが蓄積し、縄文時代の歴史叙述など遠い未来の夢として先送りされる。

研究者のジレンマが、いよいよ行きつくところに達すると思われた時、ここ二、三年来、予想もしなかったような「縄文ブーム」が湧きおこった。全国紙が一面トップ記事で報道するような大発見が、あいついで日本国民の注目をひいたからである。その代表的な例として知られる、寺野東《てらのひがし》・三内丸山《さんないまるやま》遺跡と、鷹山黒耀石《たかやまこくようせき》鉱山については、本書でやや詳細に扱ってある。

ところで、今回の「縄文ブーム」には一つの特徴がある。それは何かというと、さまざまな縄文の大発見・

新発見について、「わが国最古」とか「日本考古学最初の」「学界の常識を破る」などといった常用的な形容詞とともに、「縄文人像が変わる」とか「縄文時代観の転換」等といったキイワードが、必らず使われている点である。しかもこのキイワードはマスコミ用語としてだけではなく、学界の内部にもかなり深く滲透していることに注目しなければならない。

そのことは、従来何度か例があったように、研究者がマスコミ用語に悪のりしたということではなく、すでにかなり以前から学界内部に底流としてあった、縄文時代とはどんな時代か、縄文文化の見直しが必要ではないかという、研究者の問題意識が、マスコミの積極的なキャンペーンによって、火がついた結果であろうと考えられる。だとすれば、考古学研究者は縄文時代観の転換、縄文文化の見直しに、研究者として主体的にとりくみ、責任のある答を広く社会一般に提示していく責務がある。

本書の企画はそういった想念のもとで着手されたものである。しかし想念の世界で考えられたものを、直ちに研究の実績にもとづいた学問的体系にまとめるには、いまなお時期尚早である。とくに今回の「縄文ブーム」の直接のきっかけとなった前記の三つの遺跡を例にみても、発掘継続中、資料整理未着手という研究途上のものばかりである。

そこで執筆の諸氏には、現状における調査経過や成果のわかりやすい紹介、思い切った大胆な問題提起を軸に、報告書や論文の記述とは一味ちがった、エッセイ風の論文という注文をつけた。幸いに各執筆者ともその趣旨を十分に生かす、興味深い論文を寄せて下さったことに、編者として敬意を表したい。

縄文時代観の転換、あるいは確立といった理念をもちながら、今後、多くの研究者が、幅広い視野と積極的な問題意識をもって、縄文文化論のような形の研究を推進していくとき、いままで考古学の論述に多くみられた、実証的事実の厳密さばかりが重視される論文でなく、論者の発想や創意、思想や哲学が自由に文脈の間に散りばめられた、エッセイともいえるスタイルの論文が必要であろう。その点についても、本書に対する読者の意見がどんなものか楽しみである。

最後に、この書はある定められた考え方、具体的には、一つのある縄文時代観の解説のために執筆され、編集された本ではない。各執筆者のそれぞれの視座からみて、縄文時代観をどうとらえるかというテーマについて、自由に意見を投げかけた内容で終わっている。

歴史観とは本来自己の所有と尊厳にかかわる問題である。縄文時代観についても、正しい学問的事実と、研究者および読者個人の歴史観にもとづいて語られるべきものである。本書が、縄文時代観や縄文文化論を、みんなが活発に議論する一つの手がかりを与えることになれば、編者としては望外の喜びである。

本書の刊行に熱意をもってとりくまれた、新泉社編集部竹内将彦氏に敬意を表する。

一九九五年三月一日

編者　戸沢充則

縄文人の時代●目次

②縄文人の環境問題

貝類の情報と縄文時代の自然環境●松島義章――49

④縄文人の食料事情

装幀　勝木雄二

❶縄文人の国際関係

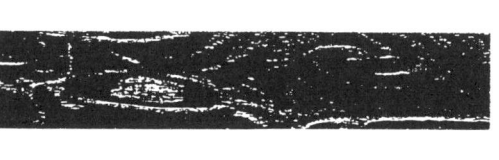

コスモポリタン「縄文人」

山田　昌久

「縄紋文化」は従来、日本列島のなかで孤立したかのような独自性だけが強調されてきた。そして一万年に近い永い時代にわたって、一体性のある文化としてとらえられてきた。はたしてそうなのか。東アジア全域に広げた視野と、人類社会区分の新視点をもって、いわゆる「縄紋文化」の枠組みを見なおす。

はじめに

「縄紋時代」研究の転換期

日本の考古学のなかで、「縄紋時代」研究はいま大きな転換期にさしかかっている。学者は、二〇世紀後半から、「縄紋時代」の説明として「汗水たらして自然と闘った縄紋人」「自然の恵みのなかに調和したユートピア的縄紋社会」「日本文化の基層部分に先住者の怨霊として残る縄紋世界観」などを描いてきた。同じ「縄紋人」を〝素材〟にしても、価値基準が異なれば解釈の仕方はさまざまとなる。

では、おまえはどう考えているんだ、と読者はいわれるだろう。わたしは「縄紋」とくくられた人類世界を、根底から再検討するという前提から出発したい。考古学者がつくりあげた「歴史と時代区分」「縄紋人の帰属意識」「集団間の交流」などの中身には、考え直す部分が多いと思っているからだ。

「縄紋時代を日本史のなかに正しく位置づける」という視点は、わたしより少し前の世代（ほぼ第二次大戦後に研究をはじめられた）の研究者にとって大きな研究課題であった。戦前の歴史研究では、文献資料のない古い時期の人類活動は、曖昧にされていた部分があったからである。そして、昭和二〇年以降の考古学研究をマスコミが話題としてとりあげ、多くの人々が関心を持つようになった。その背景として、「日本人（わたしたちという意識）の起源」にたいする興味があったことはまちがいない。いま、「縄紋」と名がつく本は売れるのだという。

一方現在、「歴史」という考え方にたいして根本的な疑問がではじめている。わたしの世代（二〇世紀後半から二一世紀を生きる）は、「歴史」というものが、「国家」や「民族」で人間の存在を見る近代ヨーロッパでつくられた「マジックボックス」でもあったことを知っている。またアジアでは、「国家・文化」の独自性の意識が「歴史」に強くあらわれている。しかし、二〇世紀終末の地球上に起こった「国家の分裂・統合」「難民の流動化」を知ったわたしたちは、「わたしたちの先祖・子孫」といった血のつながりをたどる視点は、「国家の政治史」を理解する視点とは必ずしも一致するものではないことを知るようになった。

地球規模の人類史

だから現在「日本史」を見る場合、「国の歴史」や「血のつながりの歴史」を求めて系列の時間をさかのぼるほかにも眼くばりが必要だ。つまり、わたしの世代は「日本史のなかに縄紋時代を正しく位置づける仕事」が一段落する前に、「歴史という価値の再検討という仕事」とも立ち向かわなければならなくなったのである。

「歴史というマジックボックス」に関連するためか、考古学者は、「先史学」「考古学」という言葉にも敏感に反応している。歴史学者のなかには、政治史こそが歴史であるとして、政治的な関係が説明できない古い時期の人類活動を歴史の外に考える人もいる。そうした視点からは、「国家」史以前を「先史」時代と呼ぶ立場もそれなりの理由はあるということになる。また、人類活動全体を視野に入れて、地球上に起こった動向を理解しようという立場では、「先史」という単語は別の課題を産む。地球規模の人類史においては、「先史」とは人類以前なのか国家以前なのか、といった議論も必要となるからだ。なかには、人類が「国家」「権力構造」「帰属集団」等の枠組みを形成する以前を考え、「始原」という段階を設定する学者もいる。そこでも、人類集団の「系統と系列」という考え方の熟成が要求されている。こうした構図のなかでは、いったい「日本人」の起源問題とはどう考えられるのだろうか。

言葉不足だが、以上の話から「縄紋時代を日本史のなかに正しく位置づける」ことは、わたしの世代の考古学者にとっては、以前の世代の考古学者が持っていた明快な希望とは、やや変形せざるを得ない事態があるらしいなということを判断いただけると思う。このような現状で、考古学の本のなかで「縄紋時代の国際関係」というテーマをいただいて書くことは、かなり「しんどい」話だ。「縄紋時代」を区別する基準はなにか、関係というからにはそれぞれの集団間に存在した個性を区別する基準はなにか、「国家」の存在しない人類集団に「国際」という言葉を使う理由はなにか……。「縄紋時代」に「国際」という用語を使用することは、やがて次世代の考古学者・歴史学者に非難されるにちがいないとわたしは思っている。そこで少し適切でない部分もあるが、「コスモポリタン縄紋人」というわたしなりのタイトルをつけさせていただき、話を進めることにしよう。

「縄紋時代」「縄紋社会」の内容

縄紋社会の枠組み

東アジアでは、「旧石器時代」の終わりつまり「土器使用のはじまり」は、ほぼ同時期に起こっている。しかしその後、集団の拡大化・組織化・国家形成に向かった部分と、集団の非拡大の方向に向かった部分がある。「旧石器時代」終末の技術系復元や「縄紋文化」を東アジアの人類動向下で再検討するという考えをわたしは一九九〇年に発表したが、つぎに国家史の枠組をとり払った人類史のなかで、こうした東アジアに展開した人々それぞれの生活動向を明らかにすることが課題と考えている。東アジアに注目した場合、なぜ黄河文明が登場したのか、日本列島に注目した場合、なぜ「縄紋文化」の人々は集団拡大化を選択しなかったのか、それがわたしの関心事であった。

一九九一年の夏、わたしは中国で開催された学会で、「東アジア食料獲得技術の展開と夏商《かしょう》文明の成立」という発表をした。そのとき日本からの何人かの参加者のなかに国分直一先生がおられ、一週間いろいろな考古学の話をさせていただいたことは幸運なことだった。わたし自身が十分消化できていない東アジアの生活技術についてお話したにもかかわらず、豊かな学問とお人柄の国分先生は、いつもの「それはおもしろい」といってくださる言葉に交えて、いまも鮮やかに記憶に残る質問をされた。「そう考える山田さんは、《縄紋文化(時代)》という枠をとり去る必要を感じていますか、残して整理しますか?」。みずみずしい感性の先生のご質問にたいして、当時のわたしの答えは優柔不断だった。「縄紋文化」という考古学者の創作した文化類型は、現状の歴史系列をとり払ったときには、再度、類型化方法の点検が必要であったり、類型方法を考え直す根本的な問題があるのでは？　国分先生は、その宿題をわたしへ与えてくださった。

いままでの「縄紋時代」研究の視点

では、これまで「縄紋時代」はどのように説明されていただろうか。

①「旧石器時代」と「弥生時代」の間の時間に位置する時代。
②「縄紋土器」を使用した時代。
③稲作以前の「狩猟・採集の経済段階」の時代。
④「磨き加工の石器」や「弓矢」を使用した、金属知識のない時代。
⑤「貝塚」を残す「漁撈活動」のはじまった時代。
⑥「定住集落」をつくった時代。
⑦日本列島で一万年間「独自に展開」した始原社会をくくった時代。

これらの視点は、その出発点に日本史（あるいは日本列島史）という系列がある。考古学者は、「縄紋土器」の発見から、そのなかまを日本列島から集めて、「一連の類型的な土器」を使用した時間をひとつの「考古学的時代」とした。ここに「縄紋時代」の時間枠と空間枠が定められることとなった。考古学者はその後、時代の特徴を説明する「居住方法」や「経済段階」を付加させた。そして「縄紋式土器の使われた時代」を、後づけされた生活内容のもとに「縄紋時代」とつめて呼び慣わすようになった。

いま、日本人は「縄紋時代」という時代が、「日本史の時間軸」のどこにあったものかを「知ってるつもり」

でいる。一万年間、金属知識を持たず狩猟採集を中心とした生活をした「ひとつの文化」の時代と教科書には書かれている。けれども「縄紋」という知覚は、同じ島国のイギリスでほぼ同様な位置にある「土器使用開始後の時代」が、ヨーロッパの「新石器時代の諸文化類型」との関係に、絶えず注意をはらって考えられていたのとは対照的に、いつも「日本の縄紋」であった。

「縄紋人とその社会」の描かれ方

考古学者が示した「縄紋時代」の理解に横たわる落し穴は、実際はかなり多いのだ。だから、モースという人が大森貝塚で調査した土器に「縄の痕がつけられた土器」と呼んだから、または、白井光太郎という人が「縄紋土器」という名をつけたから、といった「縄紋」の名前の由来から説明をはじめ、「縄紋時代がありますよ」という考古学者の研究を単純に信用しないで、「縄紋文化」って何?と問い直すことはすごく大切だ。筑波大学の西田正規さんは、考古学者のつくった窮屈な枠組みから「縄紋人」を開放しようとする。開放された「縄紋人」は、「地球の中間緯度で多角的に資源と対応する定住民」となる。そして「拡大化を図らない」意識という点で、黄河文明との差異が示された。

しかしわたしは、「拡大化を図らない」意識をもった極東地域の居住者を、分類する基準あるいは分類しない基準の検討も必要だと思う。だから、この文章では東アジアの居住者を見ながら、「縄紋人」の枠組みをチェックする形を採ることにしたい。とするならば、まず「縄紋人とその社会」の描かれ方を見る必要がある。

これまでの整理方法には、

①土器の特徴から、小地域に区分できる流行圏があった。

②土器を経年変化には、一連のまとめられる長短の複数シリーズの動向があった。
③土偶などの「祭祀用具」を発達させて、「集団を維持する仕組み」をつくった。
④集団を形づくる人々が対等な関係にあった。
⑤集団を形づくる人々が階層的に組織された。
⑥集団が居住地点にさまざまな施設を集中させた。
⑦集団が生活圏にいくつかの活動地点を分散配置した。
⑧同居集団が基本単位の生活だが、複数「集落」の会合を持つ地域関係があった。
⑨物資入手は同居集団を主とするが、地域集団・遠距離集団で流通が考えられていた。
⑩ひとつの文化として発展・上昇・衰退の過程があった。
などがあった。

①と②からは、一万年間におよぶ「縄紋人」には、細分集団と各集団の消長があることが解釈できる。さらに、集落遺跡と考古学者が呼ぶ居住空間に残る土器が、土器流行シリーズの単位と対応しない場合もあることを補足できる。③からは、社会の構成原理として、労働単位や血縁地縁単位であろうほかにも、季節や経年のお祭りを共有して帰属意識を養っていく単位の存在を想定できる。それは、同居集団内ばかりでなく地域集団群でも考えられたらしい。④と⑤は「平等」や「階層」の意味を補足する必要があるが、「縄紋社会」における作業分担や集団意志の決定方法の仕組みを考慮するものだろう。⑥と⑦には、「縄紋集落」にたいしての基本的な意識のちがいや、時間軸内での差異、そして「縄紋人と土地空間」のあり方という議論が含まれている。それは、⑧で指摘される地域社会の姿や、⑨でいわれる経済活動の重層性ともかかわってくる。そして⑨から

は、「縄紋人」の資材や食料の生産方式にも、専門性の高いものや極地的資源の利用に関して、集団の個性化があった可能性も想定できる。それらの視点がひとつの文化としてまとめられ、⑩のような動向設定が試みられたのである。

一方、ここでもうひとつ別に触れておく必要があると思うのは、日本列島の環境条件が類似した微細地形の連続であるという点だ。結果的に、「集団間の交換材が類似すること・交換の規模が限定されること」が指摘できる。だから⑨の問題に関しては、集団ごとの生産活動が極端にちがわないで、個性化グループ・中継点グループの役割が増大化する動きは抑えられる可能性もある。「縄紋時代」において、石器材料の原産地集団や製塩地集団そして流通の拠点集団等が、地域集団を越えたパワーセンターを国家権力に変質させずにいたのは、所有空間の類似性に起因する入手資源の類似性に注目する必要もあるだろう。

さて、こうした集団の地域空間における関係は、「縄紋人」を決定づける必要十分なものではない。東アジアの人類集団は、そのうちの黄河文明の東隣地域の集団が、社会の権力統治＝政治的社会と接触するまで、類似した集団の関係を持っていたのではないか。しかし、極東地域で、この時期の人類の共通性・変異の顕在化・系列などを判断してつくった社会類型は、まだ考察が進んでいるとはいえない。

「縄紋時代」「縄紋土器」の点検

「縄紋」への執心

では、わたしたちは「縄紋文化」をどう理解する必要があるのか。

まず、時間設定として「旧石器時代」と「弥生時代」の間の一万年間に置く、という点はどうだろうか。それぞれの時代の定義を深く追求することもじつは必要で、それだけで大議論となるが、時間的な前後関係はよしとしよう。しかし、^{14}Cによる年代測定によれば一万二〇〇〇年前から二五〇〇年前のほぼ一万年間を、同一の文化類型でくくる基準は何かといえば、「縄紋土器」と定義した土器を一系列で考えるという、山内清男先生の視点が出発点となっている。「縄紋土器」は筒型の「深鉢《ふかばち》」と呼ぶ、底が尖ったり平らな素焼き土器つまり「煮炊き具」を基本の形としている。しかし、時間がくだるにしたがって、注ぎ具や盛り付け具・保管具・作業具・小分け具などが増加し、小型の祭祀用具やウルシ塗り他の彩色土器なども生まれている。ときには死者を葬る容器としても使われている。

「縄紋」について、考古学者はとりわけ集中した研究をしている。縄の撚《よ》り方への「執心」だ。山内先生はこの縄の研究のパイオニアで、さまざまな「縄紋人」の縄の撚り方を突き止められた。そして縄の種類の流行や組合せを研究されようとした。撚り方によって異なった紋ができることを見ると、確かに「へぇー」と思う。発掘した「縄紋土器」は、だからひとつひとつ縄の撚り方を判断して報告される。しかし考古学者のご執心は形骸化し、山内先生の考えられた、流行や組合せで「縄紋人」の「細部」をどう類別化し、系統関係を考えるかという研究は進んでいない。

類型化の新動向

一方最近、「縄紋土器」全体の系列を点検するという視点は、何人かの考古学者が発表している。慶応義塾大学の岡本孝之さんは、縄を回転してつけた模様の土器がある範囲こそ「縄紋土器」と呼ぶべきであるとして、日本列島のなかの土器を区別して理解する。その背景には土器類型ひいては文化類型を同一枠で考えることへの批判がある。東京大学の大貫静夫さんは、筒型で平らな底の土器がアジア極東部に展開する動向に、日本の「縄紋土器」も大枠では含まれる可能性があることを模索されようとする。そして、そのなかの土器を同一基準で類別化して再整理をしようと考える。九州大学の宮本一夫さんは、朝鮮海峡をはさんだ半島と九州の土器と関連遺物を、現在の国の枠組みを越えて検討する。

そしてわたしは、環日本海沿岸地域の土器文様の共通点の存在指摘のほかに、「櫛歯《くしば》状用具押付けの列点紋《れってんもん》」と「縄紐回転の縄紋」が分布する区別できる素地紋《そじもん》の存在を、この時期の極東地域の筒型平底《つつがたひらぞこ》の土器をさらに分類する基準になり得るものとして考えた。極東地域での集団の区別を、集団のシンボル表現がどこかに認められないか、物質資料から判別する要素を指摘したかったからだ。これらの意見を大きく見るならば、「縄紋土器」の設定にかかわる空間認識は、従来の日本列島を基準とした類型の下で解釈することを考え直す、という共通点を持っている。

また、「縄紋土器」には土器の製作手法に変化が起こり、仕上げに工夫をこらした土器と簡単につくった土器が区別してつくられる。明治大学の阿部芳郎さんは三五〇〇年~四〇〇〇年前にあらわれたその動向を、関東地方の土器の粘土を調べて解明している。「縄紋時代」の土器は、その後にも焼き方に変化が生まれ、磨かれて黒光りする土器が九州地方でも東北地方でも流行する。こうした変化は、粘土に繊維を混ぜる方法の出現などをさらに加わえ、日本列島以外の東アジア地域にも起こった動向として理解してみることも必要だろう。また、一万年間の土器製作法が同一視できないものであったことも注目される。ここからは、ひとつの時間にくくった「縄紋土器」という類型区分の考え方も、再検討する必要が考えられる。

東アジア全体の動向のなかで

土器を時間で分けるという点では、《生活面の共通項》として、三〇〇〇年前以降から東アジア極東地域に壺形の土器がつくられるという動向がある。東北日本の「縄紋時代晩期」の亀ケ岡《かめがおか》文化と名づけられた類型の土器も、「縄紋時代の晩期~弥生時代」と呼んでいる時間の、ロシア日本海沿海地方のヤンコフスキー文化・ポリツェ文化という類型の土器も、筒形平底（深鉢形）に壺形の土器が加わる。

この時期の東アジア極東の大型壺形土器をめぐって、資源の保管用・埋葬用といった用途が想定されている。考古学者はこれについて、日本列島東北地域では埋葬用の壺という意識が長く続いていたり、日本列島西部地域では保管用壺という意識が稲作にかかわって広まっていた、と考えている。だから「弥生時代」の前半に東海地方を境として、歴史民族博物館の藤尾慎一郎さんが「変容壺《へんようつぼ》」と呼んだ折衷型の土器が登場して、土器づくりと使用法の「ゆらぎ」が起こるとわたしは考えている。

わたしは、従来の「縄紋時代」「弥生時代」の区分にこだわらず土器変化の動向を考えるならば、日本列島西部の「縄紋土器」が三〇〇〇年ほど前の「縁帯文土器《えんたいもんどき》」と呼ぶ土器の時期から、朝鮮半島から環日本海地域も含めて、素地紋なし装飾文様なし流行圏をつくっていったと考えている。日本列島西部と朝鮮半島からロシア沿海地方南半の居住者は、煩雑な素地紋や装飾文様を土器に付加する価値観をなくしていく。ということは、表現形が変化する何らかの人類動向を極東の中国周辺地域に想像する必要が生まれる。だから、芦屋市教育委員会の森岡秀人さんも指摘したように、日本列島にのみ視点をすえて、「縄紋」「弥生」を区分して時代をつなげる理解方法には、大きなつかみどころを見失う危険を感じるのである。

この日本列島西部の動向に対比できるものとしては、日本列島東北部の「弥生土器」があり、北海道の石狩川北東で「縄紋時代」が終わってからも「縄紋を残す縄紋時代より新しい土器」がある。東アジア極東地域の人類は、日本列島の一部を含めて「縄の素地紋」にこだわっているグループが残存している。極東のより北東部の地域で空間と時間の類別化を考えることが必要だろう。ここからは、土器を空間で分けて《製作・価値観・美意識の共通項》として動向区分する可能性が指摘できる。

ややこしい話を整理すると、空間を分けるという視点では、土器を使う生活でまとめれば東アジア全体を、筒形平底（深鉢形）の土器を使う生活でまとめれば東アジア極東地域を、縄を転がした土器を使う生活でまとめれば日本列島東北地域から北方にかけての地域を分類できる。そして、日本列島西部の土器変化は、シンボル表現や形づくりそして装飾技術のちがいで、構造変化の動向を考えることができる。これらの視点は、分類枠の基準・変化過程の系列・転移や受容の理解などを意識し、従来の考古学での型式研究・様式研究の骨格を越えた、大枠での人類動向の構造解釈を意図している。わたしはこうした土器研究の現状を見て、「縄紋時代」や「縄紋土器」は、必ずしも考古学者が安住すべき集団類別化の概念ではなくなってきていると考えているのである。

東アジアからみた食料資源と入手方法

稲作、「縄紋農耕」について

稲作以前の人類生活を、狩猟・採集の経済活動として整理し、生産経済の「弥生時代」・採集経済の「縄紋時代」という対比的な説明を教科書で学んだと思ったら、最近は「縄紋時代の稲作」という説明を頻繁に聞くようになった。さらに、蕎《そば》や黍《きび》あるいは麦といった雑穀類が発見されるとか、牛蒡《ごぼう》や緑豆・瓢箪《ひょうたん》そして栗といった果実や根茎類、大麻などの生活資財に関連する植物を、「縄紋人」が育成していたことも紹介された。

一九六〇年代から、中尾佐助先生をはじめとする民族学者が、「半栽培」という人間=植物関係を説明しはじめた。すると、考古学者のなかにはこれだとばかりに「縄紋文化」の食料事情の説明に導入し、「縄紋農耕」を描く人があらわれた。採集から生産へという経済変化の図式に染まっていた考古学者の議論に別の枠組みが登場した。

しかし、ちょっと待てよとわたしは思う。福井県の鳥浜《とりはま》貝塚の調査にかかわって以来、ずっと「縄紋時代」の食料資源の発見現場にいたから、考古学の考え方が新たな情報を加え、日々変化していくことに異論はない。ちょうどこの原稿を書いているとき、西田正規さんとお話する機会があって、「人類の生活痕跡を研究する方法としての考古学が農耕や半栽培を説明するのに、発見した植物だけを証拠に説明するのはおかしい、という話を最近ある雑誌に書いたんや。読んでみて」といわれた。そのとおり、考古学という方法を成立させるのは、食料資源の発見のほかに、「どこが畑だったのか・田圃の作り方はどうか・栗の林はどこまでだったのか・どんな風に加工したのか・食事の仕方はどんな道具揃えなのか」といった、その活動の場所と施設・道具といった内容を確認する努力が必要だ。名古屋大学の渡辺誠先生が先鞭をつけられているが、個別事象を一般化し「インフラストラクチャー=社会資本」の整備状況を理解して人類活動の類型化を考察するには、まだ時間がかかりそうだ。文化類型の比較は、そうした作業をおろそかにしてできるものではない。何があったかではなく、何とどうかかわっていたかの説明が要求される。

地球上の中間の緯度で人類が定住生活するためには、一年間の変化する環境のもと、多角的な資源入手の活動を必要とする。だから、生活技術の入り組みも複雑だ。以前の考古学では、新石器時代を土器使用と磨製石器使用と定住と農耕を組み合わせて人類動向を理解した。ヨーロッパでは、「土器発生の地でもある西アジアではじまった農耕が、ドナウ川を経てヨーロッパに伝わった」という図式で、新石器時代は農耕の時代であるという考え方をした時期があった。しかしこの伝播説は近年修正されている。また、石器磨製の技術は日本では二万年以上前から生まれており、必ずしも「新石器時代」の定義とならないこともわかってきた。

だからわたしは、「採集経済と生産経済の対比」のほかに、「定住生活での動産・不動産整備の動向理解」が「縄紋社会」を考える要点なのだと考える。

加えて、東アジアの地域では、大きな空間での文化論は熟成できていない。確かに「照葉樹林文化論」として、揚子江流域で起こった稲作が北進し、山東半島から朝鮮半島を経て日本列島へ伝播したという説や、直接海を越えて伝播したという説はある。また、ナラやブナの林の畑作論も試みられてきた。しかし、針葉樹林・草原そしてツンドラ空間の人類活動を含め、東アジア全域での人間と環境の関係は、モンゴロイドの拡散をテーマに開始されたばかりで、まだ十分研究が進んでいないといっていいだろう。

東アジアで発見された食料資源

さて、「縄紋時代」と同じ時期の東アジアの居住者の生活は、どうだったのだろうか。まず、発見された食料資源を見てみよう。中国河北省の磁山《シシャン》遺跡や河南省の裴李崗《ピリカン》遺跡で発見された粟や黍から、稲との対応がはじまった揚子江流域より北の地域では、雑穀類利用の動向が七〇〇〇年ほど前からはじまっていたことがわかる。また四〇〇〇年ほど前には内モンゴル自治区の赤峰《チフェン》五分地《ウフェンジ》遺跡や豊下村《フシアスン》遺跡で粟や黍が発見されている。

C　土器素地紋の広がりと装飾文様の類似関係

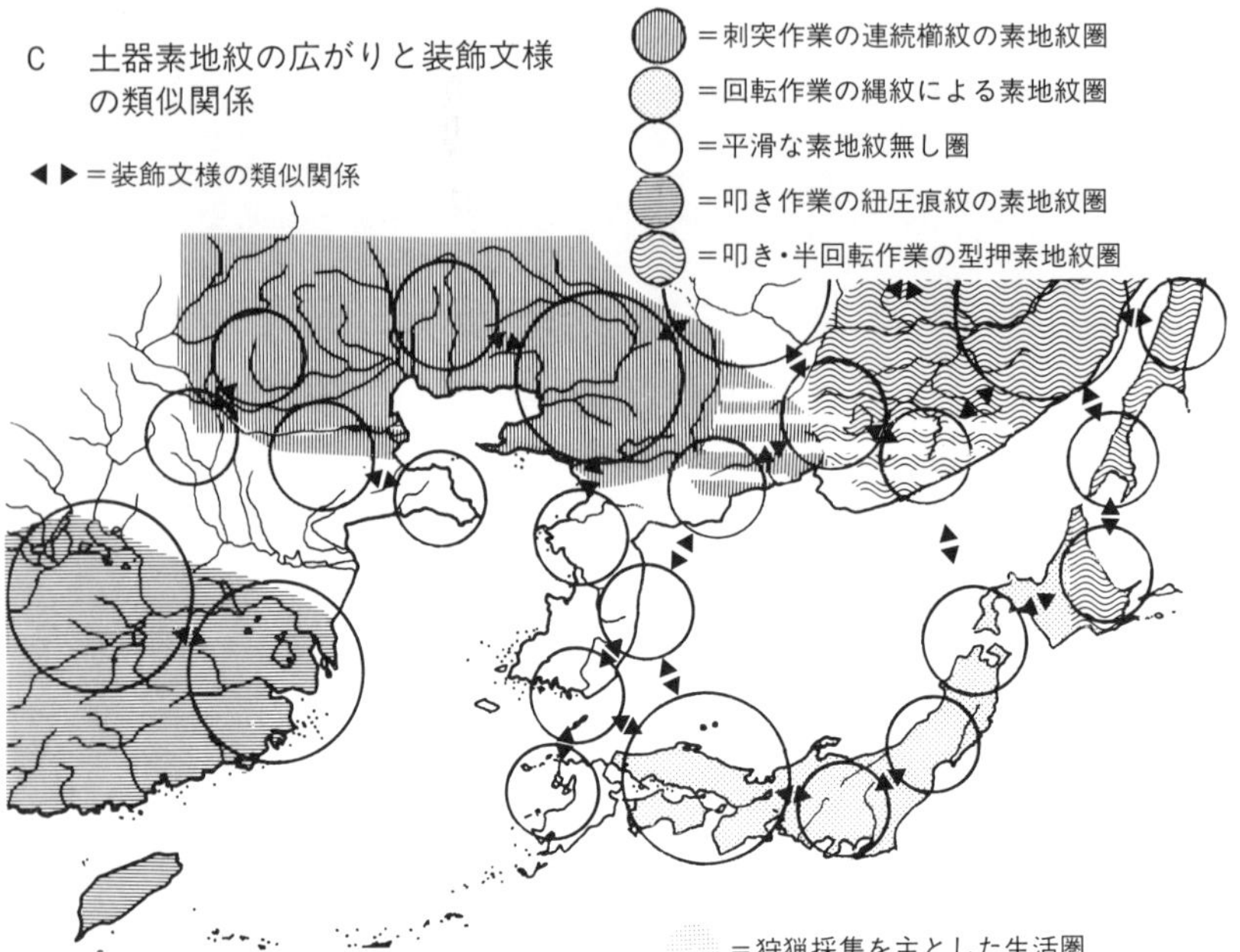

D　食料確保の違いで分けた生活圏

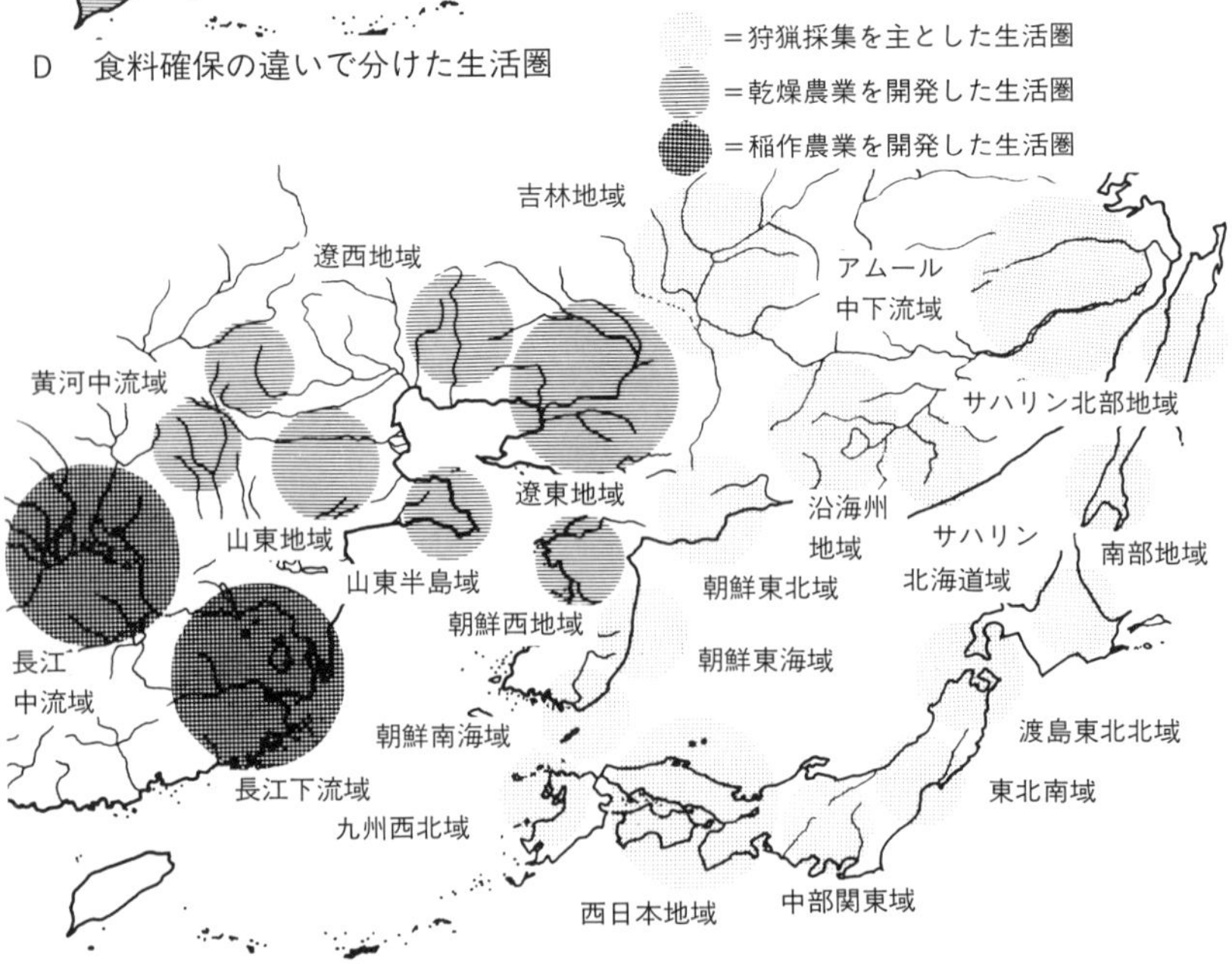

〈図解説〉東アジア各地の土器はAのように多種のものがある。煮炊き用土器の底に注目すると、Bのように大きく２つの類型化ができる。素地紋に注目するとCのように大きく５つの類型に整理できる。こうした土器の区分と生産手段（Dに示した）類型との相関は興味深い。

A　東アジア各地における土器使用石器時代の前期の土器

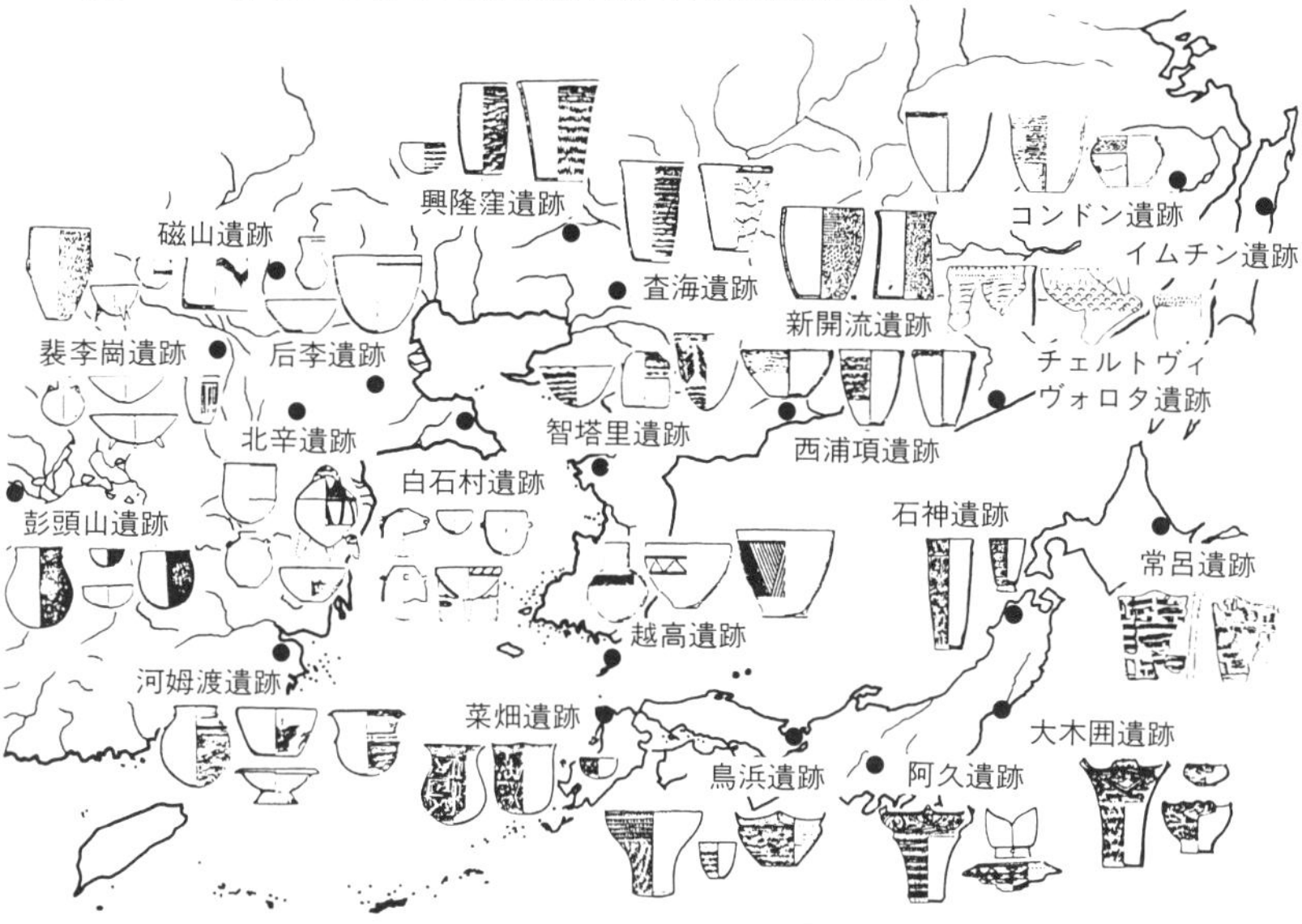

B　煮炊き用土器の底による分類

＝円筒形平底の煮炊き土器

＝円み底の煮炊き土器

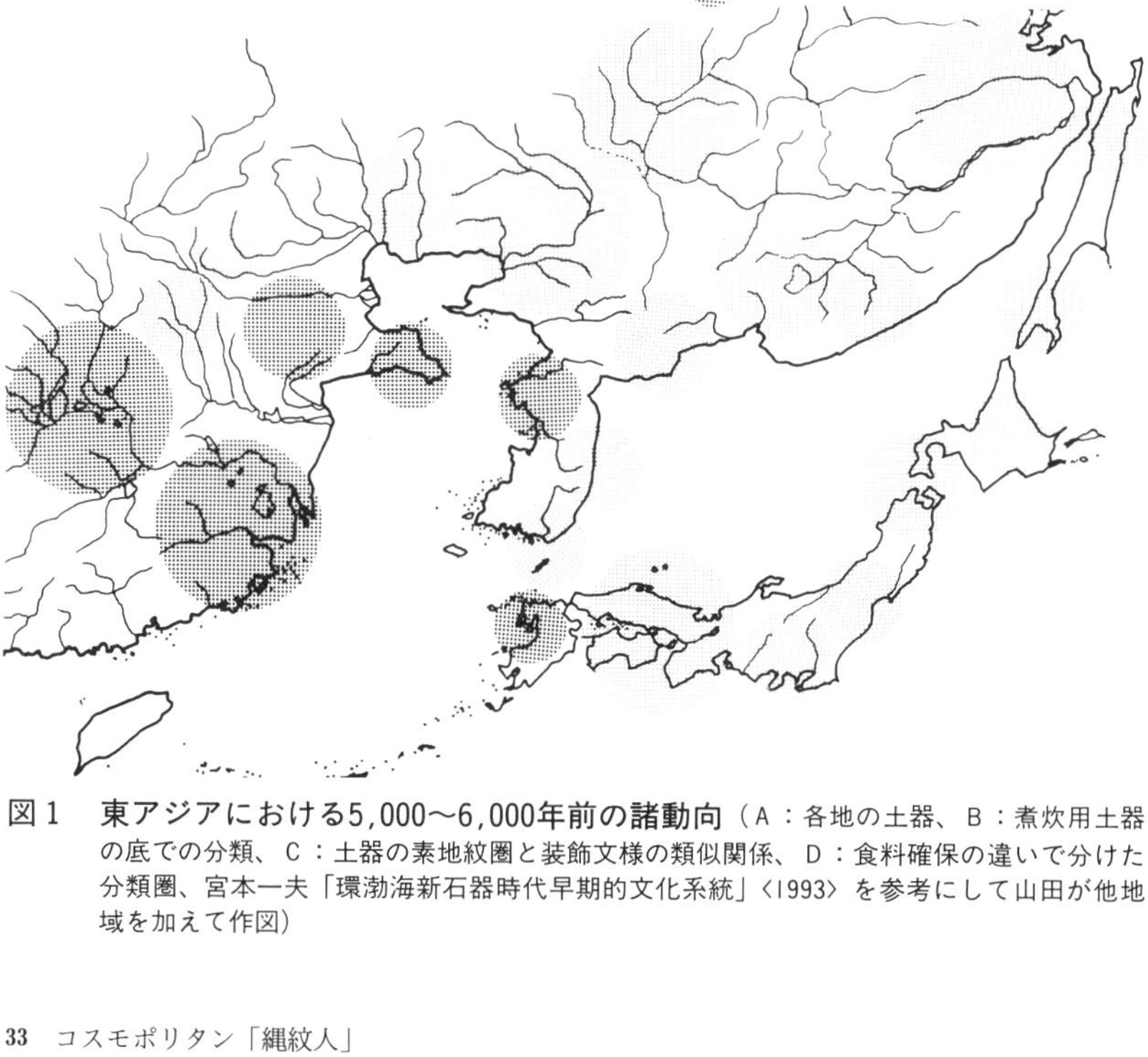

図１　東アジアにおける5,000〜6,000年前の諸動向（A：各地の土器、B：煮炊用土器の底での分類、C：土器の素地紋圏と装飾文様の類似関係、D：食料確保の違いで分けた分類圏、宮本一夫「環渤海新石器時代早期的文化系統」〈1993〉を参考にして山田が他地域を加えて作図）

ロシアアムール川中流のノヴォポクロフカ遺跡では小麦の花粉があったという。そのほかにも、黒龍江省牛場《ニウチャン》遺跡や大牡丹《ダームダン》遺跡から大豆・粟・黍が、ロシアのマラヤパドゥーシカ遺跡から大麦がでている。植物以外にも、鶯歌嶺《インガリン》遺跡やペスチャヌイ半島の貝塚からは、豚・馬・牛の骨がでたという報告がある。これらは、新しいものでは三〇〇〇年ほど前の事例もあるが、いずれも「縄紋時代」と考古学者が考えている時間に、日本海の対岸に展開した人類動向である。

では、日本列島の「縄紋時代」の遺跡からはどんな栽培植物がでているだろうか。後半期の四〇〇〇年前以降の資料では、西部では稲は一〇遺跡を越える報告例があり、東北部では蕎の報告例が多い。黍や麦の報告例もある。国立民族学博物館の佐々木高明先生は芋類との対応がはじまっていたと指摘するが、物的証拠は未確認だ。しかし、牛蒡はあるから根茎類との関係はあったにちがいなく、かなり大事な資源だったろう。また六〇〇〇年前まで古くすると、穀類の報告例は激減するが、緑豆や瓢箪などの豆類や瓜類や、エゴマや大麻などの発見がある。動物飼育はまだはっきりした資料はないが、猪《いのしし》の幼獣を表現した焼き物があるから、猪と「縄紋人」は身近な関係にあったことは推測できる。これらの植物や動物との関係を農耕・牧畜と呼んでしまうと、今はまだ混乱する部分も多い。

この文章では、「半栽培」とか「身近な関係」とかの表現にとどめ、「採集社会」という従来の表現を使用するが、こうした事実からは、「縄紋人」の定住化にともなった資源利用法が、日本海の対岸地帯の人類動向と共通点があった可能性を検討する必要があることがわかる（図1）。

東アジアの金属器と「縄紋人」

東アジアの青銅器・鉄器時代

「縄紋時代」は、日本の新石器時代であるとよくいわれる。その理由はさきに少し触れたように、「石器を利器とする人類文化で磨製加工の技術がある」からだろう。しかし、人類が金属を加工したり精製したりする知識はかなり古くさかのぼる。西アジアにおける自然界の鉱物利用やカフカス地方の青銅器文化の事例を持ちださなくても、東アジアでも「縄紋時代後期」の時期に、中国では黄河流域でも揚子江流域でも青銅器がつくられていた。さらに両地域に別の文様が存在するから、生産技術も別々に展開していたと判断できる。ロシアのバイカル湖周辺の「グラスコーヴォ文化類型」やアルタイ地方の「アファナシェヴォ文化類型」の遺跡、極東地域ではハンカ湖畔のハリナ谷遺跡でも、青銅器の存在が確認されている。この地域では、四〇〇〇年ほど以前からを「青銅器時代」と呼んでいる。ドイツやロシアの考古学者のなかには、金属知識と接点をもった人類動向を「続新石器時代」として、「人間と金属のかかわり史」を考える視点もある。

そして、極東地域のロシア沿海地方の「ウリル文化」という、「縄紋時代晩期」と同時期のウリル島遺跡やマキシム・ゴルキー遺跡からは、鉄器が発見されている。さきに動物飼育の問題でとりあげた中国東北部の鶯歌嶺遺跡上層の文化類型も鉄器を持っている。つまり、四〇〇〇〜二五〇〇年前の東アジアの人類は、中国の中央地域以外でも金属の知識があったのだ（**図2**）。

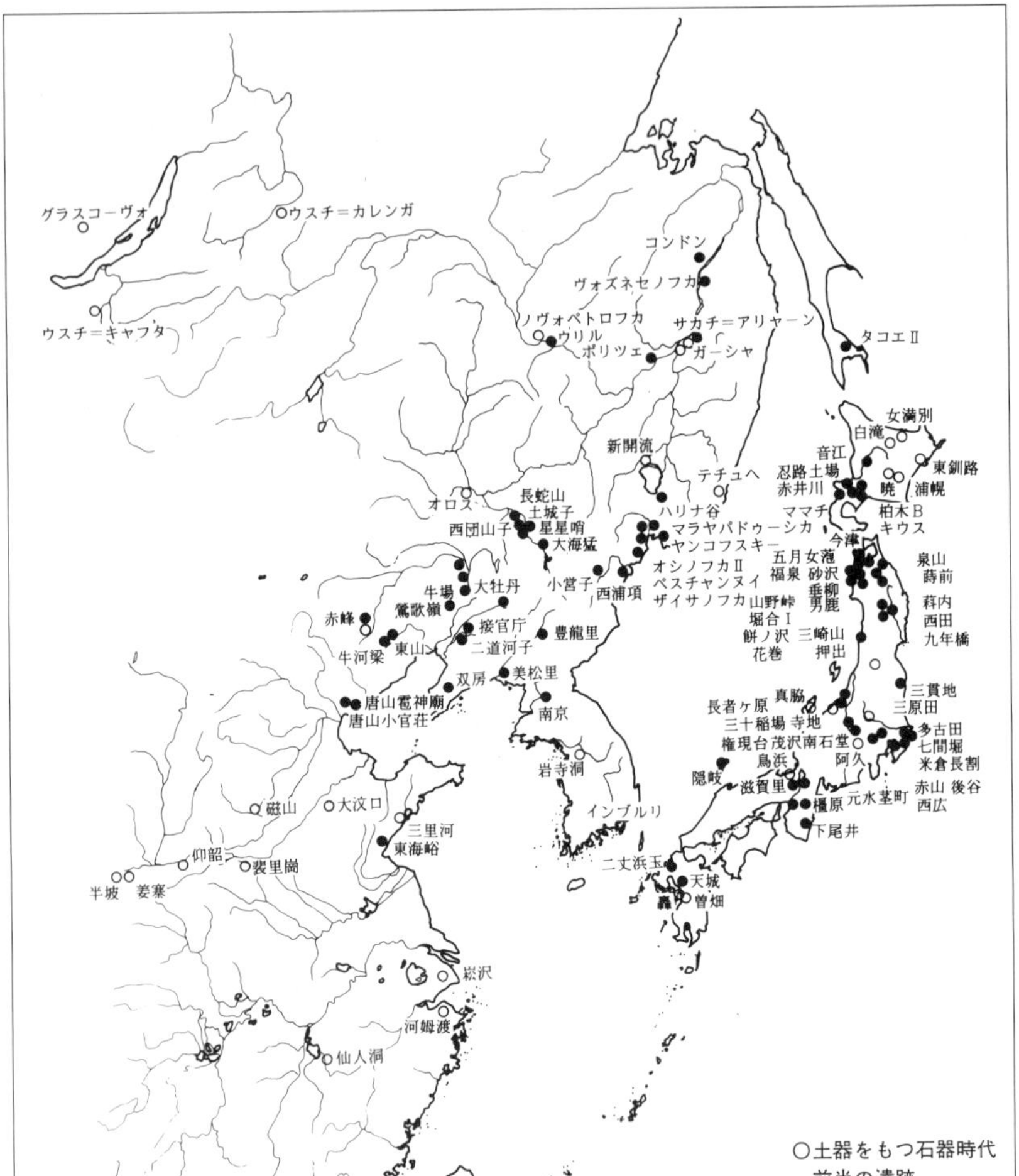

図２　東アジアの新石器時代～青銅器時代の遺跡
（山田昌久「『縄紋文化』の構図（上）」『古代文化』第42巻９号より）

「縄紋人」と金属

では、日本列島の居住者はそうした動向とまったく関係のない状態だったのだろうか。答えはノーだ。山形県三崎山遺跡で発見された青銅製小刀は、刃の部分が内湾していた。形は大陸のものとそっくりだ。この小刀の時期は「縄紋時代」後期～晩期と考えられている。さらに、北海道釧路市の貝塚町一丁目遺跡でも晩期の鉄破片が発見された。だから、「縄紋人」でも終わりのころの人々の一部は、金属を知っていたことはまちがいない。持った人が移動したのか、物が移動したのか、つくる人が登場したのか。また、実際どのくらいの鉄器があったのか、そしてそれはどう使われていたのか。

この時期の日本列島東北部では、刀・剣の形を石でつくった遺物が多く発見される。何人かの考古学者は、大陸の金属器と形が似ているからそれを真似たものだと考えている。北海道大学の吉崎昌一先生は、北海道日ノ浜遺跡の刃部内湾の形をとる石刀を例にあげ、それが大陸の青銅刀の模倣で、大陸から入っていた儀器としての金属製品を補ったとした。朝鮮民主主義人民共和国の西浦項《ソポハン》遺跡でも、石の剣が見つかっているから、金属器を真似るという行為を「大陸と日本という図式区分」で比較するのは危険だ。この動向は、極東地域の広範囲に存在していた可能性が高い。それでもこの指摘は、つぎの三点でとても大きな意味がある。

①金属が利器としてでなく登場している。
②東アジア極東部の人類が直接的な経済行為以外に、類似した習俗を持っている。
③代替材での模倣が盛んなことは、冶金術そのものが伝わった可能性は低い。

一方、実用的な金属利器があったと考えるのは、東北福祉大学の芹沢長介先生だ。芹沢先生は、「縄紋時代晩期」の骨や木の道具に残った加工痕跡は、鉄の道具なしではできないものだといわれる。この時期に木を合わせてつくった弓があると先生がされるのも、道具立てに鉄の利器があることを考えられてのことだろう。最近わたしは、「縄紋時代」と「弥生時代」の境の時期の新潟県御井戸遺跡の木製品に、刃毀れのある道具で削った痕跡を見つけた。それは同時期の九州地方で、鉄の刃によって加工されたという木杭加工に似ている。しかし、それが利器素材が金属であるためか、薄い刃を作った工具ならば利器素材と関係なくできるものなのか、わたしにはまだ結論が出せていない。また、合わせ弓という資料を青森県是川遺跡の資料館でさがしたことがあるが、それと思われる資料には木材を集成した様子はなかった。だから、加工痕跡から鉄の利器の存在を証明することは、わたしがいま知っている資料からはできない。

冶金術は専門性の高い技術だ。鉄をつくり製品に仕上げる技術を持った人は、現代のわたしの周囲にだっていない。「縄紋人」は金属を持ってきた人とは出会ったかも知れないし、金属を知っている人との連絡があったかも知れない。わたしは、青森県泉山遺跡などから発掘された、焼かれている布目の付いた粘土が混ざった砂鉄塊を、「縄紋人」が何とかして金属をつくろうとして果たせなかった証拠の品だと考えたことがある。ここでは、時間のくだった「縄紋人」の一部は、金属の情報や金属そのものを知っていたが、しかし冶金術は習得していないとしておこう。

東アジアの定住化への動きと「縄紋人」

「貝紋《かいもん》時代」と人類文化の個性

鹿児島県の掃除山《そうじやま》遺跡や桁ノ原《けたのはら》遺跡の発見で、ほぼ一万年前に日本列島でも定住生活があったことがわかった。掃除山遺跡の調査で整理をされていた雨宮瑞生さんは、土器や石器磨製の技術を持ち住居施設も整備した定住の証拠を発表された。鹿児島県の新東晃一さんが研究誌に「貝文時代」というタイトルで巻頭言を書かれ、南九州での人類定住のようすを述べられた（わたしのシンボル表現としての素地紋という発想では「紋」の字を使う。だから以下では貝紋と書く）。わたしはこの「貝紋時代」という言葉にとても興味を覚えて、新東さんに「貝による条痕素地紋と文様作成」「時代」「文化類型」の考え方をお聞きしたことがある。「いや－、そんなに深く考えては……」と答えをにごされたが、南九州の人類文化の個性を考えた「貝紋時代」なのだと、わたしは勝手に想像している。

旧石器時代後期の、石材を効率的に使って「移動距離の長さ」に対処しようとする発想は、持ち歩くことができる量が生活資財の量を制約する。その発想の行き着いた、「細石刃」という石材消費効率のいい石器を作る技術は、二万年前から登場し一万万年ほど前までに東アジア各地に広まっている。しかし、細石刃を持つ文化類型は一様ではなく、わたしたちがおこなった研究でも、技術の基本的な変化は時間・空間の両方で少なくとも日本列島以北の空間で最低三つの動向を区分することができた。だから、この時点から単純に「物が広まっていくこと＝伝播」でない、人類動向の類別化を考えることができる。

移動生活をする集団も、気に入った場所・価値のある場所には、頻繁な生活痕跡を残すだろう。そこには、施設をつくり生活用品を置いておくという事態も生まれる。旧石器時代末期の遺跡からは、生活痕跡が集中してあらわれたり、石器が「埋めて保管してある状態」で発見されることがある。長野県の野尻湖周辺で、重い砥石や磨製石斧がたくさん発見される、二万年以前の遺跡が集中するのは、旧石器時代人類が斧を使って資源（大型獣？）とかかわった、おそらく季節的な空間の集中利用を物語っているだろう。

南九州の一万年以前の人類も、すでに移動することで資源と出会う機会を確保する方式と、道具や施設を増やしてかかわる資源を確保する方式とを、試行錯誤して生活していた。そして「貝紋土器」の時期、動産・不動産を整備し定住する方式が有効だったのだ。一方、日本海のはさんだ対岸では、「細石刃」が日本列島の遺跡よりも後の時期まで残っているらしい。石材の入手法や効率的利用の必要な暮らし方や、物資の流通関係を考えることができる。暮らし方のちがいや居住のちがいを適応方式としてまとめるには、こんな資料に類型化の鍵を見つけることも可能だ。そういえば、九州では「細石刃」ともっとも古いグループの土器がいっしょに出る場面が多く、南九州の「貝紋土器」にもともなう例がある。日本列島の土器使用の開始期には、場所によって使われた石器にちがいがあることもわかっている。

この時期の人類は、施設や装備を変えた居住戦略を資源とのバランスのなかで随時採用していた。さきに触れたように、わたしは「貝紋時代」は独自な類型設定をすることが可能な、シンボル紋を持つ東アジア極東部の動向の、南九州における一表現形なのだと思っている。だから「貝紋土器」を、ほぼ同時期の関東地方の「撚糸紋土器」と呼んでいる土器とひとまとめにして、「縄紋時代」の類型認識のなかに閉じこめる必要はないと考える。

遊動生活と定住生活は、土器を知らない時代の終わりから土器を知っている時代のはじめにかけて、東アジア各地でモザイク状に採用され、その後定住生活に傾斜した人類もいれば、ずっとくだった時期さらに現在でも遊動を採用しつづける人類もいる。そういった考え方で人類活動の構図を理解することで、「旧石器時代」と「縄紋時代」を区別して整理するよりもわかりやすくなることがある。

動産・不動産整備の動向

さて、日本列島での人類定住について、「縄紋土器」が流行した時期に貝塚が見つかることから、考古学者の一部は南関東地方での人間―水産資源の関係に注目して定住を説明している。この土器の流行した時期は、南九州の遺跡から若干遅れるが、半地下式の住居があり固定した廃棄場所があること、生産空間の海への拡大などが述べられて、「縄紋的生活」のはじまりを示すものとされる。しかし、人間―水産資源の関係は、この時期に先行して、ロシアのヴェルホレンスク墳墓遺跡で発見された埋葬時の個人装備の狩猟具や漁撈具から、すでにそれ以前にあったことは確実だ。だから、時間的に考えても、人間―水産資源の関係が関東地方の居住者によって開発されたもの、それが「縄紋的生活」のはじまりの証拠、という指摘はちょっと無理があるだろう。わたしは、「貝塚・定住・廃棄地点固定化」というものを、簡単につなげて漁撈活動の開始を解釈するのは止めた方がいいと思う。ロシアの考古学者のなかには土器の起源について、東北福祉大学の梶原洋さんが紹介されるように、日本の考古学者の植物資源と人類のかかわりとは異なり、水産資源と人類のかかわりのなかで考える人もいる。

動産・不動産整備の話をさらに進めよう。同居人数と集落の継続期間中に建替えた数の両方が反映したためか、東アジア各地で一〇〇を越す数の住居に住んだ痕跡を残す遺跡が登場するのは、七〇〇〇～六〇〇〇年前からの人類動向である。考古学者が竪穴式住居とよぶ半地下式住居は、ロシアの考古学者オクラドニコフ先生が、東シベリアと極東地域の施設のちがいとして注目し、大貫静夫さんはさらに積極的に極東地域の特徴的な住居形態としている。また、不動産以外にも、土器保有量の多さが特徴といわれる「縄紋人」は、木器・骨角器・繊維製品など動産も相当な量を持っていた。中緯度域で多角的な方法で資源と対応するためには、個別資

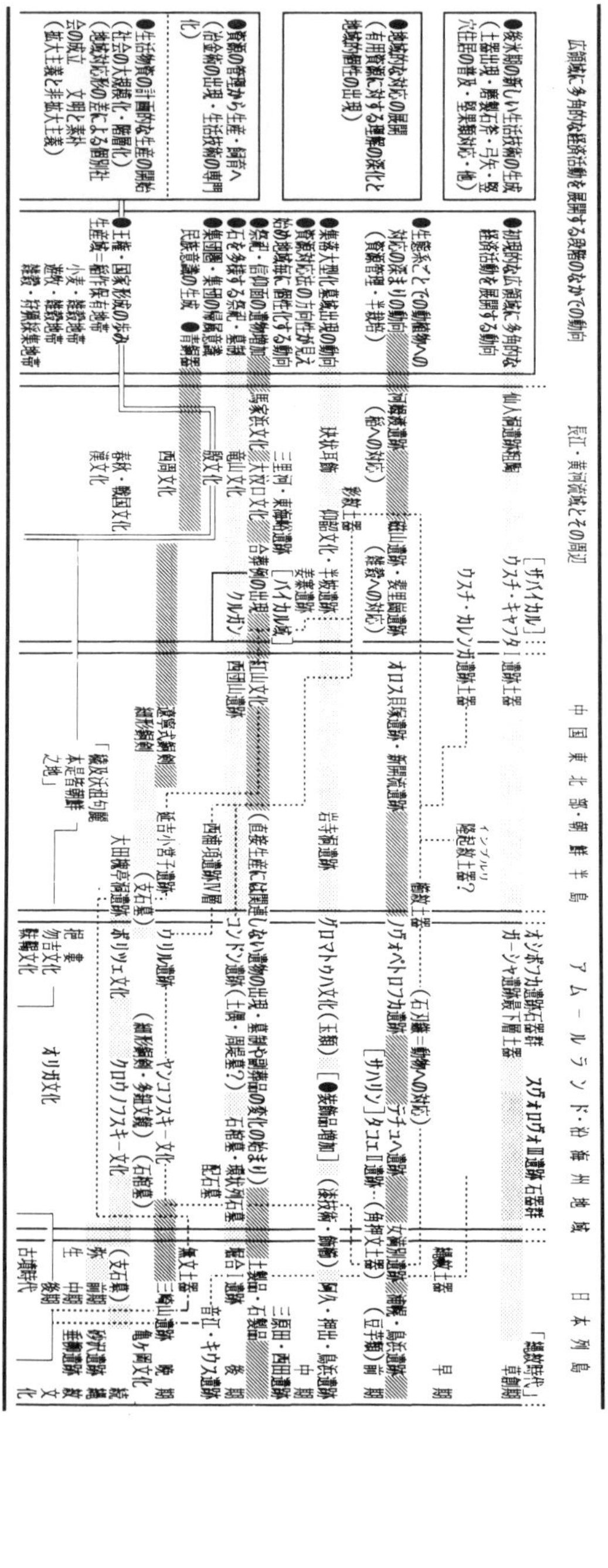

図3　東アジア広領域多角的経済活動展開期の動向概観図（山田昌久「『縄紋文化』の構図（上）」『古代文化』第42巻9号より）

源ごとに道具・装置・施設を用意し、また組み合わせる必要があるからだ。また定住は、保管という方法も発達させる。

わたしは以前、「インフラストラクチャー」の整備は、定住を選択した人類にとっては、生活を維持するための基礎的作業であり、現在の生活方式の基礎は「縄文人」がすでに植物資源をもとに開発していたと、「縄紋人」の生活方式の位置づけをした。しかし、こうした方式を採用したのは、日本列島の居住者ばかりではない。中国の姜《ジャン》妻《ツァイ》遺跡や大韓民国の岩寺洞《アムサドン》遺跡などの大規模な住居痕跡を残す集落遺跡は、長野県の阿久《あきゅう》遺跡と同じ定住動向（動産・不動産整備）として整理できる。そして、「貝による素地紋」の時期にすでに見られた土器の素地紋の類別化は、この時期にも引き継がれより顕在化している。シンボル的に素地紋の存在を認めるわたしの考えが許されるならば、集団がより区別化された可能性を類推できるし、素地紋の他に活発化する「装飾文様の表現」も類別化の資料として注目される。道具・装置・施設の運用は、人類集団の生活動向とかかわるから、それを分類する手がかりを増加させていることにもなる。しかし、素材が増えたから人類の類別化が明確になったばかりではなく、「インフラストラクチャー」の整備方式が複雑化することでさらに類別化が進んだとわたしは解釈している（図3）。

集落周辺の資源蓄積

人類は資源入手や近隣集団との関係を考慮し、条件のよい居住立地を選んで定住地を決める。そして、居住地点やその近隣には有用な資源を確保しておこうと思うようになる。東京都埋蔵文化財センターの千野裕道さんは住居跡の炭を調べ、「縄紋人」が栗を建築用材にしていたことを明らかにした。わたしが調査した「縄紋時代」の低地施設でも、多くの遺跡で類似規格の栗材を使用していることがわかった。「縄紋人」は施設の用材に栗の木をふんだんに使っている。それも、前半期より後半期にその傾向は顕著になる。流通経済大学の南木睦男さんは、「縄紋時代」の栗の実が大型化することを示した。定住した「縄紋人」は、居住地の周辺や隣の台地などに栗の林を配置したのだろう。そうでなければ、大量の類似規格の木材を手にいれることは困難だ。そして、食料として大きな実の成る栗が大事にされた。石川県米泉遺跡では、居住域のそばに栗林があったことが発見できた。

こうした状況を知ると、居住空間の付近には他の有用植物の移植・栽培を考えることはたやすい。だから、雑穀類・豆類・瓜類・根茎類の資料が、居住空間のどこでつくられていたことを証明するには、施設の痕跡がある場所を調査する以外に、当時の開地範囲を明らかにするとか、畑を確認するといった発掘時の努力が必要だ。できるはずだ、考古学者は、「弥生時代」以降の水田や畑を見つけ調査する努力を既にしているのだから。また、広島大学の中越利夫さんは、瀬戸内海周辺地方の土掘具や収穫具（石庖丁の形をした打製・磨製の石器）が、「縄紋時代後期末」の縁帯紋土器という土器とともに登場することを指摘した。そうした動向を検討した藤尾慎一郎さんは、東アジアの人類動向下で「縄紋人」を見直す視点として、「朝鮮畑作文化」（具体的な内容はよく説明されていない）の情報が日本列島西部に流入したものと考えた。

集落周辺の資源蓄積という考え方は、定住生活の資源入手活動を、従来の「縄紋」「弥生」を区別する、「採集・農耕」という基準で分類する以外の基準を要求している。しかし、「朝鮮畑作文化」という名称は、極東地域の中国近隣人類の動向理解に際し、別の人類社会設定上の地域限定の問題を新たに生んでいる可能性がないとはいえない。定住後の動産・不動産整備の人類動向を見るならば、居住空間周辺の人間―植物の関係で「畑作社会」の登場は、もう少し広い範囲での人類動向と理解する必要があるとわたしは考えている。なぜならば、「縄紋社会」をくくる基準と同様に、朝鮮半島の人類社会をくくる基準も、再検討の対象となるのだ。人類社会の範囲やその変形、そして社会間の伝播の問題は、極東地域の人類集団の類別化の考古学的検討と合わせて考慮すべき事項なのである。

お祭りとお墓と人類集団

アジアにおける石棺墓の広がり

アジア内陸部のカフカス地方に生まれた石棺墓というお墓の形は、西アジアを経由してインドまで伝わり、東アジアの流れも東進・南下して広まっているとされている。三上次男先生が書かれた『満鮮原始墳墓の研究』では、中国の東北地方から朝鮮半島にかけての石棺墓もくわしい。最近の研究では、この地方の石棺墓の時期は、四〇〇〇年前から二五〇〇年ほど前までにつくられたものとされている。そして、日本列島でも年代がほぼ同じ「縄紋時代後期〜晩期」の遺跡から、類似したお墓が発見されている。見つかる場所は、青森県内から北東北にかけて、北陸から中部高地にかけてである。宮本一夫さんのお話では愛媛県でも可能性がある例があるという。

東アジア極東地域の遺物の比較研究は十分ではなく、詳細な年代決定にはもう少し時間がかかるだろう。しかし、現状では若干くいちがうがほぼ同時期の、それもお墓のように集団の個性が表現されやすいものに共通点があることは、十分注意をはらう必要はある。石棺墓にかぎらずこの時期のお墓は列や群を成して発見されることもあるから、同居集団内での系譜を意識した「葬り方の継続＝集団の墓制」の動向が広く出現していたのは確実だろう。

この類似性を、人類社会のネットワークがすでに存在するなかでそれぞれ出現した現象と理解するか、死んだ人と葬った人が一定の集団として日本列島に入ってきた現象と理解するか、何らかの理由を考える必要がある。こうした状況は、じつは「弥生時代」の石組墓や「古墳時代」の石室・石棺までを含めた、大きな人類動向として整理するべきなのだろう。けれども、研究者が時代別に専門領域を決定する傾向が強かったこれまでの日本考古学では、なかなかとり組まれにくいテーマであった。ここでは、少なくとも海を越えた情報か人の移動が、「縄紋時代」にあったことまでは指摘しておけるだろう。

ロシア地域の祭祀遺構・墓と「縄紋」

一方、石を組んだり祭壇状の盛土をつくった祭祀遺構も、同時期の東アジアに出現している。秋田県大湯遺跡の環状列石や岩手県御所野遺跡の盛土遺構は有名だが、かつて北海道音江遺跡の環状列石を調査した駒井和愛先生は、ロシアのヘレクスールと呼ばれる青銅期時代（時間的に同じ）祭祀施設との関係を指摘された。石を多量に使ってお墓やお祭りの施設をつくるということは、精神世界の類似性に注目できるほかにも、重い物資の移動と組み立てという土木作業を必要とする点でも興味深い。それは、集団作業や社会動員力を考える素材にもなるからだ。だから、大がかりな土木作業の登場という点に注目すれば、大陸と日本の人の行き来の問題を考えたり、お墓やお祭りの系統を考えたりする以前に、集団や地域社会の人口増や動員の仕方という点でも、類似動向に注目しなければならない。

その内容についてお墓にもどして話を進めよう。「縄紋時代」には、土を掘って長方形や長円形の平面形をした、考古学者が「土壙墓」と呼ぶ穴墓が多い。秋田県埋蔵文化財センターの小林克さんは、東北地方の「縄紋時代晩期」の「土壙墓」を研究した。そして、この時期の墓地が複数の集団で共同使用されていたこと、役割分担された生業の差が集団群にありそうなことを示し、分散して居住していた集団が集まって地域社会がつくられていたと解釈した。

さきに説明したように定住した人類は、やがて活動拠点を領域内の各所に設け、動産・不動産を整備する。たとえば、栃の実のアク抜き作業には、大がかりな施設や煮沸用の大きな土器が必要だ。そこで居住域とは別に、出先施設や出先での作業に必要な器材を準備することがはじまる。地域に隣住する集団群は、入会《いりあい》関係をもったり、役割分担をもったりする方向を見せたかも知れない。塩づくりもはじまり、集中力や専門性のある仕事も登場する。資財の流通の中継集団も生まれていたらしい。こうした動向がおこるのが事実であったならば、一万年間の「縄紋時代」の社会構成は、空間ばかりでなく時間の面でも、ひとつの類型としてでなく複数類型をもつ人類社会に分けて考える視点が必要となる。

ロシア地域の「土壙墓」を分析したのは、ロシアのオクラドニコフ先生やキセリョフ先生である。この地域では土器の研究が十分進んでなく、流行した順番も入れ替えられるなどしたが、南シベリアの遺跡は六〇〇〇年ほど前から遺体とともに埋められる埋葬品が豊富になって、発見量が異なる墓がでてくるということがわかっていた。「縄紋人」もこの時期以降次第に装飾品や儀礼用品の増加させる。「縄紋時代」前半の玦状《けつじょう》耳飾と呼ばれる遺物は、中国の資料とのかかわりで説明されることが多いが、それは中国―日本だけの問題としてでなく、極東地域全体で考えるべき問題である。それ以外の玉類の出現や飾り櫛の製作法の変化、土偶などの品々についての動向なども、広い地域で比較する必要があるだろう。極東地域では男女が合葬された例もあり、中国の例との関係も考えられている。

熊本大学の小畑弘已さんは、男女の埋葬品の差異を検討し、分業の問題を追求した。こうした研究の積み重ねによって、広域の人類比較が可能となってきた。

コスモポリタン縄紋人

「縄紋時代」「縄紋文化」の説明として指摘されていた諸現象を、従来の解釈の枠組みを壊す方向で整理してみた。そして、「非拡大の発想」「地域社会の変化」「集団シンボルの判断」「人の移動」「物質資料の共通項設定」「物質資料の類型化」「社会構成の変化」など、少しばかり遺跡類別とその動向に触れた。それらの問題を深く研究するのはこの文章の目的ではない。しかし、「縄紋時代・縄紋文化」として人類社会を一元化し、それを「日本文化」にすべてとり込むことから、「縄紋人」を開放したのち極東の人類社会を考える立場の話はできたと思う。

わたしは、「日本の縄紋人」を「コスモポリタン縄紋人」にすることで、「縄紋時代」を日本史の系列を直線に延ばさない領域に、しかも「ひとつのものとしてではなく」位置づけることができると考えている。「縄紋人」の技術や宇宙観は、確かにわたしたちへとつながる部分がある。また、「縄紋人の知恵」や「自然界との関わり方」に、わたしたちは先人のものとして学ぶところを多く見いだすかも知れない。そのつながりを見ることは大切だろう。しかし、「縄紋人」には、複雑な人類系列が織り込まれ、浮かび上がる顔は一様でない。

政治的国家という知識があった「縄紋人」も日本列島の西部には入っていたかも知れない。集団を大きくしていこうなんて発想はまったくない「縄紋人」もいたかも知れない。日本列島以外の居住者と同じ集団シンボルを持つ「縄紋人」、列島内でも別の集団シンボルを持つ「縄紋人」もいただろう。だからわたしは、そうした「縄紋人」の顔を一色で塗り込めず、きっちりと区別する人類史をつくっていきたいと思っている。

❷縄文人の環境問題

貝類の情報と縄文時代の自然環境

北海道東海岸に暖流が流れた

松島 義章

日本列島人類史と海のかかわりは大きい。とくに縄文文化は海洋資源の活用を大きな特徴とする。さまざまな自然環境復元のデータの中から、ここでは海流に関する最先端の研究を紹介する。

はじめに

北海道東海岸には、現在の北海道ではまったく分布していない暖流系の貝類が、縄文貝塚や沖積層《ちゅうせきそう》より産出している。これらの貝類がいつごろ、どのようなルートで侵入し、生息域を拡大してきたのか、かなり具体的にわかってきた。このことは日本列島海中気候の温暖化にともなう、暖流系種の北方海域への侵入を示すものである。つまり、沿岸海況の温暖化は縄文人をとりまく海岸自然環境に大きな影響を与えているのである。そこで縄文時代におこった日本列島の温暖化を、北海道東海岸域より得られた貝類の情報から明らかにすることができるのではないかと考え、現在調査中のようすをここに紹介しよう。

北海道沿岸の海流

現在とは異なる貝類相の分布

日本列島は北東から南西に細長く、最南端の琉球諸島石垣島や西表島から最北端の北海道稚内まで約三〇〇〇キロにおよぶ。四方を海でかこまれ海岸線も総延長三万キロを越え、自然環境や景観は多彩で、サンゴ礁が発達する熱帯の海から、海藻が茂る北の寒帯の海までと変化に富む。南九州以南の海にサンゴ礁が見られるのは、日本列島の南岸にそって暖かい黒潮が北上しているからである。一方、北からは冷たい親潮が、千島列島から北海道、さらに本州三陸海岸にそって南下している。そのため親潮が流れる北海道東海岸の海水温は、日本列島のなかでもっとも低い値をしめす（**図1**）。

ところが、道東海岸地域の縄文時代前期の貝塚や海成《かいせい》沖積層からは、現在の北海道ではまったく生息していないハマグリ、シオフキやウネナシトマヤガイなどの貝殻が出土しており、当時の海岸には、いまとはずいぶん異なった貝類相が分布していたことを物語っている。これらの貝類は現在、道東海岸より確実に海水温の高い本州の陸奥湾以南の内湾に生息している。このような種を「北海道における温暖種《おんだんしゅ》」と呼び（松島義章「日本列島における後氷期の浅海性貝類群集――特に環境変遷に伴うその時間・空間的変遷」『神奈川県立博物館研究報告（自然科学）』一五号、三七―一〇九頁、一九八四年）、この温暖種の消長から北海道東部海岸における縄文時代の環境変遷をさぐってみることができる。

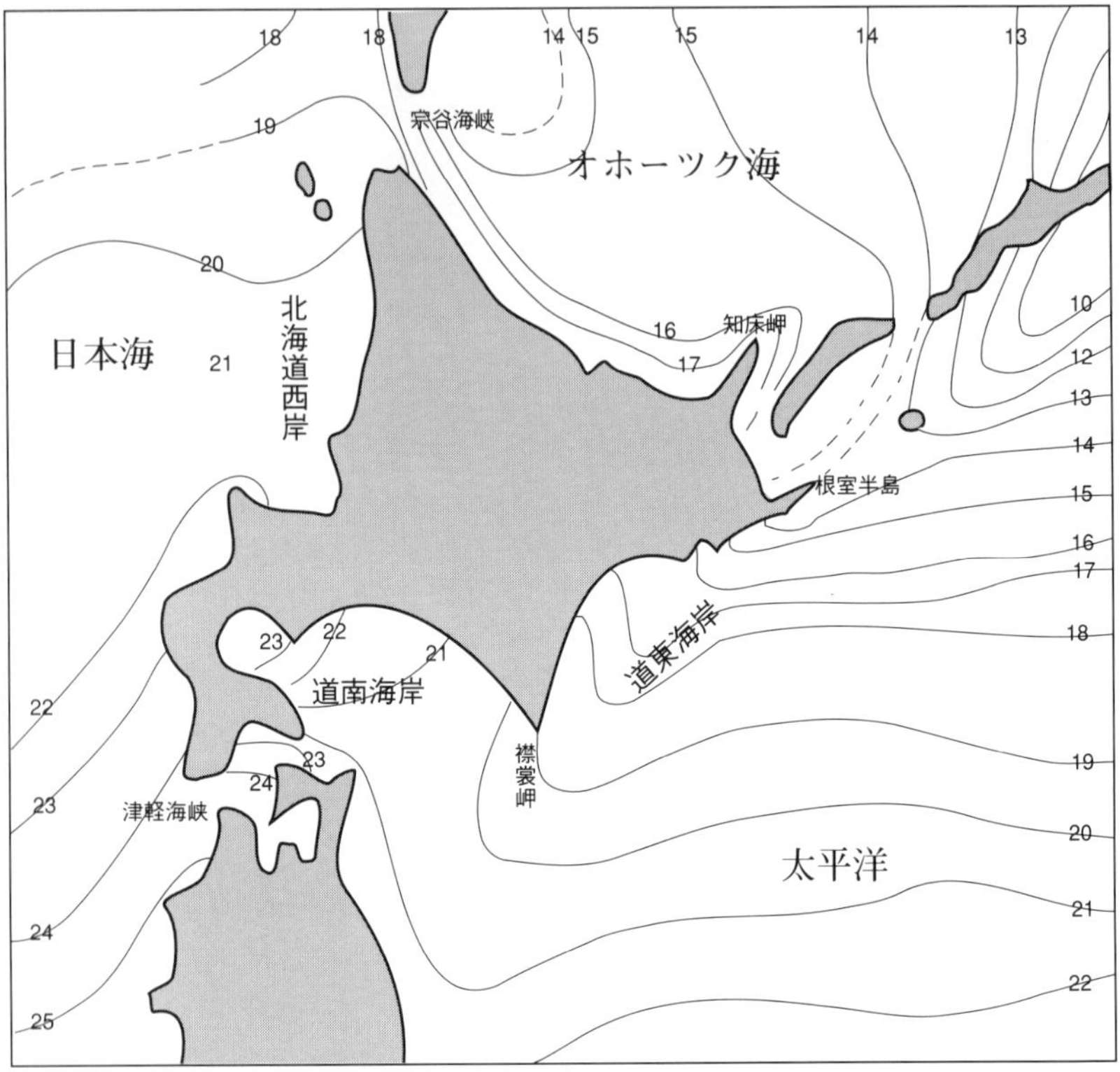

図１　北海道周辺の呼称と８月表面海水温（平均値℃、日本海洋情報センターによる）

黒潮暖流と親潮寒流

フィリピン近海に源をもつ黒潮暖流は、日本列島の南岸にそって北上するが、一部は九州南西方で分岐し、九州北西方で対馬海峡をとおり日本海に入り、対馬暖流として本州沿岸にそって北上する。そして、一部は津軽海峡を抜けて太平洋側に流れ込み津軽暖流となり、道南海岸、あるいは本州東岸沿いに南下して三陸海岸北部に達している。さらに、北海道西岸沿いの日本海を北上する対馬暖流はカラフト西岸へ達している。また、一部は宗谷海峡を抜けてオホーツク海へ入り、宗谷暖流となってオホーツク海岸沿いに東南下し、知床岬を通過して羅臼付近までおよんでいることで知られている。

一方、千島列島沿いに南下する親潮寒流は、根室半島から襟裳岬にかけての道東海岸にそって流れ、本州三陸海岸からさらに南下して東関東の鹿島灘におよんでいる。そのため、現在の北海道沿岸の海流系は、道東海岸が親潮寒流域、道南から道西岸さらにオホーツク海岸までが対馬暖流の影響化に位置している。

縄文時代における北海道沿岸の温暖種

北海道の縄文貝塚から出土した貝類

北海道沿岸域で注目する温暖種はハマグリ、シオフキやウネナシトマヤガイなどである。これら貝類の現在の分布の北限は、日本海岸側では青森県陸奥湾、太平洋岸では三陸海岸南部である。しかも、これらは本州各地の内湾で普通に生息する典型的な温帯種で知られる。また、現在の北海道南西部まで分布が限られているアカガイやアカニシ、カガミガイなども、ハマグリ、シオフキ、ウネナシトマヤガイなどとともにオホーツク海岸や道東海岸各地の貝塚や海成沖積層から見いだされる。なお、最近のカガミガイの分布調査によれば、北海道南西部から宗谷海峡さらにオホーツク海岸の紋別まで連続して、現在も生息していることが確認されている（宮内敏哉氏の教示による）。しかし、それより東方域ではまだ分布が広がっていない。

これらの温暖種は、北海道沿岸に形成された縄文時代の貝塚より出土することが、すでに多くの遺跡調査報告書に記載されていた。これを赤松守雄さんが「北海道における貝塚の生物群集」として総括した（赤松守雄「北海道における貝塚の生物群集——特に縄文海進に関連して」『地球科学』二三巻、三号、一〇七—一一七頁、一九六九年）。

赤松さんの研究は道内の八〇カ所におよぶ貝塚から出土した二枚貝四五種、巻貝三〇種の計七五種を四つの貝類群集（①現在の北海道に生息していない暖流系の貝類＝温暖種、②いわゆる暖流系の貝類、③現在の北海道に普通に生息している貝類、④いわゆる寒流系の貝類）に区分し、それらの時代による追跡調査をおこなった。その結果、暖流系貝類＝温暖種はその消長からみて、縄文早期末から前期には温暖種が北海道の全域にわたって分布し、縄文中期後葉から後期以降までにほとんど消滅したことを明らかにした。そして、縄文早期末葉から前期中葉かけて、縄文海進最盛期の道沿岸の海水温について、最低水温が八℃以上、最高水温が二三℃以上であったと推定した。

海成沖積層の温暖種

一方、海成沖積層の温暖種については、道内では釧路湿原からの産出が、岡崎由夫さんらの調査（岡崎由夫「釧路平原泥炭地の生成過程の研究――釧路平原沖積層における介化石の産状」『北海道地質要報』二八号、一―一五頁、一九五五年）により、比較的早い時期より報告されていたが、その生息年代は不明であった。その後、大嶋和雄さんらが道内各地の沖積層をくわしく調査して、約六〇〇〇～五〇〇〇年前をしめす海成沖積層には、アカガイ、カガミガイやアカニシだけでなくハマグリ、シオフキやウネナシトマヤガイなどの温暖種が多く含まれていることをみつけ、この時期には道東まで温暖種が広く分布したことを報告している（大嶋和雄・山口昇一・佐藤博之「北海道クッチャロ湖畔の沖積統貝殻層」『地質学雑誌』七八巻、三号、一二九―一三五頁、一九七二年）。

一九八〇年以降になると道内各地の海成沖積層の調査が進み、多くの自然貝層とその^{14}C年代値が明らかになった。それらの研究成果と貝塚出土の貝類から、北海道における縄文時代からそれ以降の温暖種の出現～消滅までを求めることができるまでにいたった。それによると、北海道における温暖種は、現生種の分布状態から、①ハマグリ・シオフキ・ウネナシトマヤガイ群と、②アカガイ・カガミガイ・アカニシ群に分けられる。

温暖種が道内で最初に出現したのは石狩低地で、両群がそろって約七一〇〇年前よりみられる。オホーツク海岸では、網走で石狩低地よりわずか遅れて約六八〇〇年に出現し、約四〇〇〇年前まで繁栄し、それ以降、①群が急激に姿を消し道内から消滅する。②群はオホーツク海岸では消滅するが、現在も道南西部で生息している。道東海岸では、釧路湿原において両群が道内でもっとも遅い約六〇〇〇年前より出現し、約五〇〇〇年前までの短い期間のみ分布した。さらに、釧路東方の厚岸から根室半島では①群を欠き、②群だけが約六〇〇〇年前から約五〇〇〇年前の期間のみ分布したことを明らかにした。

その結果、道東海岸への温暖種の進出は、約六〇〇〇年前の温暖化によって、津軽暖流が道南から襟裳岬をとおって道東海岸にそって北東上したことによるものと推定した。そして、道東海岸域における温暖化の期間は、道内でもっとも短い縄文前期のみ、約六〇〇〇年前から約五〇〇〇年前の約一〇〇〇年間であったとまとめられる。

道東海岸域の温暖種

釧路湿原における温暖種

本地域の温暖種については、道内でも早くより調査がおこなわれ、いくつかの縄文貝塚と海成沖積層から出土が報告されている（**図2**）。

温暖種を出土した貝塚は、釧路湿原東部の台地に形成された縄文貝塚で目立ち、おもな貝塚として釧路町の達古武《たっこぶ》貝塚、細岡《ほそおか》貝塚、岩保木《いわぼっき》貝塚、天寧《てんねる》貝塚や釧路市の東釧路貝塚などがある（澤四郎「釧路川流域の先史時代　釧路川——その時代と生活」『釧路叢書』一一巻、釧路川共同調査団編、一九六九年／西幸隆・澤四郎「釧路湿原周辺の遺跡分布」『釧路湿原総合調査報告書』三〇一—三三六頁、釧路市博物館、一九七五年）。そのなかで調査がよく進んでいるのが東釧路貝塚と細岡貝塚である。両貝塚はマガキ、アサリ、オオノガイを主体とする貝層からなり、ホタテガイ、コベルトフネガイ、ヒメエゾボラ、ヒメシラトリガイなどに混じって温暖種のハマグリ、シオフキ、アカガイ、ウチムラサキをともなっている。これら温暖種を出土する貝層は縄文早期から前期の東釧路V式土器をともなう。そして層位的にこの貝層より下位の縄文早期の東釧路III式土器をともなう貝層ではホタテガイ、ヒメエゾボラ、エゾタマキガイなどの寒流系種がみられ、暖流系種をまったくふくまない。

また、上位の縄文中期の北筒式《ほくとしき》土器をともなう貝層でも寒流系種のホタテガイ、ウバガイ、サラガイなどを多く出土して、暖流系種はまたくみられない。したがって、温暖種を出土する貝層の時期は、東釧路V式土器をともなう層準に絞られ、縄文早期から前期に限定できるが、その絶対年代は明らかでない。

海成沖積層からは数地点より温暖種が産出している。主な地点は旧釧路川と別保川《べっぽがわ》の合流点、この合流点から別保川にそって約一キロ上流の釧路市水道取入口、釧路町別保《べっぽ》、釧路町の水中貯木場や釧路市武佐《むさ》の武佐川などである。これらの地点より確認された温暖種はアカガイ、アズマニシキ、ウチムラサキ、カガミガイなどであるが、それらの生息した明確な年代は求められていなかった。最近、釧路市博物館で貝化石を研究されている山代淳一さんによって、釧路町岩保木、東釧路貝塚の前面に位置する釧路市貝塚町および、釧路市武佐《むさ》の

図２　北海道の東海岸の調査地点

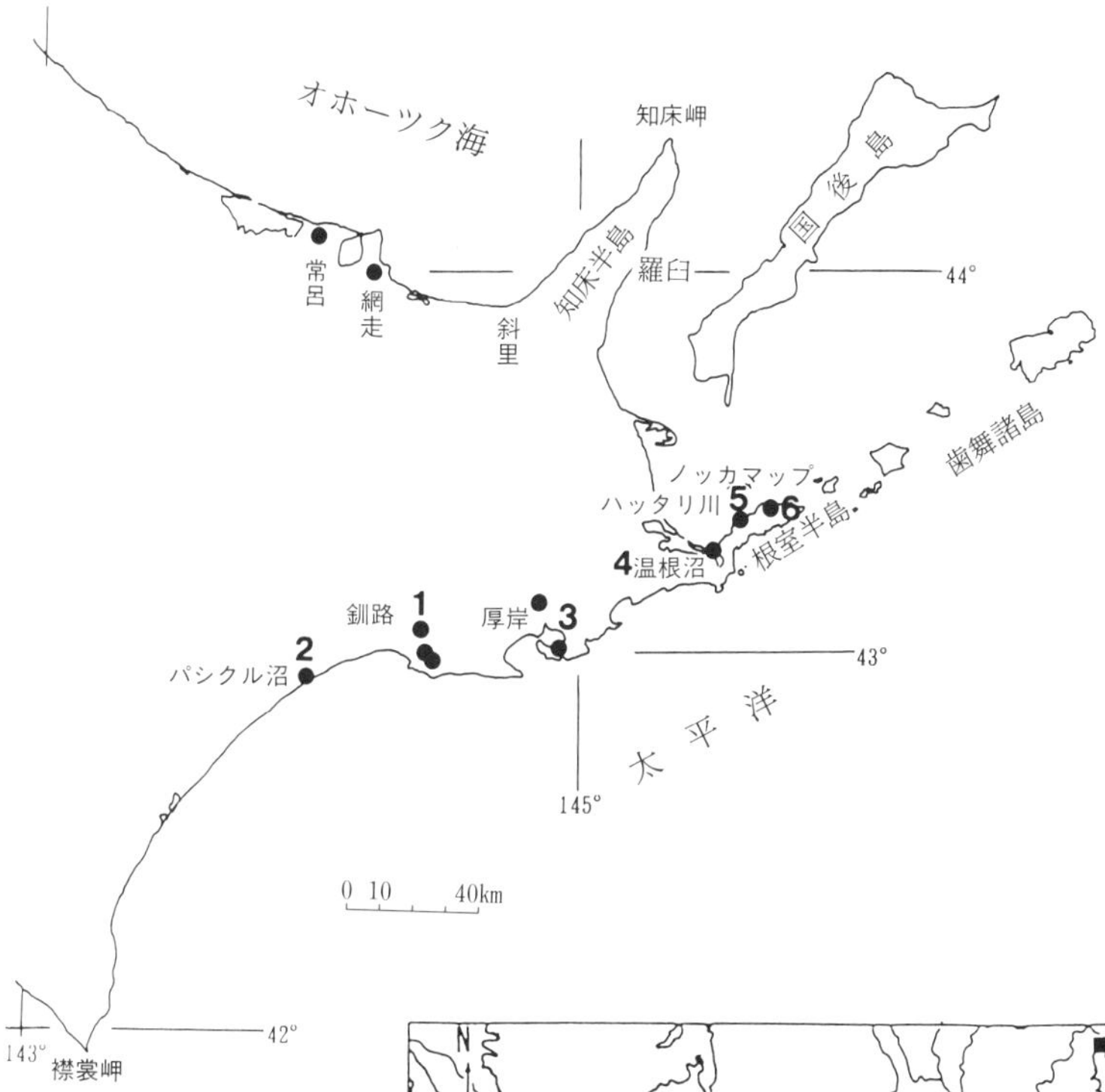

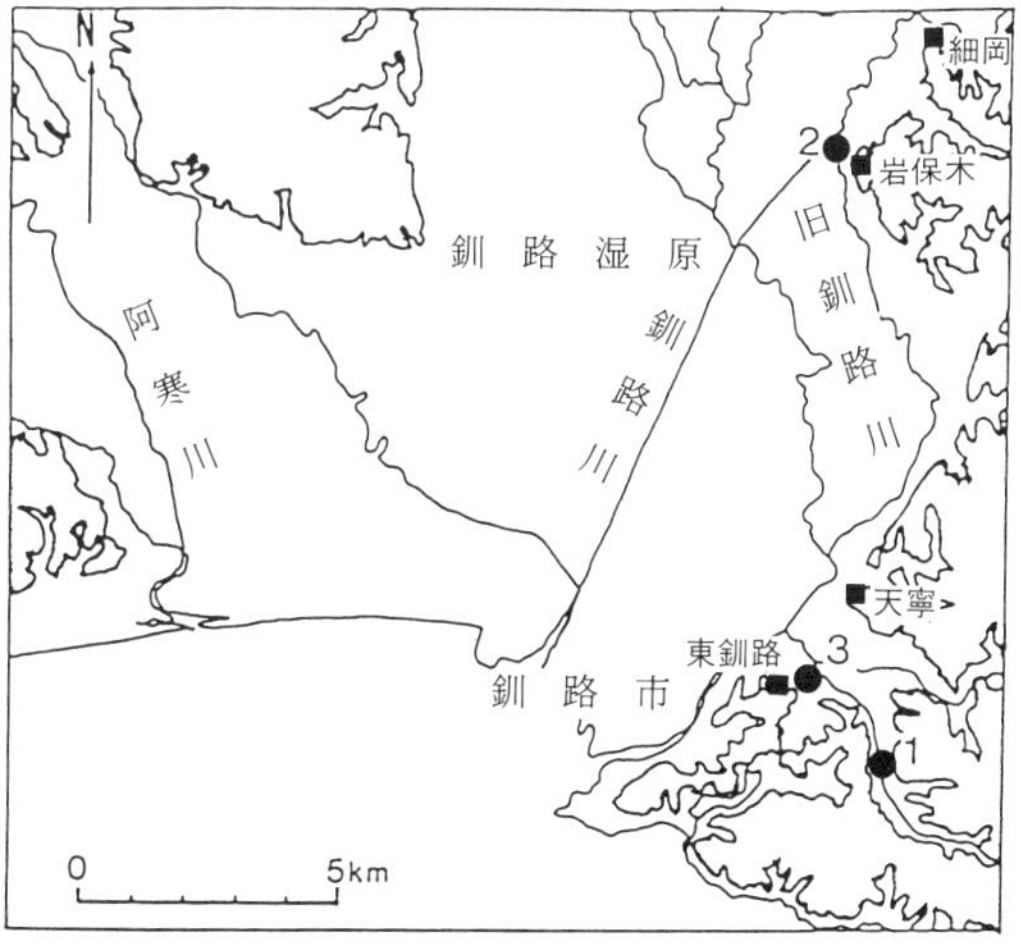

図３　釧路湿原東部における海成沖積層の貝化石調査地点（●）とおもな縄文貝塚（■）

三地点の海成沖積層よりハマグリ、シオフキ、アカガイ、アズマニシキ、ウチムラサキ、カガミガイ、サビシラトリガイなどを含む多量の貝化石が採集された（**図3**）。

そこでさっそく、この貝化石を用いて^{14}C年代測定を実施したところ、釧路町岩保木の測定値が六九一〇±一五〇年前、釧路市貝塚町が、五六二〇±一二〇年前、釧路市武佐が五三二〇±九〇年前、すなわち、縄文早期から前期の年代を示していた。この測定結果から推察すると、釧路湿原は約六九〇〇年前には温暖種の生息できる内湾の環境となり、それ以降約五三〇〇年前まで確実に存在していたことを示している。

さらに興味深いことは、厚い貝層をもつ東釧路貝塚の前面に発達する沖積低地は、約五六〇〇年前の縄文前期には広く内湾干潟となっていた。そこには温暖種をふくむ内湾から沿岸に生息する貝類が豊富に分布しており、台地に住居を構えた東釧路貝塚人は、干潟へ気軽に出かけ多くの貝を採集することができたことをしめしている。すなわち、東釧路貝塚は採貝活動に恵まれた地理的好条件の場所に形成されていたことを物語っているのである。

白糠《しらぬか》町パシクル沼における温暖種

釧路市街地より約三〇キロ西方に位置する白糠町パシクル沼には海成沖積層が分布しており、本層から貝化石の産出することが釧路市立郷土博物館道東海岸総合調査団により発見されていた。この情報をもとに調査したところ、マガキのカキ礁が広く形成されており、そのなかに多量のウネナシトマヤガイを見いだした。その生息年代は五七八〇±九〇年前を示し、カキ礁が縄文海進最盛期に形成されたものであることが明らかになった。すなわち、パシクル沼は釧路湿原よりおよそ一一〇〇年遅い、約五八〇〇年前に温暖種が生息していたこ

パシクル沼南東岸にみられるカキ礁

とをあらわしている。

厚岸《あっけし》低地における温暖種

本地域の温暖種については、縄文貝塚と海成沖積層からわずかに知られている。

貝塚からの温暖種はアカガイが、縄文前期のオカレンバウシ貝塚から多くのマガキとアサリ、オオノガイ、ホタテガイ、ウバガイなどに混じって出土している（清野謙次「釧路国厚岸郡厚岸町オカレンバウシ貝塚」『日本貝塚の研究』四六三―四七四頁、岩波書店、一九六九年）。

一方、海成沖積層からは最近の調査により二カ所から温暖種が産出している。第一地点は厚岸湾と厚岸湖を画する尻羽《しりば》岬の厚岸町湾月《わんげつ》町の溺れ谷奥に位置する栽培漁業センター前で、オオノガイ、アサリ、ヒメシラトリガイ、ホソウミニナなどに混じってわずかにウネナシトマヤガイが産出した。その生息年代は^{14}C年代測定により、六二四〇±二

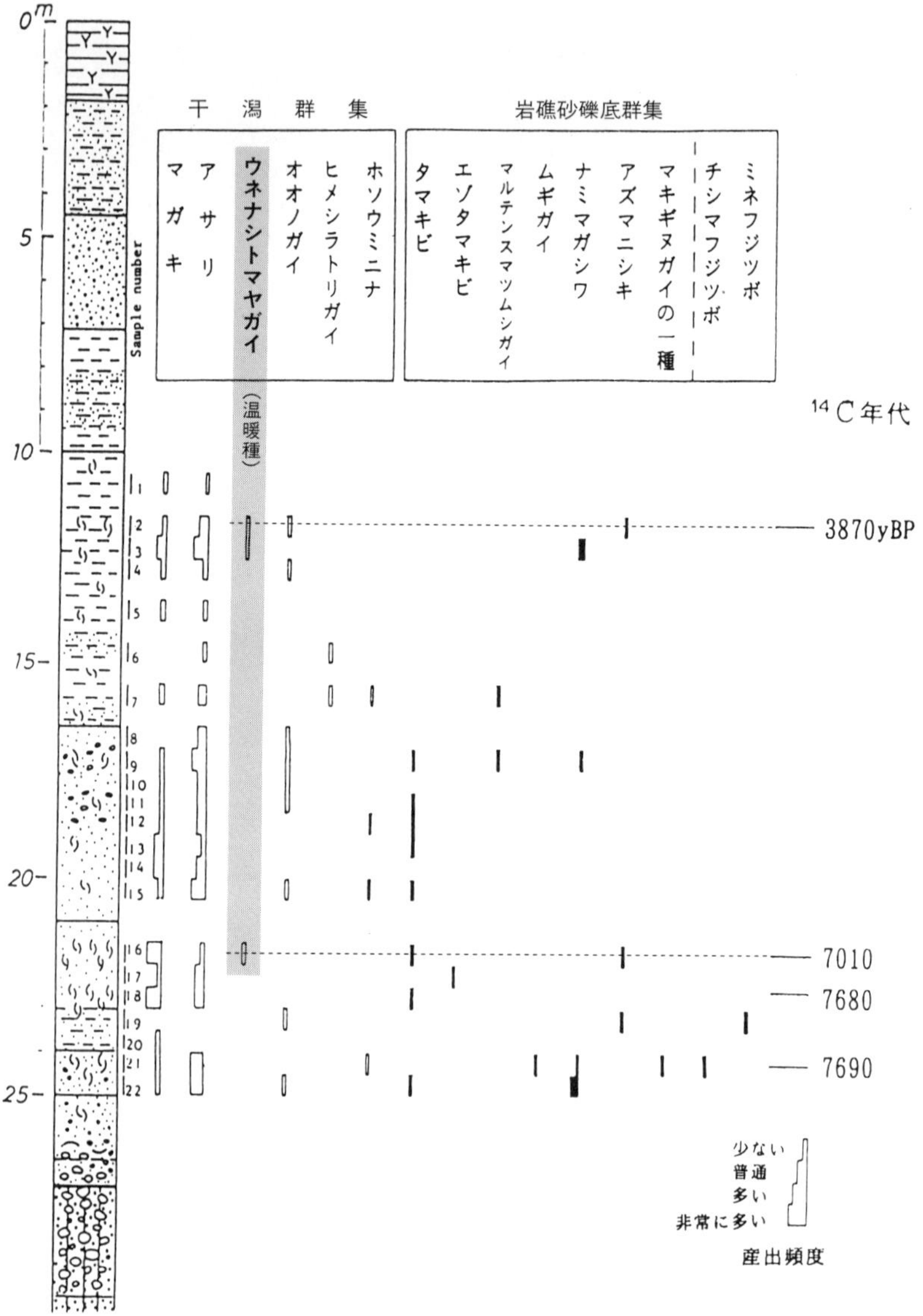

図4　厚岸の別寒辺牛川低地における海成沖積層の貝化石産出層準と^{14}C年代測定値（松島・松田原図）

六〇年前を示している。第二地点は厚岸湖にそそぐ別寒辺牛川《べかんべうしがわ》低地である。ここでの資料は低地で掘削された深さ三〇メートルのボーリング・コアの海成層より得られたものである。貝化石は二二層準より確認され、マガキ、アサリ、オオノガイ、ヒメシラトリガイ、ホソウミニナ、タマキビ、エゾタマキビ、アズマニシキなどといっしょにウネナシトマヤガイが二層準より産出した。下位の層準の^{14}C年代値は七〇一〇±一五〇年前を、上位の層準は三八七〇±二五〇年前を示す。下位の層準直下でウネナシトマヤガイをともなわない層準の年代は七六八〇年前である（**図4**）。

このことから、本地点に温暖種が進出してきたのは約七〇〇〇年前であり、その後約三九〇〇年前まで生息していたといえよう。温暖種の出現は、釧路湿原とくらべ若干一〇〇〇年早く、消滅が一四〇〇年遅い約三九〇〇年前であったことが明らかになった。

根室半島の温根沼における温暖種

本地域は根室半島先端より北海岸にそって西方へ約三〇キロに位置する温根沼《おんねとう》である。この地域の温暖種については、これまで縄文前期の温根沼遺跡から出土したカガミガイだけが知られていた（児玉作左衛門・大場利男「根室温根沼遺跡の発掘について——温根沼式押型文遺跡」『北方文化研究報告』一一巻、七五—一四五頁、一九五六年）。このカガミガイは、ウバガイを主体の貝層中にホタテガイ、ウバガイ、ビノスガイ、エゾタマガイ、エゾタマキビ、ヒメエゾボラなどの寒流系種とマガキ、アサリ、オオノガイに混じって出土したにすぎない。

ところが、最近の国道改修にともなう温根沼大橋の掛け替え工事がすすめられており、多くのボーリング・コアを調べることができた。コアには保存のよい貝化石が豊富に含まれており、中部泥層と上部砂層中からマガキ、オオノガイ、ヒメシラトリガイ、ホソウミニナなど干潟群集構成種や内湾砂底群集構成種を三〇層準より確認することができた（**図5**）。その中に中部泥層の二層準よりマガキにともなってウネナシトマヤガイが含まれていた。その生息年代は五六五〇年前と七一〇〇年前であった。とくに、下位の七一〇〇年前層準直下で、七一九〇年前と七三一〇年前を示す層準や、それより下の層準ではウネナシトマヤガイはまったく含まれず、したがって本種の出現が約七一〇〇年前層となる。そして上限が約五六〇〇年前まで分布していたことが明らかになった。出現時期を厚岸低地とくらべるとおよそ一〇〇〇年早く、消滅が一五〇〇年も早い約五六〇〇年前であった。

根室半島ハッタリ川低地における温暖種

ハッタリ川低地は温根沼から東へ約一〇キロの根室市街地西に位置する。ここでは最近はじまった根室市の下水道工事にともないハッタリ川低地が掘り起こされ、地表から三〜四メートル下の海成シルト層より大量の貝化石が、根室市博物館開設準備室の川上淳さんによって採集された。貝化石は白糠町パシクル沼の化石カキ礁と同様に、マガキのカキ礁を主体にアサリ、ヒメシラトリガイ、オオノガイ、ホソウミニナなどの干潟群集構成種やエゾタマキビ、ホタテガイ、エゾイシカケガイなどの寒流系種に混じって、多くのウネナシトマヤガイとサビシラトリガイが含まれていた。

このサビシラトリガイはウネナシトマヤガイと同じ温暖種であり、現在の本地域には生息していない。その生息年代は^{14}C年代測定により五四七〇±一一〇年前が求められた。この年代は隣接する温根沼で明らかになった約五六〇〇年前より約一〇〇年新しく、温暖種のウネナシトマヤガイとサビシラトリガイが約五五〇〇年前

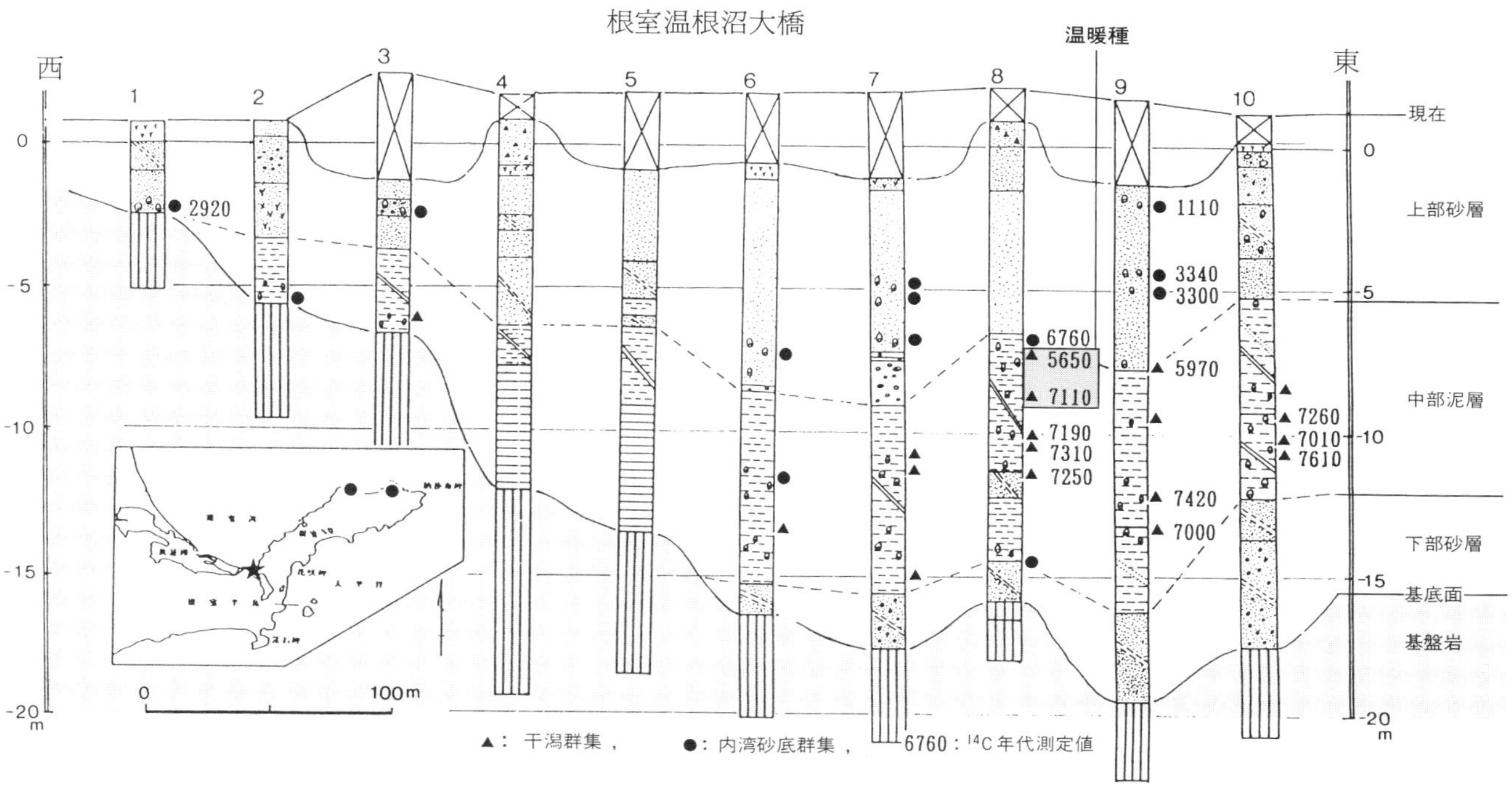

図５　根室温根沼大橋における海成沖積層の貝化石産出層準と^{14}C年代測定値
（松島・山代原図）

根室市ハッタリ低地から掘り出されたマガキ化石

まで根室半島で確実に分布していたことを示す。

根室半島ノッカマップ川低地における温暖種をふくまない貝類相

本地点は根室半島先端より北海岸に沿って西方へ約一〇キロに位置する。ここの貝化石は、前田保夫さんらによって根室半島からはじめて明らかにされた海成沖積層より産出したものである。貝化石は地表から三・五メートル下の砂質シルト中のもので、マガキを主体にアサリ、オオノガイ、ヒメシラトリガイ、ホソウミニナなど干潟群集構成種が確認されている。

近接のハッタリ川低地で産出した温暖種のウネナシトマヤガイとサビシラトリガイはまったく見られず、むしろ寒流系種のエゾヌノメアサリ、クロタマキビ、オオチジミボラ、コウダカマツムシなどをともなっていて、現在の本地域で普通に分布する貝類相となっている。ここではオオノガイによる^{14}C年代測定の結果、五一九〇±二〇〇年前の測定値が得られている。すなわち、約五二〇〇年前には本地域を含め根室半島では温暖種が生息していなかったことを示すものであろう。

道東海岸域における温暖種の消長

以上の六地域より明らかになった温暖種の出現と消滅を整理すると、つぎのようにまとめられる。

道東海岸域で確認された主な温暖種は、ハマグリ、シオフキ、ウネナシトマヤガイ、アカガイ、カガミガイ、アカニシ、サビシラトリガイなどである。六地域のなかで、すべての温暖種の産出が確認されたのは釧路湿原だけである。他の五地域はウネナシトマヤガイのほか、わずかなアカガイ、カガミガイ、サビシラトリガイをともなっているにすぎない。

つぎに温暖種の出現時期に注目してみると、もっとも早く出現したのは根室半島温根沼の約七一〇〇年前、ついで厚岸の別寒辺牛川低地の約七〇〇〇年前、釧路湿原の約六九〇〇年前、そして白糠町パシクル沼の約五八〇〇年前の順となる。そのなかで根室半島温根沼から釧路湿原までの年代差は、二〇〇年と測定誤差の範囲に入るが、確実に東に位置する根室半島から西方の釧路湿原へと順次一〇〇年の遅れをもって出現している。これは本地域に見られる現在の沿岸流の動きと一致しており、温暖種にとって生息できる好適な環境が与えられると、一種だけでなくグループがあいともなって行動し、急速に分布域を広げるということを具体的に示している。すなわち、約七〇〇〇年前に道東海岸域の海中気候の温暖化が一気に進み、多くの温暖種が根室半島から西方の釧路方面に向かって進出してきたことを示すものである。

消滅の時期は、根室半島が約五六〇〇年前以降約五二〇〇年前までの間、厚岸の奥では約三九〇〇年前以降、釧路湿原では約五三〇〇年前以降となっている。消滅は種によって水温低下にたいする耐性が異なることもあり、結果を求めることがむずかしい。しかし、もっとも東に位置する根室半島では、確実に約五二〇〇年前には温暖種が消滅していたことからみて、道東海岸域における海中気候の寒冷化の開始がこの時期にはじまったことを示唆している。

縄文時代、北海道東海岸に暖流が流れていた

道東海岸への温暖種の進出ルート

北海道において温暖種がもっとも早く出現したのは石狩低地と函館低地であり、その時期は約七五〇〇年前をしめす。とくに、石狩低地では道東海岸で明らかになったハマグリをはじめとする温暖種がすべてそろって確認されている。

オホーツク海岸では最近の調査で常呂《ところ》低地と網走川低地において、石狩低地よりやや遅れた約七二〇〇～七〇〇〇年前を推測できるウネナシトマヤガイが収集されつつある。これ以外の温暖種についてはオホーツク海沿岸では、道東海岸と同時期の約六九〇〇年前となっている。したがって、オホーツク海岸では道東海岸と同じか、あるいは一〇〇年程度早い時期に温暖種が出現したことを示している。

消滅の時期については、根室半島が約五二〇〇年前であったのに、オホーツク海沿岸の常呂低地では前五〇〇〇年代にはハマグリをはじめアカニシ、アカガイなどの種が多いに繁殖しており、縄文前期から中期の常呂

朝日貝塚（東京大学文学部考古学研究室編『常呂』東京大学文学部、一九七二年）や栄浦《さかえうら》第二遺跡東端の貝塚からもこれらの貝殻が多く出土する。そして、約四〇〇〇年前まで分布していたことが明らかにされ、道東海岸より消滅時期が一〇〇〇年以上も遅くなっている。

一方、道南部では、苫小牧低地における温暖種の出現と消滅については、最近苫小牧市博物館の荒川忠宏さんのくわしい研究が発表されている。それによると、温暖種の出現が約七〇〇〇年前になる。そして、約五二〇〇年前まで苫小牧低地に広く生息し、周辺にみられる縄文前期から中期初頭の美々《びび》貝塚、植苗《うえなえ》貝塚、柳館《やなぎだて》貝塚、柏原《かしわばら》貝塚、美沢《みさわ》貝塚などより多く出土するが、その後は急に見られなくなる。たぶん約五〇〇〇年前にはハマグリ、シオフキ、ウネナシトマヤガイの温暖種は消滅したのであろう。苫小牧低地での温暖種の消長は道東海岸と同時期か若干遅れていることがわかった。

現在より温暖な海岸環境

以上のことから、道東海岸への温暖種の進出は、約七五〇〇年前に石狩低地まで北上してきた暖流系種が、道西海岸沿いに北上する対馬暖流によって運ばれ、宗谷海峡を抜けてオホーツク海に入った宗谷暖流にともなってオホーツク海岸域へ約七二〇〇〜七〇〇〇年前ごろ侵入し生息域を広げたと考えられる。さらに宗谷暖流は一気に南東下して知床岬を通過し、根室湾から根室半島をとおって、あるいは国後水道をとおって太平洋へとおよんだと考えられる。太平洋側に出た宗谷暖流は、沖合を流れる親潮寒流によって海岸側に押しやられ、根室半島から道東海岸沿いを厚岸から釧路、白糠パシクル沼、さらに襟裳岬へと順に南下していったと推測できる（図6）。すなわち、縄文時代の約七〇〇〇〜五〇〇〇年前ごろ、北海道東海岸には宗谷暖流が流れ、現

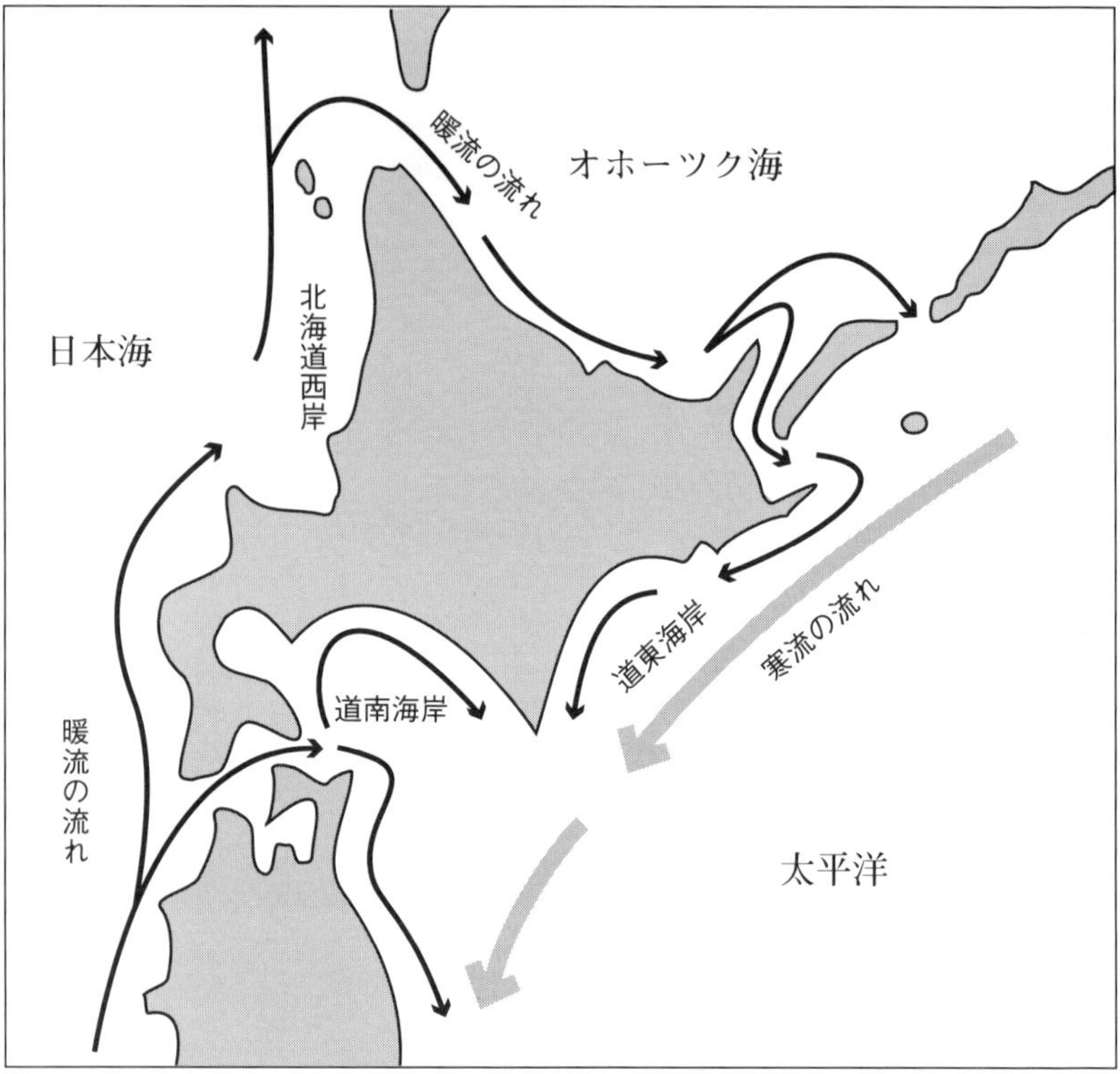

図6　縄文海進最盛期に北海道沿岸を洗う暖流の流れ

在より温暖な海岸環境となっていたことを、暖流系貝類の分布より知ることができた。

より確かな自然環境の復元へ

現在のわたしたちは、ハマグリやアサリ、マガキ、シジミなどの貝類を身近に接し、美味であることを知っている。これらの貝類が各地の貝塚より大量に出土していて、縄文時代にも縄文人の食料になっていたことは周知の通りである。そこで、ある限られた時期を決め、貝類の分布を平面的にとりあげ、その種の生態的特徴から、その時期にみられる環境の一端を知ることができる。

本稿ではこうした視点で、貝類を考古学と地質古生物学分野の領域にまたがる研究資料に位置づけ、暖流系貝類の生態と分布に注目し、縄文海進最盛期に北海道東海岸に存在した沿岸海流の流れを求めたわけだ。約一万年前に最終氷期が終わり、地球規模の温暖化によって、日本列島でも縄文草創期から前期にかけて急激な海面上昇と暖化がおこった。その温暖化の様子を、暖流系温暖種の貝類が具体的に示していたのである。

このように時間軸にそって、特定の種の消長をそれ以前、以降という具合に垂直方向に追究すると、平面（二次元）から立体（三次元）的な資料が得られ、自然環境の変遷を解明することができる。そのなかでも縄文時代の貝類は、全国各地につくられた多くの貝塚と、貝塚周辺に分布する海成沖積層に残されているので、より広い地域で分析することができるだろう。これからは、こうした資料を自然科学的研究手法を用いて学際的にとり扱うことが急務といえる。それは縄文時代の自然環境をより確かに復元することになり、縄文文化をより深く理解していくことにもなるだろう。

❸縄文人の生活技術

縄文文化の成立と技術革新

栗島 義明

縄文的生活を形成した基礎は何か。道具の変化や住居様式、あるいは生業や自然環境といった個々の事象ではなく、それらをトータルにとらえた生活技術、〃社会的な技術〃こそ、歴史的な意義をもつ。

はじめに

今日、日本列島各地で埋蔵文化財の発掘調査がおこなわれ、それにともない数多くの新知見が得られている。縄文時代もけっして例外ではなく、ある意味では発掘調査によって蓄積された膨大な情報を前にして、今、考古学者自身がもっとも大きな時代観の転換を迫られているのかも知れない。ここでいう時代観の転換とは、発掘調査によって実際に得られた成果を基に縄文時代をいかに捉えるかということであり、ひるがえってみれば、過去の縄文時代観なりその認識が、実際の遺構・遺物が語る成果とはあまりにもかけ離れたものであったようにも思われるのである。

そうした転換を迫られているもっとも大きな要因は、狩猟採取経済にたいしての従来の誤った認識にあり、狩猟採集経済は一般的に考えられているよりもはるかに効率的で、しかも安定した生活の糧を保証し得るもの（山内昶『経済人類学への招待』ちくま新書、一九九四年）であり、それに拠って立つ社会である縄文時代もまた安定した豊かな社会であったということである。

ここでは縄文時代の成立段階、とくに草創期における遺物と遺構の検討をとおして、縄文文化というものがどのような技術的な変化や適応を遂げて形成されていったのかを明らかにしてゆこう。

気候の変動

完新世《かんしんせい》の温暖化と植生変化

ナウマン象やオツノジカなどの大型動物と結びついてイメージされる旧石器時代の狩猟文化の多くは、トウヒ属、モミ属、ツガ属などといった亜寒帯針葉樹林とその周辺に展開した草原に展開したものだった。こうした植生が大きな変化をむかえるのが洪積世《こうせきせい》（更新世《こうしんせい》）から沖積世《ちゅうせきせい》（完新世）への移行に際してとされており、北海道を除く列島の多くが、コナラ、ブナ、クリ、トチなどの樹木に代表される落葉広葉樹林におおわれることとなる（安田喜憲『環境考古学事始』ＮＨＫブックス、一九八〇年）。

旧石器時代から縄文時代への移行は、この植生変化に顕著にうかがわれるような気候変動と結びつけられて捉えられることが多い。しかし、こうした植生変化とともに注意しなくてはならないのが動物、そしてその背後にある環境的な変化であろう。更新世から完新世への温暖化にともなっての海流、とりわけ暖流の動きが、列島の植生および環境に与えた影響については十分に評価する必要がある。とくに注目しなければならないのが暖流の北上と日本海の成立であり、列島は現在でも、狭く浅いながらも外洋に通じた三つの海峡を経由する海流によって大きな影響をこおむっている事実がある。

暖流の日本海流入と列島の成立

そうしてなかでも見落すことのできない重要な点は、暖流（対馬暖流）の日本海域への流入にある。今日の列島内の環境面での大きな相違は、緯度的な要件に加えて太平洋側と日本海側とのさまざまな相違であり、これはおもに対馬暖流の日本海への流入が大きな要因となっている。日本海側は世界的にも有数の豪雪地帯となっているが、これは南北に長い列島の脊梁部に二〇〇〇メートル級の山脈が走っていることと関連して、日本海域への対馬暖流の流入が主要因なのである。

第四氷河期の最盛期（約二万五〇〇〇年前）以降、日本海は津軽海峡のみをもって外洋とつながっており、当然、唯一寒流が流れ込むのみであった。半島として大陸の一部であった北海道はもちろんのこと、日本海沿岸は冷涼で乾燥した気候が支配的であったと考えられている。それが、完新世にはじまる温暖化にともない、海水面は徐々に上昇してゆき、やがて暖流が対馬海峡から日本海へと流入を開始する。この暖流の日本海への流入はおおよそ一万年前とされており、以後、表／裏と形容されるような日本列島を二分する地域性が形成されてゆくのである。

この対馬暖流の日本海への流入は、一方で日本列島の朝鮮半島からの分離（対馬海峡の成立）を意味し、さらに完新世の気候温暖化は対馬海峡に続いて宗谷海峡も形成させ、ほぼ今日に見る日本列島の外観を成立させたのであった。

縄文文化の成立とそれを支えた生活技術の変化、獲得といった変革の背景には、このように大陸から切り離された列島の地理的な要件も十分に考慮されなければならない。そして日本列島の成立が更新世から完新世への移行とほぼ期を同じくする点、きわめて重要な事件だったのである。

道具の変化

細石器《さいせっき》文化から神子柴《みこしば》文化へ

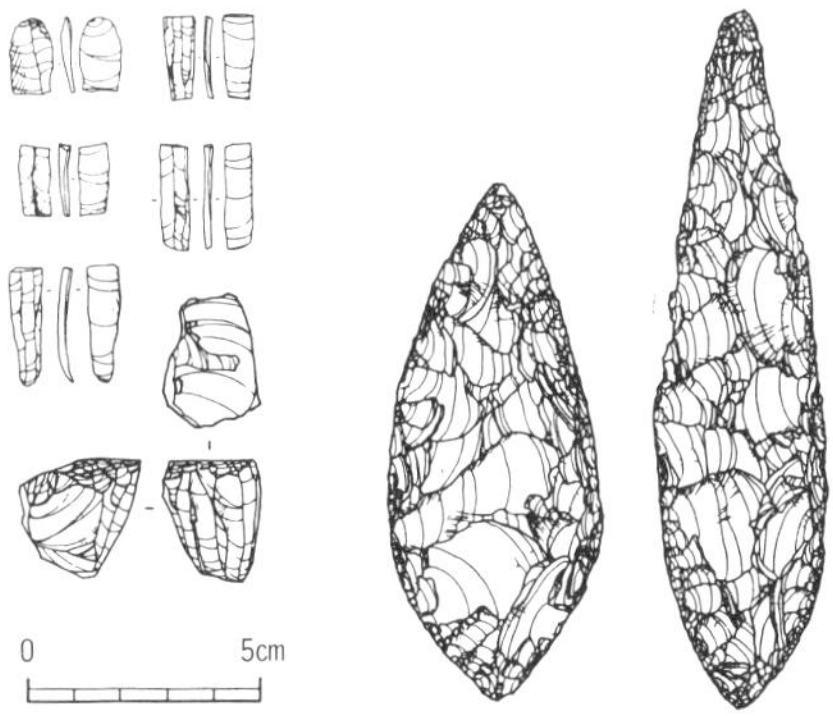

図1　細石刀・細石刃核（左）と石槍（右）

旧石器時代の終末期、東アジアには細石器文化が広がっていた。日本列島もそのなかの一つの地域として連動するように、同じ石器文化が同様な展開を遂げ、その細石器文化の最終末には「湧別《ゆうべつ》技法」による楔《くさび》形の細石刃核《さいせきじんかく》が展開していた。「湧別技法」とは細石刃《さいせきじん》をつくりだすまでの石核整形、打面の形成などといった石器製作の手順が画一化された特徴的なもので、同一の技術によってつくられた細石刃核が東アジア一帯に広く分布することから、この文化も列島固有のものとは考えられない。

そうした細石器文化（湧別技法）が列島を南下して、各地域ごとに独自性をもちつつ展開しているとき、おそらくアムール川流域から沿海州を中心とした地域では石斧《いしおの》と石槍《いしやり》、そして土器を保有した新たな文化が生みだされた。この文化は北海道、東北そして関東へ

神子柴文化期の土器（神奈川県寺尾遺跡）

と急速に伝播し、その後、中部日本を中心として独自の発展を遂げている。これが神子柴文化である。

長さ二・五センチ、幅が〇・五センチほどのきわめて小型の細石刃に続いて、長さが二〇センチもある大型の石槍や石斧を主体とした石器群が人々の生活に取り入れられた背景には、これらの新たな道具だてが完新世初期の温暖化による動植物相の変化にきわめて有効であったからに他ならない。亜寒帯針葉樹から落葉広葉樹へと交替するにしたがい、草原が減少し森林が卓越してゆくが、そうした環境下にあってこそ、木材加工具としての石斧の存在が大きな意味をもち、同時にまた視界が狭められた森林地帯での狩猟に際しては、より獲物に接近して狩ることが可能となり、ために殺傷能力に長けた石槍がいっそう効果的となったのであろう。

土器の出現と隆起《りゅうき》線文《せんもん》土器文化へ

この石斧、石槍とともに重要なものが言うまでもなく煮沸具《しゃふつぐ》としての土器の出現である。現在、日本列島最古の土器群は、神子柴文化期の石器群に共伴《きょうはん》しており、列島内での土器の起源がこの神子柴文化のなかに秘められていたことが、ここ数年の研究で明らかとなっている（栗島義明「隆起線文土器以前」『考古学研究』35―3、一九八八年）。神子柴文化の石器群とともに土器が検出された遺跡は、現在、全国で二〇カ所以上にものぼり、それにともない列島最古の土器群の様相も徐々にではあるが明らかとされつつある。

これらの土器群は基本的には文様をもたない無文《むもん》の土器らしいが、東京都多摩ニュータウン№七九六遺跡や神奈川県寺尾遺跡などからは、土器口縁部にヘラ状の工具などで刺突《しとつ》文様をつくりだしたものが認められる。神子柴文化の発展の過程で文様をもつ土器が生みだされてゆくのか、あるいは文様のある土器と文様をもたない土器が共存していたのか、現在も研究者間で意見の別れるところである。

この神子柴文化を特徴付ける遺物が時間的な推移とともに、その形に若干の変化をともないつつ変化してゆき、続く隆起線文土器文化に受け継がれている。この隆起線文土器文化については、多くの発掘調査資料から、縄文文化の母体を形成していた点について疑問の余地はなく、今後、神子柴文化期の資料が増加するならば、両文化の繋がりがいっそう明らかとなるであろうし、それによって縄文文化成立の姿を、わたしたちはより具体的に理解できることとなるであろう。

文化の系統

沿海州地域との密接な関係

ここで、神子柴文化について検討しておくこととしよう。

石斧と石槍を主体とした神子柴文化の特徴を考える場合、最初に注目されることは、その文化の系統が列島内では追求できない点にある。神子柴文化以前には、すでに述べたように、細石器文化が広く日本列島に展開して認められるが、そこに石斧や石槍といった神子柴文化を特徴づける石器を見いだすことは困難である。この点からも、従来より同文化は大陸から伝播した「渡来《とらい》文化」として認識されてきたのである（山内清男・佐

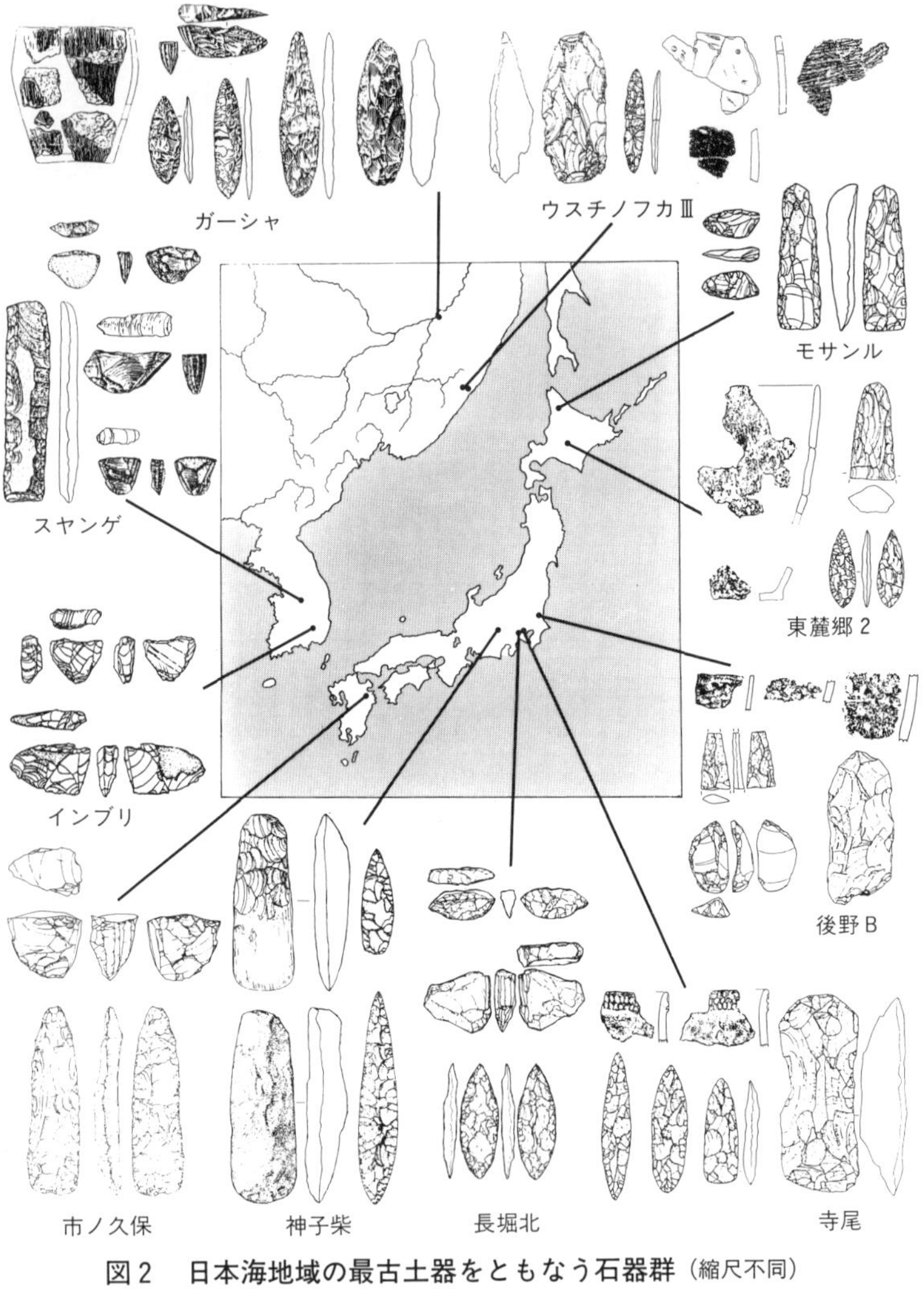

図2　日本海地域の最古土器をともなう石器群（縮尺不同）

藤達夫「縄文土器の古さ」『科学読売』12〜13、一九六二年）。

これまでは資料的な制約から、日本と大陸との石器群の同時性や類似性については疑問視される部分もあったが、近年の大陸側での調査事例の増加から、両地域がきわめて密接な関係にあったことが具体的な資料比較を通して明らかとされつつある。

図2では、大陸側の代表的な遺跡であるガーシャ遺跡とウスチノフカ遺跡の石器と土器をあげたが、前者には細石器が組成しているが、後者には認められていない。加えて後者には細身の石槍が特徴的であり、時間的に後出する可能性がたかい。ガーシャに近接するオシポフカ遺跡からは、突出した基部をもつ有茎尖頭器《ゆうけいせんとうき》という、これまで日本固有の石器と考えられていた石器が発見されており、あらためて縄文文化の成立が沿海州地域と密接な関係にあったことを示唆している。出土遺物を見るかぎり、日本列島と沿海州とは同一文化圏に属し、両地域がほぼ同じ変遷を遂げていたことはまちがいないであろう。

オシポフカ遺跡出土の石器（左2点：有茎尖頭器）

資料的な制約はあるが、沿海州地域での石器群の移り変わり（石斧・石槍・細石器・土器→石斧・石槍・土器→石斧・石槍・有茎尖頭器・土器）は、列島内で認められる神子柴文化の変遷となんら変わるところがなく、この過程で石刃技法が消滅する点も同様である。半島として大陸の一部であった北海道地域を除いて、この文化が列島内を南下するように伝播し同様な展開を遂げていたことは疑問の余地がない。

その後、この文化は大陸から孤立した列島の環境に適応し、独自な展開を遂げていったものと考えられるが、いずれにしても縄文文化の形成というものの大きな部分が、沿海州地域と密接な関係の基にこの神子柴文化を母体として形成されていった点に関しては誤りないところであろう。

列島の成立と石器の消長

神子柴文化には、石器を中心として数段階に区分される型式の変化が顕著に認められることから、時間的にはかなりの幅を有していたものと考えられる。この過程では、たんに道具である石器の改良だけではなく、新たな石器の出現も認められ、この傾向は続く隆起線文文化にいたるまで継続している。

石器群をとりあげれば、石斧、石槍に続いて細身の槍、有茎尖頭器、そして石鏃《せきぞく》、錐《きり》、半月形《はんげつけい》石器などがこの時期に出現し、あるものはそのまま縄文文化へと受け継がれ、またあるものは短期間の内に消滅してしまう。こうした目まぐるしい石器群の交替劇は、縄文時代初頭を特徴づける現象として注目されてきたが、ここに見る石器群の消長の背景には、さきに指摘したような、大陸の一部として存在していた列島が孤立化してゆくという、当時の地理的な環境が大きく係わっていたものと考えられる。

今日では、大陸側からの文化要素の影響が縄文文化に認められることが指摘されている。確かに、縄文時代を概観した場合、通時間的な他地域からの文化要素の波状的な伝播は存在したかも知れない。しかし、それはあくまで文化のある部分（要素）が波及したもので、以前に存在した文化が一掃されてしまうほどの変革をともなうものは皆無であった。その点については、四方を海によって大陸とへだてられた列島の環境要因が大きいであろう。

大陸と同様な文化内容をもつ神子柴文化が、徐々に列島内で独自の展開を遂げてゆくのは、気候が温暖化しつつあるなかで、日本海が成立して大陸と切り離されてゆくといった、いわば閉鎖されつつある列島の地理的環境のなかで、その生態（動植物相）系に適した技術的適用を遂げたからに他ならないのである。

内水面漁撈

河川と密接な関連をもつ遺跡

つぎに、神子柴文化の技術的な環境適用の姿を具体的に検討してみることにしよう。

この時期の遺跡は、多くが河川を望む段丘上や完新世に新たに形成された沖積地に立地している。これまで生活の舞台として活用されたことがなかったこうした場所に生活の場を求めた背景には、この文化を担った人々の河川との密接な関連を示唆している。縄文文化初頭の人々が内陸部の河川漁撈に大きく依存した生活を展開したことは、東京都の前田耕地遺跡でのサケ顎骨の検出によって具体的に証明されている。もちろんその一方で、海洋での漁撈の存在も否定できないが、内水面漁撈の活性化は、この段階にいたってよりいっそう活発化していったものと考えられる。

こうした内水面漁撈のあたえた影響は、縄文文化を形成してゆく上できわめて大きかったものといえよう。この内水面での漁撈労対象としてもっとも可能性の高いものは、いうまでもなくサケである。列島固有のサケ

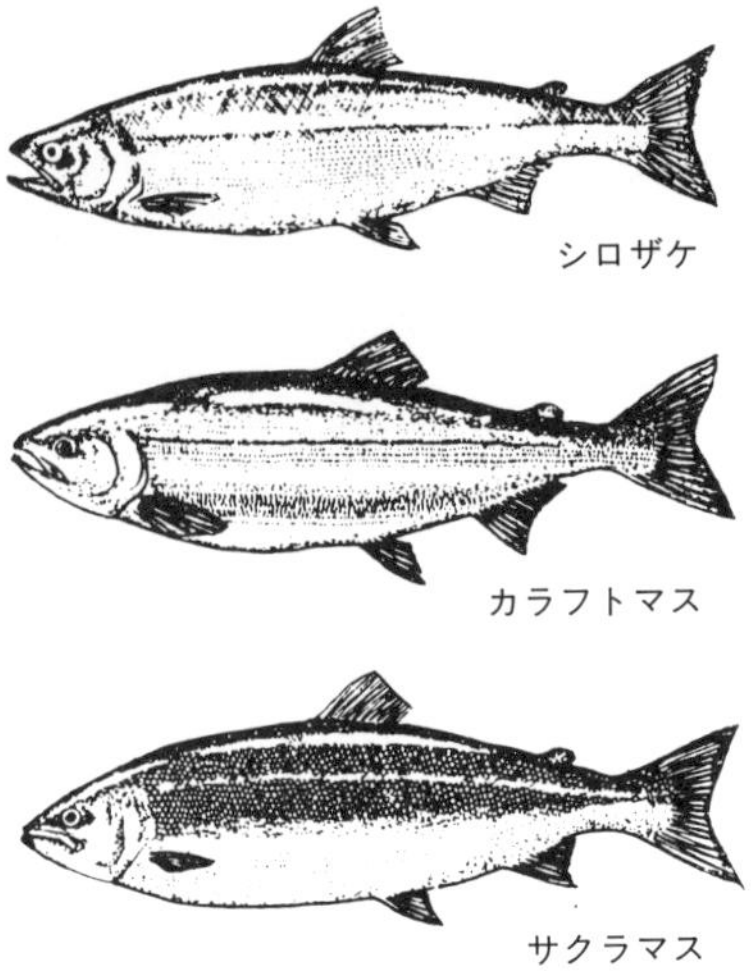

名　　称	年　齢	成魚体重(平均)	溯上最盛期
シロザケ	3～5年	約4kg	9～10月
カラフトマス	2年	約3kg	6・7月
サクラマス	3～4年	約2kg	8月

図3　日本列島在来のサケ・マス

属（シロザケ、カラフトマス、サクラマス）は、太平洋北部を中心として分布しており、カラフトマスを除いていずれも四年で母川に回帰する習性をもつ。サケの母川への溯上時期には、種類や川ごとに多少の違いがあるものの、シロザケで九～一〇月、サクラマスでは七～八月、カラフトマスは八月であるという。これを最盛期としてその溯上は前後数カ月におよぶという。これらのサケは通常、二～三〇尾ずつの群れを形成して河川を溯上するが、その複数の群れが溯上する最盛期には、その川面をサケが埋め尽くすほどとなる。

サケの捕獲・保存と定住化への移行

サケ属の食料資源として重要な点は、種類によって若干の相違はあるが、溯上が特定の時期に限定されることと、他の狩猟対象とは違って、その捕獲に人々の移動が必要とされないことにあろう。サケの溯上が夏から秋にかけて最盛期を迎えることは、堅果《けんか》類などの可食植物の採集と時期的なずれがあり、労働が競合しないというきわめて大きなメリットがあった。

サケの捕獲を中心とした内水面漁撈の重要なことは、溯上の最盛期にサケを集中的に捕獲し、加工処理等をおこなうことによって保存が可能な点にある。堅果類の貯蔵とともにサケの保存によって、人々は旧石器時代以来のひんぱんな移動生活にピリオドを打つことができたのである。

ところで、このサケの一〇〇グラム当たりのカロリーは一七〇カロリーであり、平均的なシロザケ一匹（四キログラム）のカロリー値は六八〇〇カロリーにもなり、成人の一日あたりの平均的必要エネルギー価（一八〇〇キロカロリー）を勘案すると、サケ一匹は三人分の食料に相当するのである。さきに指摘したように、他の動物性タンパクの確保とちがって、サケの場合には、人々が捕獲対象である資源を求めて移動する必要がなく、サケを捕獲しやすい場所やそのためにつくられたヤナなどといった施設の設置場所に一定期間はとどまれる点にあろう。

この点において、堅果類などの採集以上にサケの捕獲は、結果的に特定の場所へと人々の生活を結びつけることとなったにちがいない。加えてサケは堅果類以上に保存が容易であり、捕獲後に保存されたサケが消費されるまで人々は移動することなく、特定の場所にとどまって生活することが可能となった。こうした生活スタイルへの移行（定住化への傾斜）こそが、移動を中心とした生活形態を採用していた旧石器時代からの大きな移行として認識されるのである。

堅果類の採集

縄文人の主食料としての堅果類

縄文時代の人々が堅果類を主食料として利用していたことは、各地からの植物遺体の検出ばかりでなく、縄文時代遺跡での普遍的遺構としての貯蔵穴の存在によっても明らかである。すでに早創期前半期の鹿児島県東黒土田《ひがしくろつちだ》遺跡では、貯蔵穴のなかに多量の堅果類（カシ）が詰まった状態で発見されており、またより古い神子柴文化に属する東京都御殿山《ごてんやま》遺跡からは、炭化した多量のクルミ殻が検出され、堅果類の利用が確実に縄文時代の初頭より開始されていたことをうかがわせている。

こうした堅果類のうち、トチ、ナラ類、カシ類については、アク抜き技術の確立された縄文中期以後にはじめて食品リストに加えられていったものであろうが、クリ、クルミ、ハシバミ、ブナなどといったアク抜きを必要としない堅果類については、縄文時代初頭より積極的に利用されていたに違いない。

ところで、クリ、クルミを含め堅果類については、その採集時期が結実をむかえる秋期のほぼ一カ月に限定されてしまう。加えてその採集活動は、当然、結実後の落下の時点にかぎられてしまうであろうから、その採集は多くの場合個人ではなく集落の構成員が総出で、しかも集中的になされていたにちがいない。その背景として、堅果類については腐食以外に他の中〜小型動物との競合関係が存在する点も見落とすことができない。これら堅果類の採集は性別や年齢に関係なくおこない得る点、そして採集の確実性がたかい点において、もっとも効率的な食料資源でもあった。

高カロリーで保存のきく堅果類

堅果類はわたしたちが考える以上にきわめて高いカロリーをもつ、実にすぐれた食料であったことも注目しなくてはならない。クリを例にとりあげてみよう。クリの一〇〇グラム当たりのカロリーは一五六キロカロリーであり、米（一四八キロカロリー）、さつまいも（一二三キロカロリー）などよりもはるかに栄養学的にもすぐれたものである（松山利夫『木の実』法政大学出版局、一九八二年）。栽培種ではあるが、クリ園での一〇アールあたりの収穫率を示したのが**表1**である。

木の樹齢によってクリの収穫率に大きな開きが生じるが、それでも一本当たり平均一〇キロほどの収穫が得られている。そしてもっとも収穫率の高い一〇～一五年ものでは、一〇アールあたり三二本のクリの木から、じつに四〇〇～五〇〇キロの収穫が得られるのであり、それは成人一日の必要エネルギー（一八〇〇キロカロリー）に換算した場合には、約一年分の摂取量に相当することとなる。これはあくまで現在の栽培種での数値であるが、堅果類の食品としての優秀性が知れよう。

表1　10aあたりのクリ収穫率

年　　数	3年～	10年～	15年～
本　　数	48本	32本	12本
収穫量(1本当り)	3～6kg	12～15kg	10kg
総収穫量	240kg	430kg	120kg
総カロリー	432000Kcal	774000Kcal	216000Kcal
総カロリー/必要摂取量	133人分	239人分	66人分

（埼玉県飯能市平栗園、1993年度）

さらにシイ（二五六キロカロリー）やクルミ（六七三キロカロリー）、そして松の実（六三四キロカロリー）など、きわめて栄養価がたかく、単純に計算するならばクリの四倍以上のカロリーをもつクルミは、同様な収穫率を仮定した場合にはわずか八本の木によって、成人の一年間の必要エネルギーが確保されることになるのである。

だが、このようにきわめて栄養価のたかい堅果類が短期間に多量に採集されるだけの理由で、縄文時代を通じて重要な食料とされていったのではない。その背景には、それらが貯蔵の可能な食料資源である点が大きく関係していたのである。

堅果類はその名が示すように堅い外皮に覆われており、室温度の調整によって比較的長期間の貯蔵が可能である。一時的に大量の収穫が望めるだけではなんら意味はなく、保存方法を含めた貯蔵技術の確立があってこそ、堅果類の植物食としての重要性が増大したのである。そうした堅果類の貯蔵によって、生活の安定性はもちろん、そ

図4　北米インディアンのヤナ（木村英明・木村アヤ子訳『海と川のインディアン』雄山閣、1987年）

の貯蔵施設周辺への長期的居住（定住性）が約束されたということができよう。

定住化への移行

新たな生業パターンの確立

サケの捕獲が夏から秋にかけて、そして堅果類の採集が秋というように、食料資源の獲得が季節的なものとして、新たな生業パターンの一つとして確立されていったことは、縄文時代とその文化とを考える場合にきわめて重要なものであった。

冬期は狩猟採集活動が活発となるが、その効率はたえず不確実なものであったし、同時に冬期は総体的にみて食料が枯渇する時期でもある。この時期を控えて、こうしたサケや堅果類といった食料の採集・捕獲がピークを迎え、それが貯蔵されていた点は見逃すことができない。堅果類やサケの保存それ自体にとっても冬期は好都合であったにちがいない。

そして注意しておかなくてはならない点は、堅果類の貯蔵というものが遺構や施設といった特定の場所に固定されること、そしてサケ類の捕獲が基本的に河川を溯上するサケを対象としており、他の動物のそれのように人々が移動することなく、特定の場所で継続的に食料資源を確保できる点にあり、保存処理後の貯蔵は必然的に定住化を促進したにちがいない。サケ類がヤナ等の施設によって捕獲されていた場合（図4）、そうした特定場所への居住はよりいっそう強化された蓋然性がたかい。

もちろん、続く弥生時代における水稲耕作と比較して、その土地への密着度という点ではよりゆるやかなものであったが、こうした言わば半定住的な生活様式への移行は、それまでの旧石器時代にはけっして認めらないものであった。堅果類とサケ類の採集と捕獲に付随した二つの面（食料資源の集中的確保と継続的消費）は、言うまでもなく世帯を越えた共同労働によって支えられていたものであろうし、それらを貯蔵することによって、複数世帯が同一の場所で長期間にわたって生活をともにする契機が提供されてくる。

縄文時代における定住的生活の基礎は、こうしたサケ猟と堅果類の採集、およびそれらの貯蔵という新たな生活基盤の確立によって築かれたものといっても過言ではあるまい。

定住化をしめす住居跡

こうした定住化への生活スタイルの移行は、草創期段階に萌芽し、そして縄文時代の早期段階に至っては一定の形態を整えていったと考えられるのであるが、その具体的な考古学資料としては、住居跡およびその集合体としての集落がある。

たとえば、旧石器時代は列島内に数千カ所の遺跡が残されているが、明確に住居跡と認定できるものはほとんど皆無である。これはけっして調査件数やその精度に起因するものではなく、旧石器時代の住居それ自体が痕

竪穴住居跡（東京都前畑耕地遺跡）

跡として非常に残りにくいものであったことに由来すると考えるべきである。移動生活を基本的スタイルとした旧石器時代人にとって、強固な構築物としての住居は必要ではなかった。彼らがどれくらいの時間を移動先の占拠地ですごしたのか不明であるが、少なくとも言えることは、生活を支える石器装備の補修や整備が原料となる、拳《こぶし》大の母岩《ぼがん》をさえ消耗し尽さない程度の期間であった点である。少なくともそれは数週間ほどのものであったのだろう。

　縄文時代草創期にいたり、竪穴状に地面を掘りくぼめ、柱穴をもつといった明確な住居跡がつくられるようになり、その構造は隆起線文段階にいたってより整ってゆくことが確認されている。さきにあげた前田耕地遺跡で検出された住居跡は、浅い掘り込みをもつものと、住居の縁を円礫で囲ったものとがあった。一方、同じ神子柴文化段階に属する神奈川県勝坂遺跡のものは、浅い掘り込みに加えて周溝《しゅうこう》と柱穴を備えている。隆起線文段階では、勝坂遺跡と同様な形態の住居が散見され、それらは基本的に縄文時代の早期へと引きつがれてゆくのであった。

　こうした施設を備えた住居跡の出現は、その構造が旧石器時代のキャンプに見る仮住い的なものではなく、明らかに長期的な居住を前提に築かれたものである。この背景に堅果類採集や内水面漁撈によって支えられたより安定的な食料資源の確保、さらに言うならば半定住的な生活形態への移行が大きな要因として存在したことは誤りないであろう。

狩猟技術の変革

石斧・石槍から弓矢猟へ

縄文時代の狩猟を考える場合、もっとも重要な点は弓矢猟の出現にあるといえよう。

弓自体の発見例は縄文後晩期に集中するが、その使用については、石鏃《せきぞく》の出現が認められる草創期段階には、すでに一般化していたことは間違いない。出現期の石鏃にはすでに定式化が認められており、隆起線文段階での出現とともに列島内で急速に一般化してゆき、縄文時代を特徴づける代表的な石器となっている。弓の出現がいかに大きな狩猟技術の画期となったか、以下に検討してみよう。

弓の出現によって、人々は狩猟対象に近づくことなく距離を置いて狩猟するこが可能となり、さらに陸上動物だけだはなく、鳥類なども狩猟対象のリストに加えられることとなっていった。狩猟効率の向上と命中率の高さという弓矢猟の特質は、以前の石槍と比較した場合、その狩猟効率は一段と高められたであろう。

だが、弓の出現は、たんに狩猟具としてのそれにとどまらず、まさに狩猟技術の変革をもたらしたものと考えられる。なぜか？

それは、弓矢猟の出現が、毒とイヌの使用をともなう狩猟形態の変化をともなった可能性のたかい点にある。弓矢猟は、狩猟対象にたいして遠距離からの攻撃、しかも連続・集中的攻撃といった有効面が存在する反面、小型の石鏃では中型獣に致命的な傷を負わせるにはいたらなかったにちがいない。縄文時代遺跡から発見される動物骨のほとんどが、シカやイノシシ、クマなどの中型獣によって占められており、これらの動物が弓矢によって狩猟されていたことは疑いない。だが、その場合、より正確には、弓矢によって狩るというよりは傷を負わせ、追跡した後に捕獲するのが一般的形態であったと考えられるのである。

毒矢と犬を使った狩猟

弓矢猟は、民族例を考慮するまでもなく、弓矢の出現に付随した画期的な技術（毒とイヌの使用）によって支えられている。アイヌが弓矢の鏃部分にトリカブトの毒を塗って使用したことは有名であるが、おそらく石鏃はその出現段階から毒を併用したものであったと考えられる。長さが二センチにも満たない小型の石鏃をもってイノシシやシカを捕獲するすることは困難であり、やはり毒の使用と追跡という狩猟技術を抜きに弓矢猟の発展は考えられない。

加えて、こうした狩猟形態の採用に毒以上に重要なものがイヌである。イヌについては、日本各地の縄文貝塚から発見例が報告されており、しかも例外なくていねいに埋葬されている。犬がいつの時点で、縄文人のよき狩りのパートナーとなったか不明であるが、縄文時代早期前半の神奈川県夏島貝塚や愛媛県上黒岩岩陰遺跡では、それぞれ撚糸文土器《よりいともん》、押型文土器《おしがたもん》の文化層からイヌの骨が発見されている。とくに後者では、人と同様に手厚く埋葬された状態で発見されており、イヌが縄文社会でいかに大切にあつかわれていたかがうかがい知れよう（佐原真『大系　日本の歴史1』小学館、一九九二年）。

さらに、山形県日向洞窟では、イヌの骨が草創期遺物に伴出した可能性がたかく、石鏃の出現とイヌの使用とが時を同じくしていたこと、つまり石鏃の出現が単に弓矢猟の出現をのみ意味するのではなく、毒やイヌの使用を含めた新たな狩猟技術の採用をも背景にもつものであったことを示唆している。

弥生時代における水稲耕作は、たんに稲の伝播にとどまらず、土木・灌漑技術、収穫・加工技術の伝播でもあり、そうした技術総体の波及こそが水稲耕作を経済基盤とした弥生文化を支えていたのである。弓矢の出現も、考古学的には石鏃の出土をもって確認されるものであるが、その背後にはこうした毒物とイヌを用いた、新たな狩猟技術の確立があったものと考えられる。

石鏃という縄文時代を通じてもっとも普遍的な石器の出現も、その背後にある狩猟形態の変革を考慮した場合、まさに「縄文的狩猟」の出現としてきわめて大きな画期であったと認識されるのである。

旧石器から縄文へ

「移動」する生業システムと細石器

縄文文化の成立を考えた場合、注目しなくてはならないことは、遺跡を単位とした様相のちがいが際立ってくることである。それまでの旧石器時代遺跡では、ほとんどが石器とそれを製作した際にできた剝片《はくへん》、砕片《さいへん》が検出されるのが一般的である。少数の遺跡では定型的な石器が欠落したり、少数ながら剝片・砕片が欠落したりする程度で、総じて遺跡差というものが小さい。こうした石器様相の相違は、遺跡における活動の相違を反映したと考えるよりも、むしろ居住期間や道具装備の違いに起因したものであった。

これに対して神子柴文化期以後、遺跡のそれぞれは明らかな相違を見せている。そこでは遺跡を単位とした石器組成のちがい、その量的な多寡、そして貯蔵跡、製作跡などといった遺跡自体のちがいという二つの様相がある。ここでは種々の生業活動を支えた道具に焦点をあてて、縄文的な生業システムの確立を検討してみよ

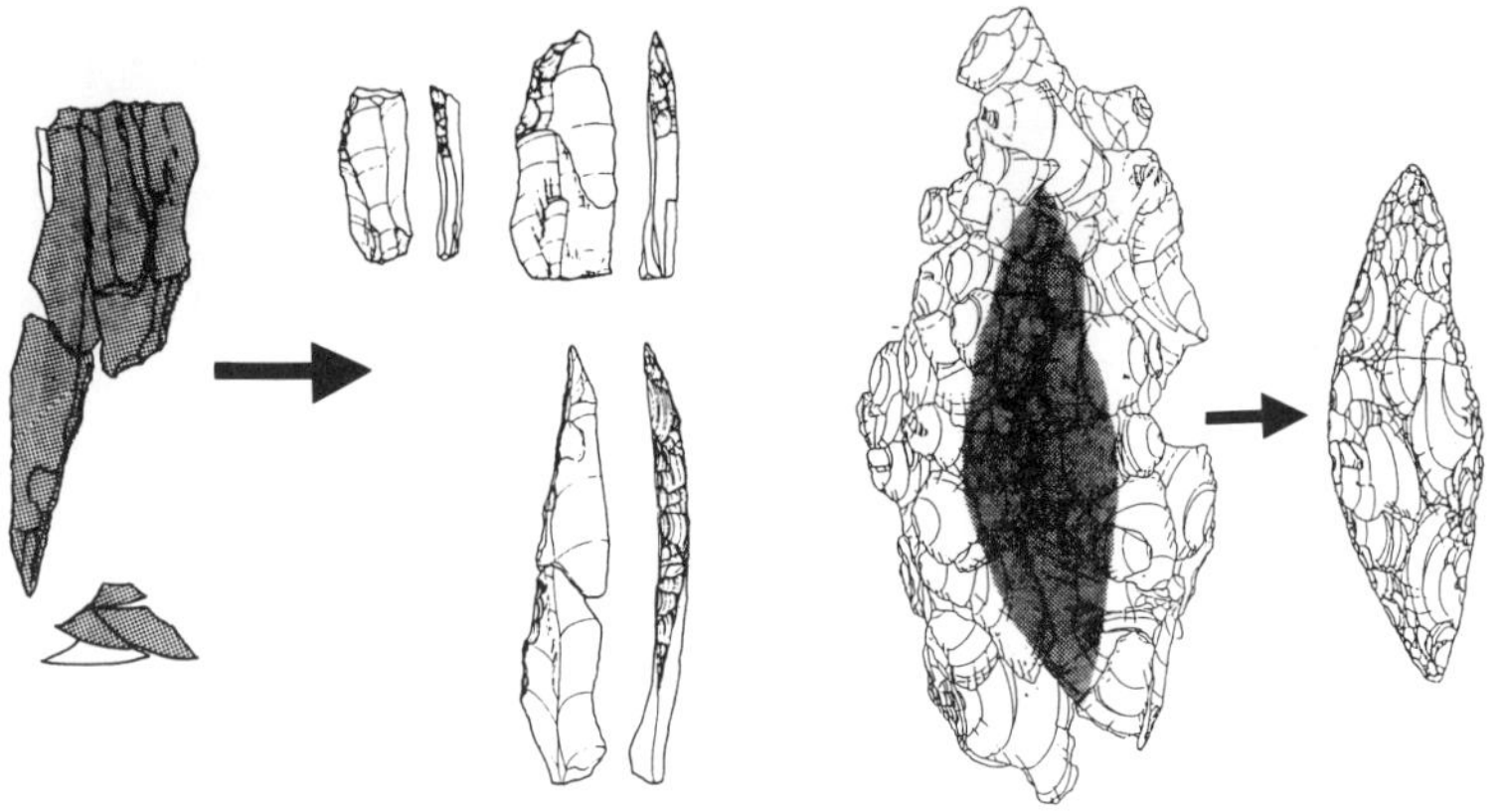

（旧石器：埼玉県砂川遺跡）　　（縄文：長野県下茂内遺跡）

ナイフ形石器は連続的に剝された剝片を効率よく利用する（左図）。
一方、石槍は素材を大きく加工してつくりだす（右図）。
旧石器から縄文への石器製作の根本的変化がここにある。

図5　旧石器・縄文の石器製作のちがい

う。

石器は道具である以上、使用され、消耗し、そして打ち捨てられるという一つのサイクルをもっている。そのために人々は、再加工や補充を通じて、生産活動をおこなってゆく上でさしさわりのないような装備状態をつねに維持しなければならなかった。そうしたなかでもっとも重要なことは、石器の材料となる良質な石材を確保しておくことにあった。

旧石器時代には、石材産地を移動する領域内にとり込み、断続的にその場所へ移動することによって石材確保をおこなっており、その点で石材も、食料などと同様に、「移動」というシステムのなかにとり込まれていたのである。

ところで、旧石器時代は剝片石器の時代でもある。石材の獲得が周期的な原産地への移動によってまかなわれていた背景には、この時代の石器のほとんどが拳大の母岩（石核）から連続的につくりだされる剝片を素材とし、それを加工して各種の石器（ナイフ、掻器、削器、彫器）にしていたことにある。原産地への移動の際に母岩を複数採取し、後はそれをたずさえて移動をくり返してゆき、必要に応じて石器の補充や再装備をおこなっていたのである。

一塊の石核から多量の石刃、すなわち石器素材の生産が可能な剝片石器とは、移動をひんぱんにくり返す旧石器時代にあってきわめて経済効率の高いものであり、それはナイフ形文化から細石器文化へと移行・発展することによって、少ない資源をより効率的に利用するという効率的スタイルを極度にまで推し進めていったのである。

石器製作のための遺跡

一方、石槍と石斧を中心とした神子柴文化段階の遺跡では、それらの石器製作にかかわる剝片類を同じ遺跡内に見いだすことは稀である。つまり遺跡内で石器をつくっていないのである。その一方で、特定の石器（ほとんどが石槍）をのみ多量に出土する遺跡（製作跡）が存在する。新潟県本ノ木《もとのき》遺跡、長野県下茂内《しももうち》遺跡、東京都前田耕地遺跡などである。これらの遺跡からは一〇〇〇点を上まわる数の石槍が出土しているが、石槍以外の石器はほとんど見られず、通常、石槍とセットをなす石斧は、いずれの遺跡でもわずかに一点程度にとどまっている。

これらの遺跡は、例外なく河川敷上に立地し、付近には石器材料となる石材が転石として豊富に存在し、それらの石材を用いて石槍の製作がなされているのである。転石をはじめとして、石核や大形剝片、剝片、砕片、そしておびただしい未製品や欠損品などが出土し、こうした場所で石器製作が集中的におこなわれていたことを示している。

ここで、さきの旧石器時代の剥片石器と草創期神子柴文化期の石斧・石槍（両面石器）を比較すると、石器そのもの変化ではなく、その背景にあるより大きな変革を想定することができよう。

移動生活を中心にすえた旧石器時代にあって石器石材の利用は、細石器の発明をもって少ない貴重な石材をより効率よく利用するという経済効率を究極にまで推し進めることとなった。だが、石槍・石斧といった両面石器はそれ自体が大型である上に、移動に際してその素材を携帯することは不可能である。また、前段階で極度に発達した経済効率からすれば、変形度が大きな両面石器を素材状態でもち歩くとも考えられない。

石材原産地での石器の集中的な製作は、石器として余分な部分は除去し、半製品に仕上げておくことによって、移動に際しての運搬コストの削減をはかっていたのであった。「石核」をもち歩く時代から「製品」をもち歩く時代への変化がここにある。

スペシャリストと他集団へのもち運び

さて、集中的な石器製作がおこなわれている遺跡では、通常の遺跡で認められる道具の装備が欠落している。これは石器製作が移動生活のなかに位置づけられていたのではなく、それと切り離された特種な部門として独立していたことを物語っている。

民族例を瞥見するまでもなく、石器など道具の製作は男性によってなされており、これらの石槍製作遺跡も男性によって残されたものと判断して誤りないだろう。しかもそうした男性は、石器製作の技術に長けた人物(Specialist)であった可能性がたかい。遺跡に残存している未製品の数でさえ一〇〇〇点を優に上まわるのであるから、実際にそこで製作された槍の数は相当数であったであろうし、それが一世帯や一集落といった単位で消費されるものではなかったことは想像にかたくない。

あるものは交換品として他集団へもち運ばれていったものかも知れない。前田耕地遺跡では二二五〇点ほどの石槍と総数五〇万点にもおよぶ遺物が検出されたにもかかわらず、発見された住居跡はわずかに二軒であり、石槍の製作が比較的少人数でおこなわれていたことを彷彿させる。また、ここからは七二〇〇点ものサケ顎歯も検出され、石槍の製作にあわせてサケの捕獲がなされていた蓋然性がたかい。

こうした大量の石槍は、二軒の住居を構えた複数の石器製作に技術的に長けた男性によって集中的に製作された可能性が強い。彼らは集落内の各世帯から選ばれた男性ではなく、複数の集落から石器製作をおこなうために派遣された人物であったのだろう。二〇〇〇点を上まわる石槍欠損品と膨大な石片の存在から想定される大量の製品（石槍）は、すべて遺跡外へともち出されている。おそらくそれらの大半はそれぞれの男性製作者が属する集団に主としてもち帰ったのであろう。ここ前田耕地遺跡での石器製作は、伴出したサケ顎骨の存在から、秋を中心とした時期であったことが明らかであり、さらにこの季節に人々が通年的に使用する槍を集中的に製作していたことを示唆している。

まとめられた石槍（長野県神子柴遺跡）

この遺跡が製作跡としての性格をもつことは疑いなく、こうした特定作業のもとに遺跡形成がなされていること自体、移動の過程にすべての生産活動が組み込まれていた旧石器時代との大きな相違として強調されるべきものである。

計画的経済の萌芽

石器を貯蔵したデポ

もう一つ注意されるものがある。すでにサケや堅果類の貯蔵については肯定的にとらえてきたが、これは草創期段階で、貯蔵という形態が生活用具である石器に非常に顕著に認められることも一つの論拠としている。サケや堅果類の貯蔵事例やその施設についての発見はほとんど皆無に近いが、石器を貯蔵したデポと呼ばれるものが一般的に認められている。この石器の地中への隠蔽《いんぺい》・埋納《まいのう》は、現段階では全国で二〇カ所程が確認されており、石槍と石斧を中心として未製品や完成品などが、一カ所にまとめられた状態で検出されるのが通例である。

デポ内での石器出土状態を子細に検討すると、それらの石器は木の葉や皮などで包まれ、地中に穴を掘った上、そこに埋められていたことが明らかである。これらのデポから出土する遺物は、まとめられた石器を単位として、その材質や製作技術、形態が同一であることから、それら複数石器が特定の場所(原産地)において、特定の製作者(男性)によって、連続的に製作されたものであることが容易に理解される。材質・技術・形態を共有した石器が、使用の痕跡をとどめずに、製作場所を遠く離れた場所(デポ)で発見されることは、前田耕地遺跡などのような製作場所からもち出すに際しても、製作者ごとに製品がまとめられていたことを示している。

ところでこうしたデポは、遺跡とは離れた場所、たとえば河岸段丘の直上であったり、扇状地の扇端部分であったり、つまり平地と丘陵、丘陵と山地などの境界地点で発見される場合が多い。このような場所は、大略地形的な変換点に相当しており、それぞれの空間によっておこなわれる活動が相違する点を考慮すると、デポは季節的に変わる活動の接点区域に設置されていたものということができる。

各集団から選抜された人々によって、河川敷や原産地などで大量に製作された石器群は、おのおのがただ集落にもち帰るのではなく、一定量を単位として地中に製品を貯蔵（埋納）しておく。こうすることによって、大量の製品をもち運ぶことはなく、また必要に応じてそれらをとりだせばよいのである。こうしたデポの存在の背後にみる石器の集中的な製作とその貯蔵によって、通年的な石器の使用（量）を前提とした計画的な製作、およびその計画的消費、つまり通年に使用する石器の数量を把握した上で、特定の石器職人を製作地に派遣し、そこで集中的に石器をつくった後、かれらは各集団にもどるとともに、製作された石器は使用分を除いて、かれらが移動する領域の特定の場所に貯蔵され、計画的に消費されることとなる。

このように、すぐに使わない石器を製作し、また後の使用のために石器を蓄えておく、こうした石器製作に見る計画的な生産活動の遂行、および計画的な消費という点も、新たな縄文的な要素と認識されるのである。

縄文的な生産活動の出現

さきにもふれたように、草創期段階には、季節的に限定される資源を有効に活用した生業形態をとるようになっていた。堅果類の採集とサケの捕獲が新たに生業パターンの中に組み込まれることによって、人々の生活が特定の場所により深く結びついていった。採集時期がほぼ一カ月に限定された堅果類はともかくとして、サケの捕獲は最盛期をはさんで数カ月、さらに種類によって捕獲時期に多少の違いが生じてくる。つまり、結果

表2　シロザケの河川別溯上時期

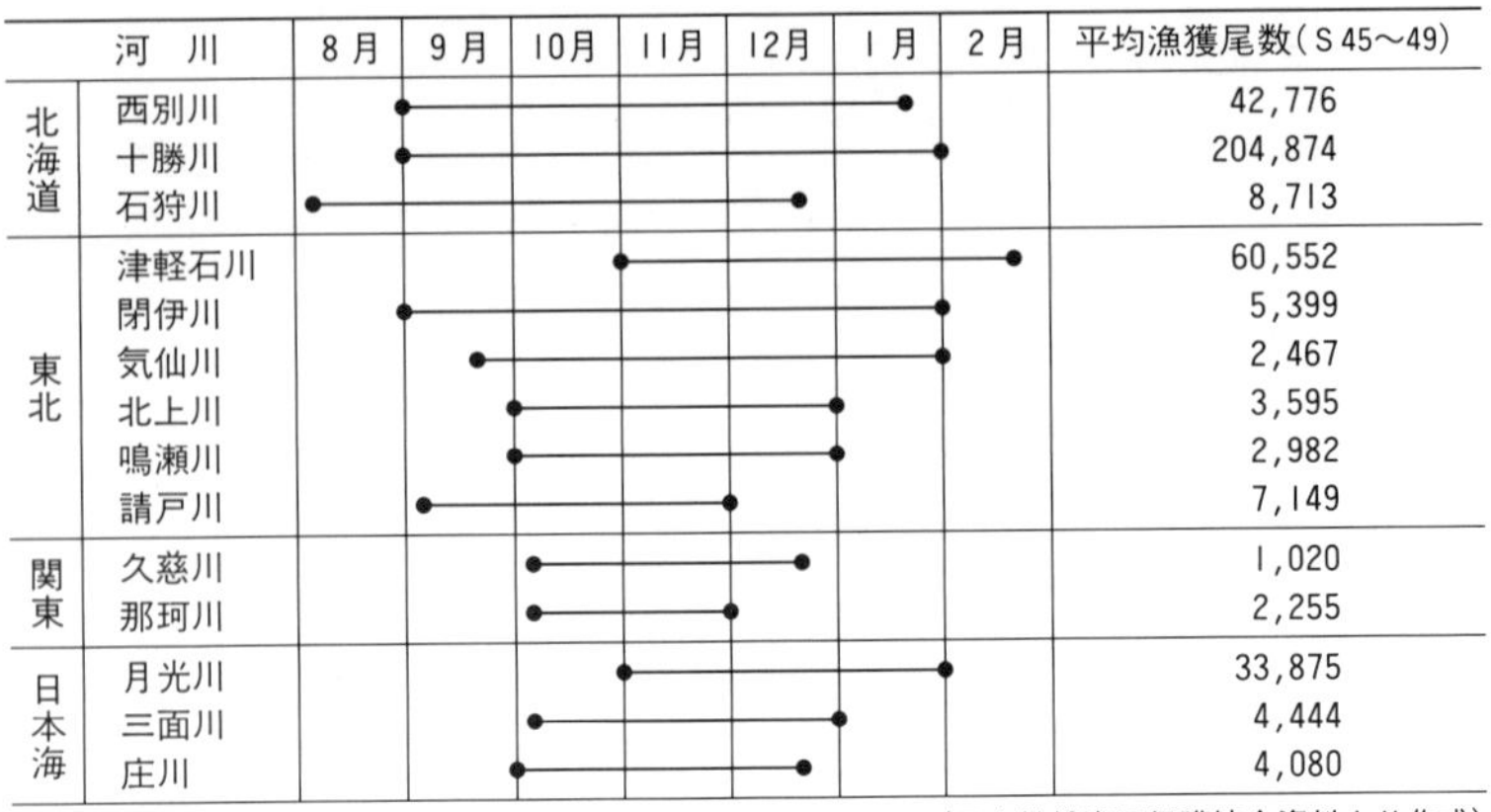

（日本鮭鱒資源保護協会資料より作成）

的にはサケ猟によって、人々の特定場所への占拠はより長期間におよぶこととなったと考えられる。

このように特定場所での活動に集団が従事しているときに道具の補充が必要となれば、集団自体が石器製作のために原産地へと移動するのではなく、石器を製作する人のみが移動した方がはるかに効果的であるし、そうすれば通常の活動（サケの捕獲）を妨げたり、中断する必要がない。

考古学的資料が語るかぎり、石器製作がこのように通常の活動とは切り離されていたことは明らかであり、また、石器製作のみが例外的であったとは考えられない。他の活動ついても同様に、季節的に変化する資源を最大限に効率よく利用するために、各種の生産活動に対応した遺跡を形成していた蓋然性がたかい。

一方で、このように各種生産活動が遺跡という場所に結びついている背景には、あくまで日常の生産活動の本拠地が存在しているということである。つまり、サケ猟や堅果類の獲得とその貯蔵等によって、人々の生活が一定の場所により強く結び付いていた結果、このような各種生産活動に応じた遺跡が形成されていったものと考えられる。旧石器時代にあっては、少ない資源を効率よく利用するという基本的なスタイルが、食料資源を求めてのひんぱんな移動生活を支えていた。一方、縄文時代初頭にいたり、安定的に食料の確保できる場所を拠点とし、他の季節的な資源については、獲得のためにチームを編成し、集落本体は移動することのないような生活形態を採用するようになる。

ここで指摘した各種の技術的な適用——サケの捕獲を中心とした内水面漁撈、クリやクルミなどの堅果類の採集、およびそれらの貯蔵、イヌを用いた弓矢猟、土器——は、縄文文化初頭にいっせいに出現するものではない。ある技術は先行する細石器文化のなかに、またあるものについては神子柴文化以後にあらわれるものもある。

列島の形成と自然環境の変化と同様に、技術的な変化や獲得も明確な意味での画期を求めることができない側面がある。たとえば堅果類の採集により比重を置いていた九州地域のような、地域的な差異も考慮される。だが、この時期に縄文的な生産活動が明確に胎動をはじめていた点、そして少なくとも旧石器的な諸活動が大きく後退していった点は否定し得ない事実なのである。

おわりに

完新世への移行にともなう環境変化、対馬・宗谷海峡の成立、および暖流の日本海への流入による日本海域での多雪化、島嶼化した列島は東アジアとは孤立した地理的環境下で、独自の動植物相を形づくっていく。大陸と同様な石器文化を有しながらも、徐々に独自の様相を強めてゆく背景には、孤立化しつつあった列島の生態的な環境が深くかかわっていたものと考えられる。

そのような過程で人々は、新たな適用、内水面漁撈や堅果類の採集の発展、新たな狩猟技術の採用をとおして、ひんぱんな移動生活からの脱却をとげたのである（稲田孝司「縄文文化の形成」『岩波講座　日本考古学6　変化と画期』岩波書店、一九八六年）。

縄文時代遺跡から発見される動物骨の九五％がイノシシとシカによって占められいる背景には、大陸から切り離された環境下にあって、動物相がより限定され、狩猟活動が特定の種に比重を置くこととなったことを示している。この背景には毒と犬を利用した弓矢による組織的な狩猟技術の採用、サケ猟を中心とした内水面漁撈の発達という動物性食料の獲得、クリ、クルミ、ブナ、ハシバミなどの堅果類を中心とした植物性食料の確保があった。

縄文時代が狩猟採集社会として稀に見るほどに発達した要因として、サケや堅果類の捕獲・採集を生業に組み込み、しかもそれらが保存食として貯蔵可能なものであった点が考えられる。むろん、その調理に際して果たした土器の役割は、評価してあまりあるものがある。

不安定な狩猟活動を中心とした移動生活から、安定的な漁撈活動と採集活動へと生活の比重を移し、しかも季節的に変化する資源を貯蔵することによって、人々には安定した食料資源の確保が約束されたのであった。

資源の季節的な大量確保とその貯蔵は、定住的な生活への足がかりを与えることとなったであろうし、石器製作や資源確保に特定の人々を派遣することによって、性差や年齢差を基準とによる初期的な分業体制も確立されていったにちがいない。加えてサケの捕獲や堅果類の採集が短期間に集中すること、弓矢とイヌを用いた集団猟などは、集団の結びつきをより一層強固なものにしていったであろう。

縄文時代の初頭に認められる考古学的な遺物（石斧、石槍、石鏃、土器）や遺構（陥穴、貯蔵穴、住居）の存在は、その背後に旧石器時代からの確実な脱却を示すと同時に、縄文時代への明確な方向付けを胚胎したものであったと評価される。

それらは単に新たな道具をつくる技術にとどまらず、漁撈や採集、狩猟などの生産技術、および食料をはじめとした資源の加工・貯蔵を含めた消費技術の変革をも内包した、まさに「縄文変革」ともいうべきものであったのである。

④縄文人の食料事情

縄文人は何を食べていたか

西本　豊弘

日本列島の自然も、そこに育まれた縄文文化も多様である。その中で縄文人は想像より豊かな食生活をしていたらしい。三内丸山遺跡等最近の発見と最新の研究成果をふまえて、縄文時代生業の新しい枠組も予測する。

はじめに

縄文時代は、狩猟・漁撈・採集活動により食料を得ていた時代である。それは、石鏃《せきぞく》や石槍《いしやり》などの石器や銛《もり》先《さき》やヤスなどの骨角器、貝塚から出土する貝類や獣骨、低湿地から出土するクリ・クルミ・ドングリなどの植物遺体から推測されることである。しかし、これは、縄文時代一般についての見解である。約一万年続いた縄文時代のなかで、食料の時期的・地域的変化があったはずである。南北に長い日本列島の地理的条件から見ても、縄文時代に均一な生業活動がおこなわれていたと仮定することは無理である。

それにもかかわらず、縄文時代一般ないしは縄文時代の生業一般について、これまでは概念的な生業活動しか述べられて来なかった理由は、生業活動についての研究者が少ないことと同時に、研究の困難さも原因のひとつであった。そこで本論では、縄文時代の食料について、自然科学的研究や三内丸山《さんないまるやま》遺跡の発掘によって最近明らかになった事実を紹介し、縄文時代の食料について、現在どのようなイメージを描くことができるのかを試みてみたいと思う。

これまでの見解

食料の多様性・少量性・安定性

縄文時代の食料内容と季節性などに関しては、これまでにも多く論じられている。最近のものを適当にあげると、小林達雄（「縄文土器の世界」『日本原始美術大系1　縄文土器』一五三〜一八七頁、講談社、一九七七年／「総論——縄文経済」『縄文文化の研究2』三〜一六頁、雄山閣、一九八三年）・鈴木公雄（「日本の新石器時代」『講座日本歴史1　原始・古代1』七五〜一五八頁、東京大学出版会、一九八四年）・林謙作（「縄紋時代史12　縄紋人の生業（4）」『季刊考古学』第三八号、九七〜一〇頁、一九九二年）・西本豊弘（「縄文時代の食生活」藤本強編『考古学は愉しい』二四五〜二六二頁、日本経済新聞社、一九九四年）などの論文がある。

小林は、「縄文カレンダー」を提示して、縄文人の食料に季節性が大きいことを示した。鈴木は縄文人が利用したであろう植物質食料資源を列挙して、植物質食料資源の重要性を説いた。林は、縄文時代の生業研究についての現状でのまとめをおこなっている。筆者は、弥生時代との比較で、縄文時代の食料の基本的な性格を考えた。

筆者の考え方を中心にまとめると、縄文時代の食料の基本的な性格は、自然の資源のあらゆるものを食料としたということである。その点で食料源は多様であるということができる。また、多様であるゆえに、一種ごとの量は農耕社会とくらべて少ない。この多様性と少量性は、ある食べ物が不足しても他のものにすぐに変えることができるという点で気候変動に強い。人口の急激な増大はもたらさないが、飢饉も起こさない安定した生業活動ということができる。中期農耕論については懐疑的であり、縄文農耕は一般的には認められていない。筆者も、現在のところ、クリやトチ・クルミなどの野生の植物の管理はおこなっていたとしても、積極的な雑穀栽培はおこなわれていないと思っている。

このように縄文時代の食料事情は、弥生時代とくらべると、多様性・少量性・安定性が特徴ということができる。これらの性格は、自然資源に依存する狩猟・漁撈・採集経済の基本的性格であり、縄文社会もその枠のなかにあるといわざるを得ない。

食料・生業の地域性をどうとらえるか

さて、縄文時代全体の食料についての議論はすでにあげた文献にゆずるとして、食料の地域性について考えてみよう。まず、縄文時代の生業の地域性についての魅力的見解のひとつは、山内清男の「サケ・マス論」である（山内清男「日本先史時代概説Ⅲ　縄文式文化」『日本原始美術1』一四〇〜一四四頁、講談社、一九六四年）。これは、縄文時代の遺跡が東日本に多くて、西日本に少ないことの解釈として、西日本では主食がドングリだけにたいして東日本ではドングリとサケであり、食料の豊かさが遺跡の多さの背景にあるとした考え方である。この説にたいしては、東日本の縄文時代遺跡からサケ類の骨はあまり出土しないことから、反対論も多い。川に遡上するサケ（シロザケ）の自然分布は、現在太平洋岸では利根川であり、縄文時代の自然環境が現在とほとんど変わらないと仮定すれば、この「サケ・マス論」はある程度成り立つように見える。

しかし、縄文時代にはかなり気候変化があったことが知られており、縄文時代前期のもっとも暖かかったころには、サケの分布南限は青森県と岩手県の境の馬淵《まぶち》川といわれており、もしそうだとすれば、馬淵川以南ではサケはほとんど捕れなかったであろう（前川光司「さけ科魚類の分布と資源量」一九八八年二月に網走市でおこなわれた北方民族文化シンポジウム第二回での発表による。要旨のみ印刷されている）。それにもかかわらず、縄文時代前期の遺跡は馬淵川以南の地域にも多く発見されているのである。縄文時代前期には、この説は成り立たないことは明らかであり、このような単純な議論は日本全体としても成立しない。

実際に食料となった動植物に関する議論だけではなく、石器や骨角器の内容や組成が地域ごとに異なることから、生業のちがいを考えようとする試みも多い。たとえば、最近では赤沢威《たける》の論文がある（「日本の自然と縄文文化の地方差」『人類学――その多様な発展』一四～二九頁、日経サイエンス社、一九八四年）。筆者も道具と生業との関連について興味をもっているが（西本豊弘「生業研究における石器・骨角器の意味」『古代探叢』五九三～六〇七頁、早稲田大学出版部、一九八〇年）、道具の組成《そせい》論でもっとも障害となっているのは、発掘の精度である。宮城県田柄《たがら》貝塚や北海道戸井《とい》貝塚の発掘調査のデータによると、現在普通におこなわれている発掘方法では、長さ一～二センチ程度の小さな遺物は九〇%程度は採集されずに捨てられていると推定されることである（阿部恵「調査の方法と経過」『田柄貝塚Ⅰ』一一～一九頁、宮城県教育委員会、一九八六年／西本豊弘「骨角器」『戸井貝塚』一一二～一一八頁、北海道戸井町教育委員会、一九九三年）。石鏃などの小さい遺物は遺跡に存在するもののうち一〇%しか採集されていないのである。

また、発掘された石器のすべてが報告されているとはかぎらない。土器や石器などの出土数量が報告書にすべてしめされるようになったのはごく最近のことである。発掘の精度と報告書の内容はそれらの担当者によって異なり、このような状況では、道具の組成からの生業論はあまり意味をもたないといわざるを得ない。

考古学的方法からの食料研究の問題点

道具だけではなく、動植物遺体の分析から食料や生業活動を考える上でも、遺跡の内容をどのように把握するかが大きな問題であった。貝塚から出土する動物遺体については、目についた骨をごく少量採集すればよいという考え方が一般的であり、骨を全量採集するという視点はほとんどなかったといえる。実際、小さな魚の骨まですべて採集し、すべて分析することは大きな発掘調査では不可能である。筆者は、貝塚の調査では、すべての包含層を採集し、「ふるい」を用いて水洗して遺物を採集する方法を用いているが、その場合でも、貝殻や魚類の分類では、採集したすべての資料を分類するのではなく、柱状のブロックサンプルを分類し、全体の貝殻や魚類の量を推測する方法を用いている。このような簡略した方法については、遺物全体を分類するべきであるという批判もあるが、この方法でも、膨大な時間と経費が必要である。そのため、貝塚全体の動物遺体の組成を柱状サンプルを用いて定量的に推定した遺跡は、筆者が発掘したか発掘に関係した遺跡が大部分である。それらを用いて、後に各遺跡ごとの食料組成を考察する。

植物遺体の出土量については、推定する方法は現在のところまったくないといわざるを得ない。むしろ、植物遺体を発見すること自体が困難であり、大部分の遺跡では花粉やプラント・オパール分析などにより、当時の植生を明らかにすることができるだけである。縄文時代に多量に利用された植物質食料の残渣《ざんさ》が大量に出土した琵琶湖の粟津《あわづ》貝塚でも、その植物遺体の出土量をどのように計量するかが問題である。

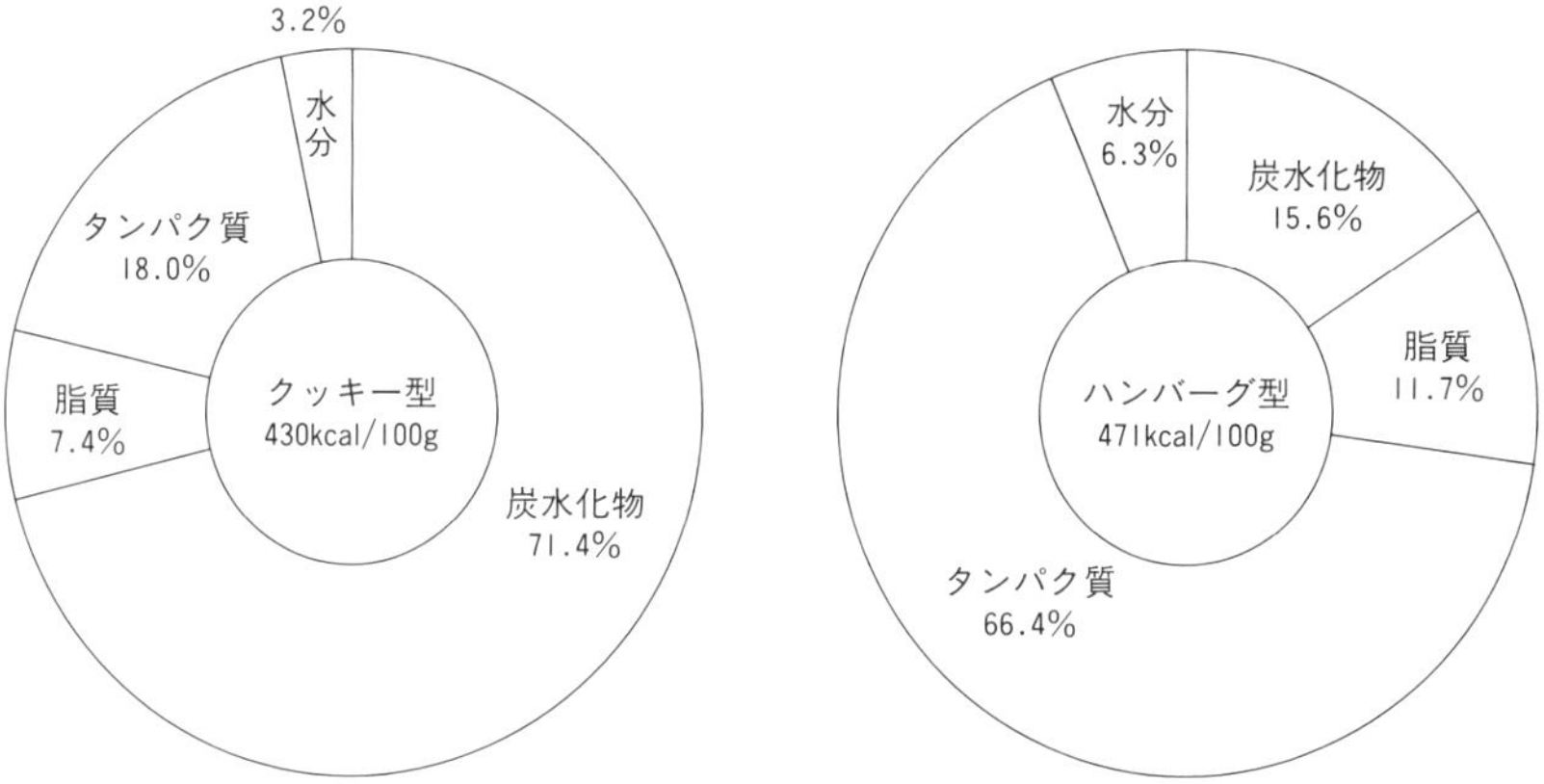

図１　押出遺跡クッキー状炭化物の栄養成分

最近の自然科学的研究の成果

残留脂肪酸分析の研究

このように、考古学的方法からの食料研究の方法に多くの問題点があり、新たな方法を模索しているとき、自然科学的方法を用いた分析により、縄文時代の食料の内容に新たな知見を得ることができた。それは、中野益男による残留脂肪酸分析と南川雅男によるタンパク質（コラーゲン）の炭素と窒素の同位体分析である（中野益男「残留脂肪酸による古代復元」『新しい研究法は考古学になにをもたらしたか』一一四～一三二頁、クバプロ、一九八九年、南川雅男「アイソトープ食性解析からみる先史モンゴロイドの食生態」『モンゴロイド』No.６、二四～二九頁、一九九〇年）。

それぞれの方法と成果については、引用文献を参考にしていただくとして、結果だけを簡単に述べる。まず、脂肪酸の研究では、縄文時代の山形県押出《おんだし》遺跡のパン状炭化物の成分が推定された（**図１**）。その内容には若干疑問もあるが、注目されたことは、発酵した食品が利用された可能性が指摘されたことである。その発酵が自然に進行した

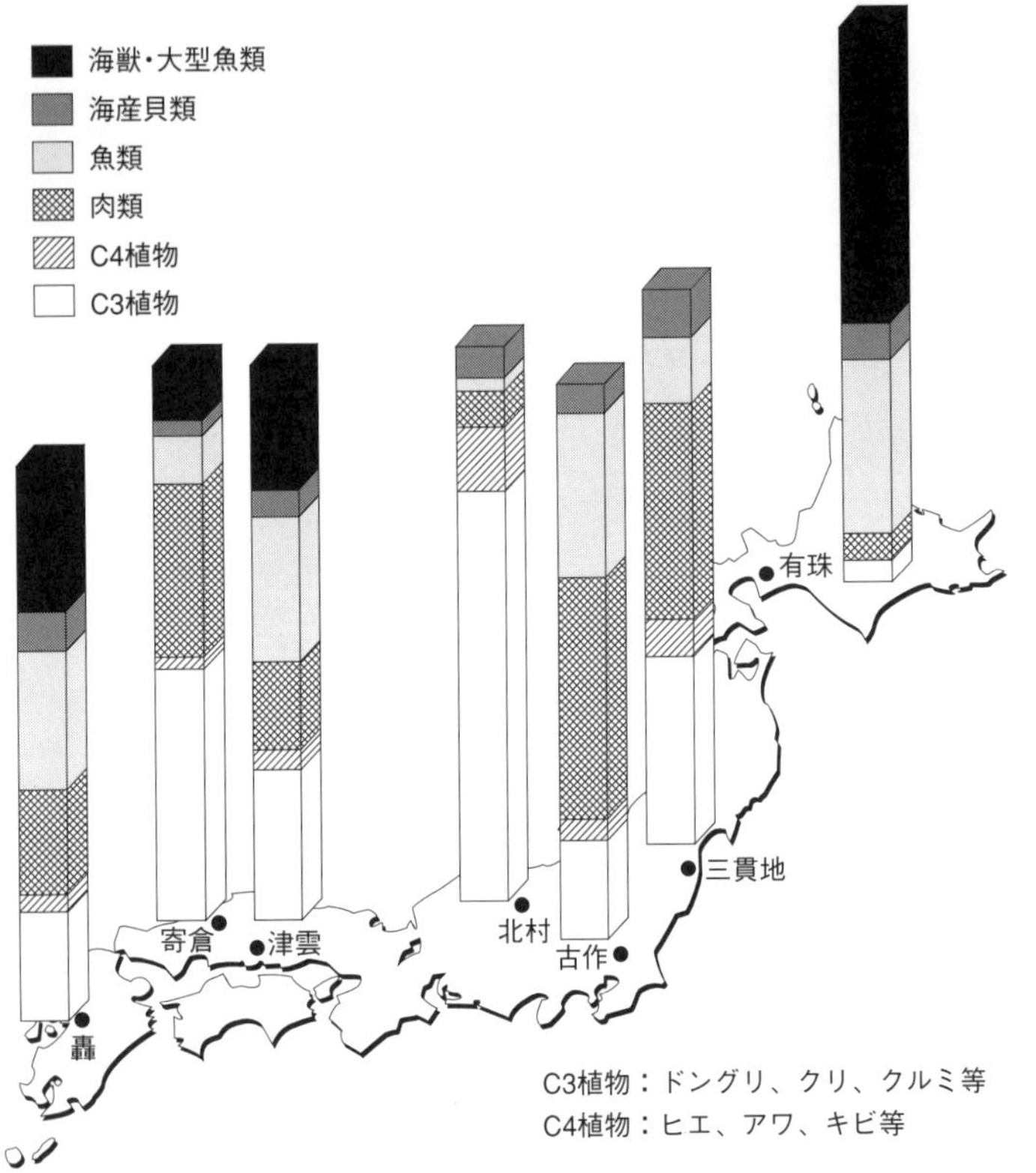

図２　人骨のコラーゲン同位体組成と食資源データベースから推定したタンパク質の資源となった食物群の割合（南川雅男1990より作図）

ものか、縄文人が意図的におこなったのかは明らかではない。しかし、縄文人の食料のなかに、発酵食品があったとすれば、食料の保存という点で、脂肪酸分析は新たな視点を与えてくれたことになる。

同位体分析の研究

炭素と窒素の同位体分析では、各地の遺跡出土人骨を用いて、タンパク質を摂取した食物の種類が地域ごとに大きな差があることが推定された。その上で、各地の遺跡ごとに食料組成を推定している。その結果を

図2に示したが、内陸部の北村人では、植物質食料が八〇％以上であるのにたいして、東京湾岸で貝塚を形成した古作《こさく》人は、獣類と魚類が多いという結果となった。貝類は、貝殻として残る率が高いため、貝類ばかり食べているようにみえるが、貝の肉の栄養分は少なく、この炭素・窒素の分析でも食料源としては高い評価は得られていない。また、北海道の有珠《うす》一〇遺跡人は魚や海獣を多く摂取しているであろうことは、動物遺体の内容から推測できたことである。しかし、炭素・窒素の分析とその後のシミュレーションでタンパク質摂取に関する食料の地域性が数量的に示されたことは、食料全体の地域性を考える上で、大変ありがたいといえる。

三内丸山遺跡の提起する問題

動物質食料で少ないシカ・イノシシ

青森市三内丸山遺跡は、縄文時代前期・中期の大集落として著名であるが、生業に関する新しい所見が得られた遺跡としても注目される。まず、動物質食料の面では、縄文時代の主要な狩猟獣であったシカ・イノシシが非常に少ないことである。図3は、この遺跡の縄文時代前期の包含層で出土した動物遺体を分析した結果である。現在分類中の資料もあるので、最終的にはもう少し資料数が増えるが傾向は変わらないであろう。その内容をみてみると、多く出土した陸獣はムササビとノウサギであり、鳥類ではカモ類が多い。この遺跡では、シカ・イノシシはムササビなどとは別の場所に捨てたという考え方もあるが、そうではなくシカ・イノシシが捕れなかったとわたしは推定している。その根拠は骨製品である。

縄文人は、シカやイノシシの骨格で骨角製品をつくるが、全身の骨を用いるのではなく、ある特定の部位を

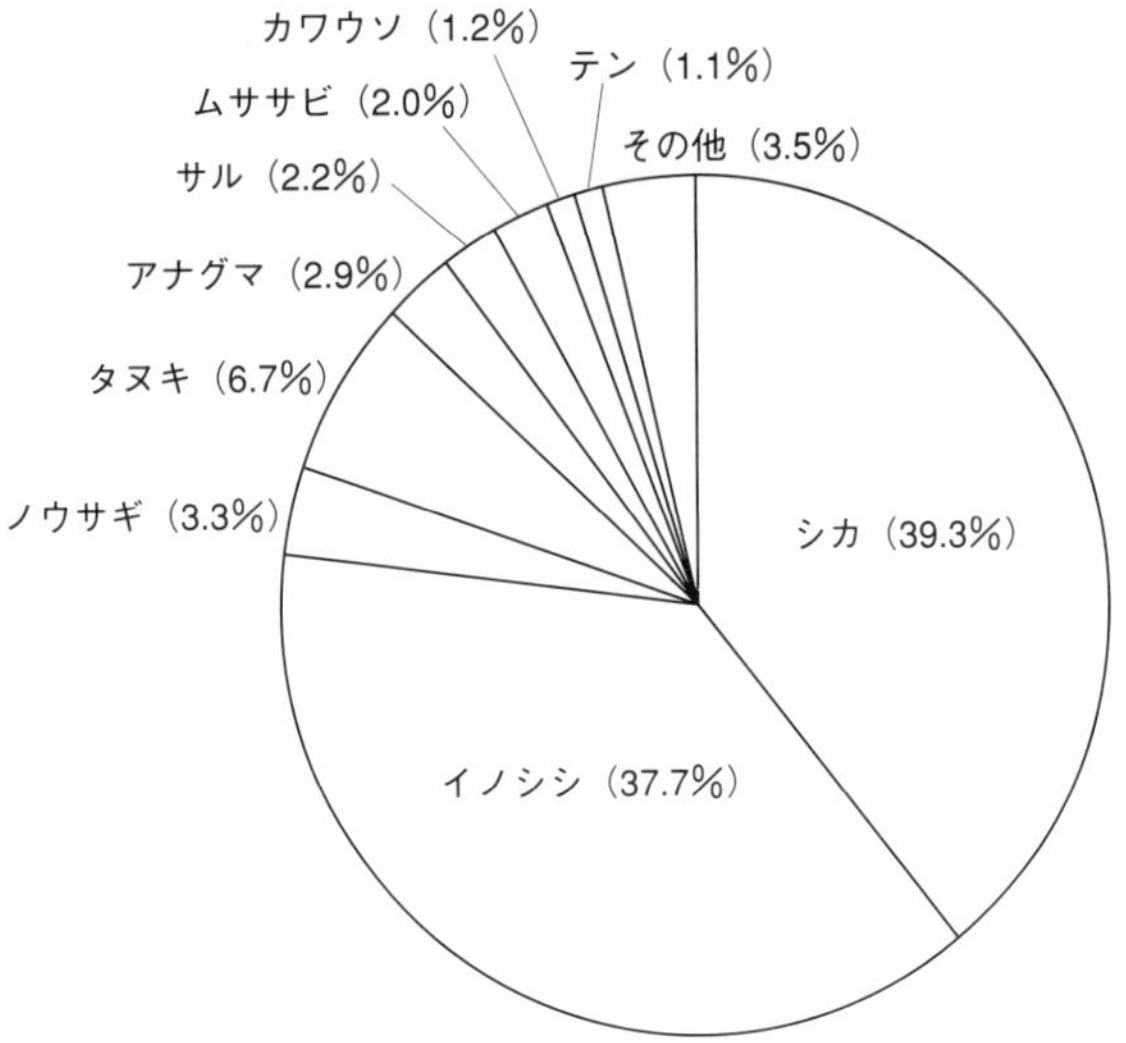

図3－1　縄文時代の陸獣狩猟の割合

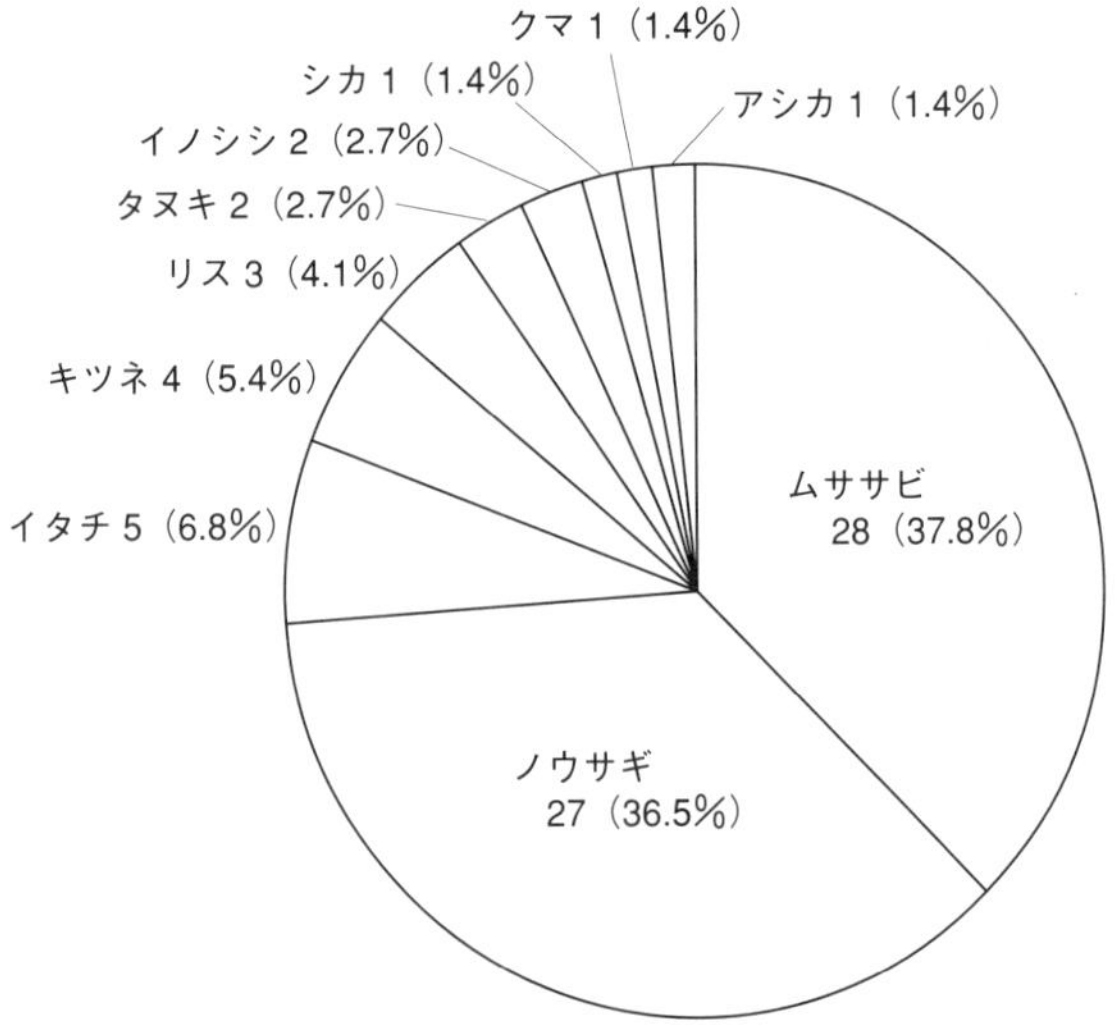

図3－2　三内丸山遺跡の哺乳類の割合
（動物名の後の数値は資料数）

特定の道具に加工する。どのような道具をどの部位でつくるかは若干の地方差がある。しかし、真っすぐな針や刺突具《しとつぐ》は、主にシカの中手骨や中足骨でつくることが一般的である。それは、それらの部位が直線的でしかも厚さが均一であるからである。その他の骨器についても、骨を見慣れた者がみれば、材料がどの動物のどの部位か判断できることが多い。ところが、三内丸山遺跡では、シカやイノシシの肋骨を縦に半截して細くして針に利用している。また、刺突具は、どの部位を利用したかわからないものが多い。シカやイノシシのあらゆる部位を利用して骨製品をつくっているのである。

このことは、シカ・イノシシが貴重であり、普通ならば捨てる部位の骨まで利用しているといえる。したがって、シカ・イノシシが他の遺跡と同様に捕獲されて、ムササビ・ノウサギ・カモなどとは別の地点に捨てられたとは考えられない。この遺跡では、シカ・イノシシがあまり捕獲されなかったのであり、三内丸山人はシカ・イノシシが捕れなくても、この場所を移動しようとはせず、三内丸山で別の食料を利用して生活をおこなっていたのである。

ところで、ムササビやノウサギでは、動物質食料としてはあまり役に立ったとは思われない。また、鳥類の出土比率は、他の縄文時代遺跡とくらべると高いが、三内丸山人の主要な動物性タンパク源としては少ないであろう。むしろ、マダイ・コチ・ブリ・ヒラメなどの魚類が多く利用された可能性が高い。これらの魚類は、出土量をどのように計算するかが問題であり、シカ・イノシシの少なさを完全に補完していたかどうかはよくわからない。縄文時代の貝塚一般とくらべると、この遺跡でとくに魚類の出土量が多いとはいえないからである。

クリやイヌビエの食用と発酵酒の可能性

つぎに、植物質食料について考えてみよう。縄文時代の植物質食料は、一般にクリ・クルミ・トチなどの種子やドングリ類、ヤマノイモ・ウバユリなどを利用していたと考えられている。三内丸山遺跡では、大きなクリの木が柱として利用されているので、近くにクリ林があり、クリが食用にされていたことは明らかである。また、クルミの殻の出土量も多く、クルミが食べられていたことも明らかである。ドングリ類の出土量は少ないが、これらも、遺物として残りにくいヤマノイモ類と同様に多量に食料とされていたと推測される。

この遺跡で新しく得られた知見は、イヌビエの利用である。泥炭性堆積物を分析したところ、イヌビエのプラント・オパールが多量に含まれていることが明らかとなった。分析した宮崎大学の藤原宏志教授によると、普通の出土量よりはるかに多いとのことである。イヌビエは、都会でも普通にみられる雑草であり、もし、イヌビエが縄文人に食料とされていたら、その貢献度はかなり高いであろう。これは、予想外の発見であった。

また、キイチゴ・ヤマブドウ・ヤマグワ・サルナシなどの種子も出土し、さらにニワトコの種子がまとまって大量に出土した。これらの泥炭層には、発酵した果実に集まるミバエのサナギも大量に含まれており、発酵酒がつくられていた可能性が出てきた。縄文時代には、これまでは酒がなかったと思われていたが、発酵した酒が飲まれていたかもしれない。もし、そうだとすれば、酒をともなった祭りが推測され、縄文社会を考えるうえで、より豊かな発想が要求される。

以上、三内丸山遺跡の食料に関する新発見をみてきたが、この遺跡では、シカ・イノシシが捕獲できなくても居住地を移ることなく生活を続けていた。それは、クリ・クルミ・トチなどの種子やさまざまなドングリ類・イヌビエなどの野生の雑穀類・キイチゴ・ヤマブドウ・ヤマノイモなど多くの植物性食料に大きく依存して生活していくことができたからであろう。おそらく、三内丸山遺跡を中心とした半径数十キロ以内のシカ・イノシシは捕りつくしていたであろう。また、長期間の居住で、遺跡の周囲の森林が木材や燃料の調達のために切り開かれていたであろう。そのような自然環境の破壊をおこないながらも、三内丸山人は、一カ所に住み続けたのである。縄文人が自然の資源に制約されるだけではなく、自然環境に働きかけていたことを示している。その点で、三内丸山遺跡は生業に関する縄文時代観を一新する遺跡であるといえる。

地域ごとの食料組成の検討

以上に述べて来たように、縄文時代の生業は、遺跡ごとにまた地域ごとに異なっていることが明らかである。現在のように、情報がすぐに伝わる時代ではないので、ひとつの生活様式が確立すれば、その様式が維持されて、すぐに変化することはなかったであろう。そこで、南川雅男氏の研究やこれまでに知られているデータをもとに、いくつかの遺跡での食料の組成を動物遺体の内容を中心に推測したものが**図4**である。この図の作成手順は、まず第一に動物質食料全体のなかでの各動物群の割合を考慮した。そのつぎに動物質と植物質食料の割合を考慮した。そして、動物群の最小単位を五パーセントとして全体の割合を推定した。これは、地域性を考慮するための目安であって、筆者の感覚的数値であり、推定以上のものではない。

それぞれの遺跡の特徴を簡単に説明すると、美沢《みさわ》4遺跡は北海道千歳市にあり、ヤマトシジミ主体の貝塚である。縄文時代早期で、暖かい時期の貝塚である。対岸には、同時期のヤマトシジミ主体の大貝塚である美々《びび》貝塚がある。美沢4遺跡は、美沢川流域の遺跡群が定住的居住地で、そのキャンプサイトと推定される遺跡である。戸井貝塚は北海道南部の太平洋岸にある縄文後期初頭の貝塚である。タマキビ類・ムラサキインコが貝層の主体で、岩礁性貝塚の典型である。シカ・オットセイが多量に出土したことで知られている。新田野《にったの》貝塚は千葉県の太平洋側の縄文前期と中期の貝塚である。ヤマトシジミが主体で、キャンプサイトかもしれない。中期は貝類利用が前期の五倍となっている。中妻《なかづま》貝塚は、茨城県取手市にある縄文時代後期の貝塚である。当時は、利根川河口域にあたり、ヤマトシジミ主体の典型的貝塚である。ハクチョウを含むガン・カモ類が比較的多く出土している。シカ・イノシシなどの哺乳類やウナギなどの魚類も利用している。一九九二年の調査では、直径約二メートル深さ約一メートルの穴から約一〇〇体の再埋葬された人骨が出土したことで知られている。西広《さいひろ》貝塚は、縄文後期の東京湾に面する内湾性の典型的貝塚である。ハマグリ・アサリ・イボキサゴが主体で、シカ・イノシシもある程度利用している。北村遺跡は、長野県の内陸の縄文時代遺跡の代表例として示した。人骨が多数出土したことで知られている。食料資源の内容は、南川氏の研究を参考として推定した。伊川津貝塚は、渥美半島の縄文晩期の大貝塚である。アサリとスガイが主体である。この遺跡も人骨が多数出土したこと、叉状研歯《さじょうけんし》をもつ人骨があること、埋葬方法に一次埋葬と多数再埋葬があることで知られている。貝類・魚類・哺乳類が多量に出土している。粟津貝塚は、琵琶湖底で発見された縄文中期の貝塚でセタシジミが主体である。ドングリやトチの実、クリなどの植物質食料の残渣が多く出土した貝塚として知られている。

縄文人の食料選択

これらの遺跡の食料の推測割合を見てみると、南川氏の**図2**と同様に、同じ貝塚であっても、食料の地域差が大きいことに気がつく。貝塚を成す貝類の食料としての割合は、一般的に考えられているよりも小さいと考えている筆者の視点にもよるのであろうが、海岸部の生活でも、植物質食料が基礎であったと考えざるを得ない。内陸部では、植物質食料の割合がさらに高くなるであろう。それぞれの遺跡は、おそらくその地域の生活環境の同様な他の遺跡の食料の内容も反映しているであろうと考えられるので、その地域性を代表しているとみなすことができる。

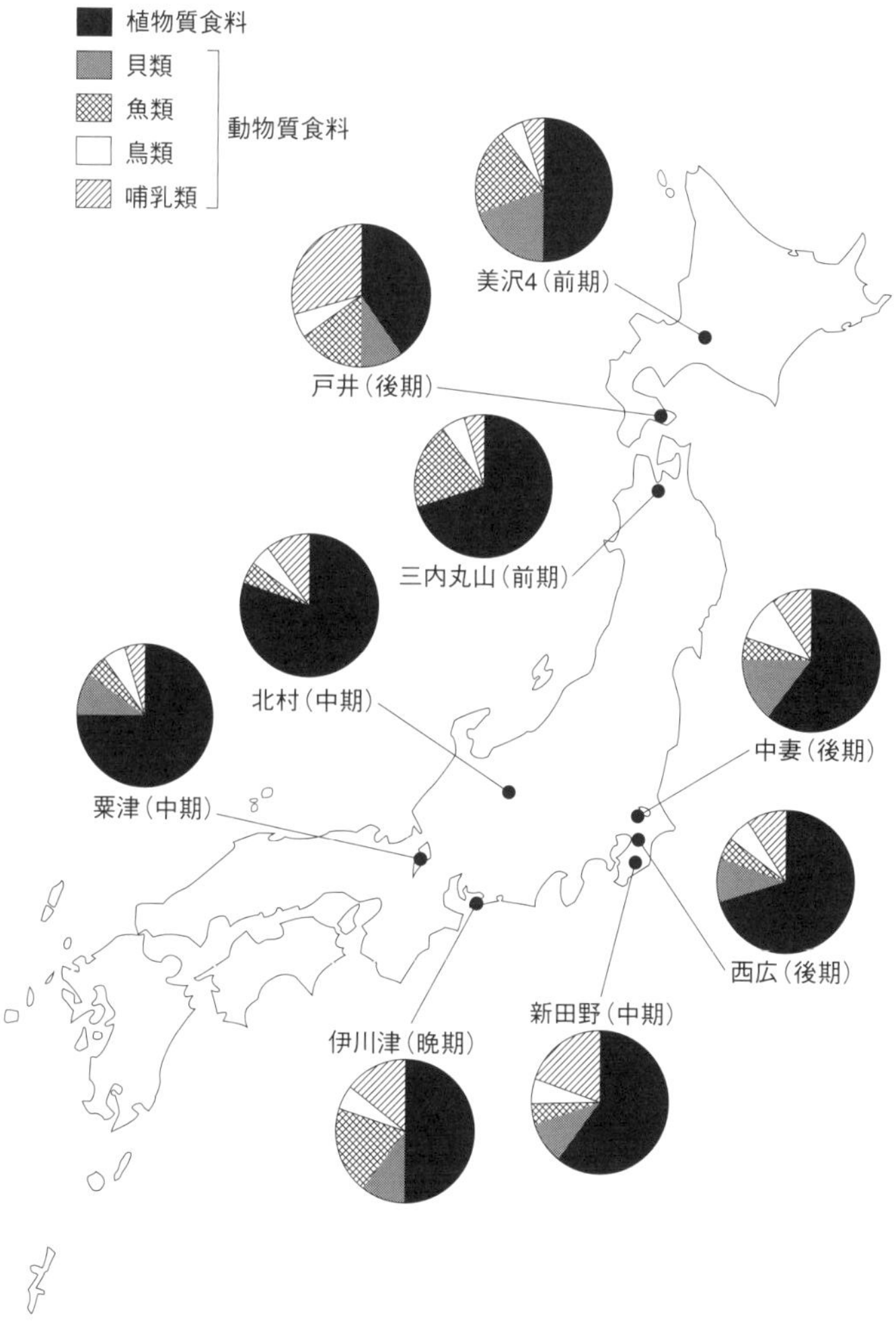

図4　縄文時代の食料の割合（推定、%）

さて、このような地域ごとの食料組成のちがいは、当時の縄文人の生活で、どのような意味をもっていたのであろうか。食料源が自然の産物である縄文時代では、集落の周辺にある自然資源に生活が制約され、食料組成に地域性が高くなったことは当然である。しかし、三内丸山遺跡で明かになった事実は、縄文人の主要な獲物であったシカ・イノシシがほとんど捕れなくても、三内丸山人は別の場所へ移動しなかったことである。シカ・イノシシを必要としていたことは、骨角器の素材の採り方から明らかであり、自然の資源が人に不利となっても、その場所で生活を続けていたことになる。食料源としては、魚類と鳥類、クリ・クルミ・トチの実にイヌビエも加えて十分であったかもしれないが、三内丸山人が自然資源にのみ制約された生活をおこなっていたわけではないことは明らかである。

つまり、縄文人は積極的に自然に働きかけ、その恵みを受けていたといえる。その点から考えると、食料の地域性は、これまでに考えていた自然の制約だけではなく、その当時の縄文人の意図・意識がある程度反映していると考えるべきである。換言すれば、食料も人の意志（文化）が反映したものであり、それは縄文人も同様であったということである。

植物栽培問題

縄文時代の食料について、現在の段階での考え方を述べてきた。そこでは、食料の地域性と時代性があることを前提として議論を進め、三内丸山遺跡やその他の遺跡を具体的にとり上げた。その結果、地域性・時代性は当然のこととして、三内丸山遺跡では、縄文人の意図的な食料選択の事実が明かとなった。縄文人が自然に制約されるだけではなく、積極的に働きかけていたのである。

縄文人の生業研究のなかで、今後残された課題は、意図的な植物質食料の栽培がおこなわれていたかどうかを明かにすることであろう。筆者は、縄文時代の前期以降に、クリやクルミの木の管理だけではなく、雑穀の栽培もおこなわれた可能性があると考えているが、現在のところ根拠はない。もし、何らかの植物栽培がおこなわれていれば、家畜の問題を含めて、縄文時代全体のイメージをつくり替えなければならないであろう。

⑤縄文人の資源獲得

遥かなる黒耀石の山やま

小杉 康

旧き石器時代の人々にとって欠かせぬ石器の原料＝黒耀石。縄文人は信州鷹山にその鉱山をもっていた。この大発見と、それをもたらすまでの研究者のフィールド実践のようすを生々しく語る。

フィールド・ワークの記録より

実習地巡り

信越線上田駅のホームに降りたつ。盛夏とはいえすでに日はとっぷりと暮れ、昼間の暑さもようやくしのぎやすくなった時刻だ。街のネオンのひかりはどことなくよそよそしい。東京の神田界隈ではあることさえも思いもよらない、かぎりなく深い夜空が、ここにはある。星を散りばめる、とはこのことか。見上げた頭をぐるっと中天から南に向けると黒々とした山なみに目がとまる。それほどの高さは感じられない。黒いシルエットは水平に連なり、その下には山の端と並行して千曲川が北西へと流れているはずだ。これから向かうところは、その山なみを越えた奥のまた奥、ここからは見えないぶんだけさらに暗く、山深い感じをうける——鷹山《たかやま》、第二の考古学実習地である。

明治大学考古学研究室では毎年夏休みの間、いくつかの発掘調査を実施している。調査団の主力メンバーは大学院と学部の考古学専攻生であるが、学部専攻生のなかには数名の考古学実習生が含まれている。大学のカリキュラム上、二年次の考古学実習には野外調査があてられている。一九九一年の夏は、長野県長野市大室《おおむろ》古墳群と茨城県美浦村陸平《おかだいら》遺跡群での発掘調査、神奈川県綾瀬市域と長野県長門町鷹山遺跡群での遺跡分布調査が予定されていた。考古学専攻の二年生はそれらのうちから一つを選択し実習生として参加しなければならない。その年の四月に文学部の専任助手に着任したわたしには、大学の夏期休業中に実習生を受け入れている各調査団の調査を巡回する役目が待っていた。

　八月五日の午後は第一の実習地である大室古墳群をあとにして同じく長野県内の第二の実習地、鷹山遺跡群へと向かう途上にあった。そこでの調査はその日で五日目のはずである。そこに三、四日滞在し、その後神奈

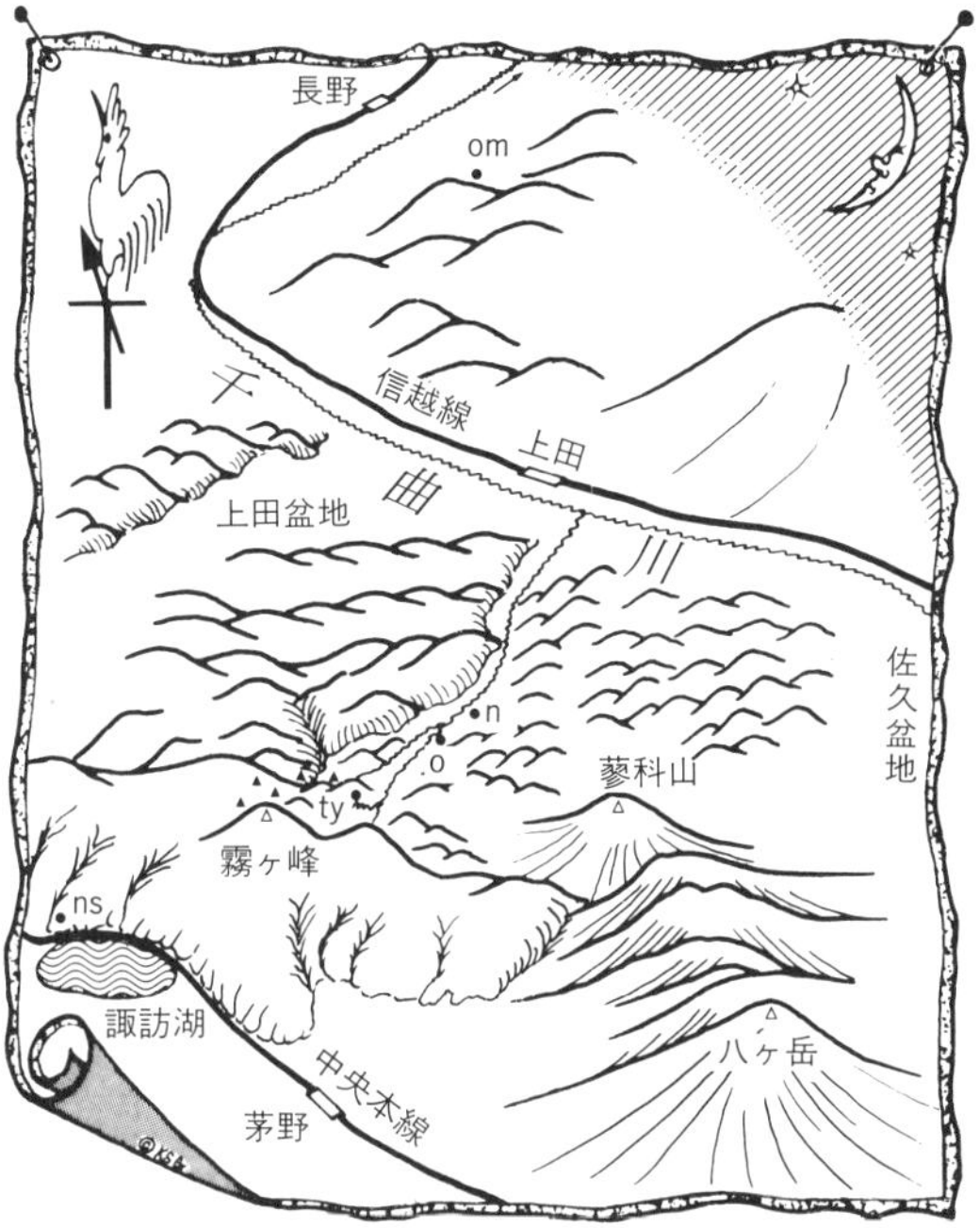

解読表
om：大室古墳群　n：長久保
ty：鷹山遺跡群　o：大仁反遺跡
ns：梨久保遺跡　∴：黒耀石の山やま

明治大学考古学研究室秘蔵実習地巡り之図
「大室ヨリ鷹山へ至ル之巻」

川県での分布調査へ、そして八月の旧盆開けからは霞ヶ浦のほとりの陸平遺跡群・木の根田《きのねだ》遺跡で約一カ月、古墳時代集落址の発掘調査兼実習指導へと転戦して「夏休み」という名の夏期調査期間を満喫（?）するスケジュールが組まれていた。

駅から調査団宿舎に電話を入れる。途中の長久保までバスで行き、そこで迎えの車に乗り継ぐてはずだった。呼出し音が長く続きやっとのことで受話器がとられる。

「もしもし、小杉です。上田にいます。八時半頃には長久保に着きますので……」と、こちらの話も終わらないうちに、なんとか宿舎まで自力で来るようにとの返答があった。どうもミィーティングが白熱しているらしい。長久保でタクシーをひろうのは絶望的だ。しかたなく上田駅から乗ることにするが、いささか懐があやしい。車は千曲川の支流である依田川、さらにその上流の大門川に沿って進んでいく。途中、中山道《なかせんどう》の長久保、旧称長窪《ながくぼ》宿をすぎ、和田宿への分岐点である落合で中山道からはずれ大門峠へと続く左の道をとるあたりから、料金メーターもぐんぐんと上がるが標高もよほど高くなってきたのだろう、こころなし軽い耳鳴りがしたようだった。

ミィーティング

「この白粘土は何なんだ!」

「こんな高い山の、しかも山腹の斜面にどうして水の作用による砂層が形成されているの?」

予想どおりにミィーティングは白熱していた。あれから一時間は経過しているのにちょっと異例だなと思いながら、挨拶もそこそこにとりあえず入口近くのテーブルの学生たちの間に割り込んだ。正面には司会の大学院生が座り、その隣に調査団長の安蒜政雄《あんびるまさお》さん、ちょうどその日の昼すぎから調査団に合流した調査団顧問の戸沢充則《とざわみつのり》さんが席についていた。部屋のコーナーにすえられた黒板の前には報告者が立ち、白墨で描かれた土《ど》層断面図《そうだんめんず》を指差しながら熱っぽく説明をしていた。議論の大筋をつかもうとして耳をたてていると、そのうちにアレッと予想外の話の展開に驚かされた。

鷹山遺跡群は先土器時代の「黒耀石原産地遺跡群」と呼ばれる性格の遺跡群である。鷹山川の両岸には湿地が広がり、それを台地状の山裾がとり囲んでいる。そこには一一カ所に先土器時代の遺跡があり、それらが全体として鷹山遺跡群と呼ばれてきたものである。しかし、「黒耀石原産地遺跡群」といわれながらも周辺ではいまだに黒耀石露頭などの産出地点は確認されていない。また本当に湿地をとり囲む台地状の山裾だけが遺跡群の広がりの全体なのか、さらにその周りに広がる山腹斜面には遺跡はないのか、等々の疑問もあった。今回をかわきりに、その後数年間継続するであろう調査では遺跡群の全貌の輪郭を知り、これらの疑問にも答えられるような成果を得ることが目的とされているはずである。

周りの山腹斜面は植林されたカラマツに覆われている。地表面に散在している遺物を採取する通常の分布調査では新たに遺跡を発見することは不可能だ。そこで考案された方法は二メートル×二メートルの試掘坑《しくつこう》を掘り、地層の堆積状態を確認しながら同時に遺物の出土の有無を調べるやりかたである。黒板に描かれた土層断面図はそのうちの一つのはずだが、しかしその堆積状態は何だ、――議論の白熱が伝染するのにさほどの時間はかからなかった。

鷹山湿地

大門川に沿う大門街道をさかのぼると、追分という標高一二〇〇メートル付近で支流である鷹山川につきあたる。霧ケ峰の支脈である大笹山《おおささやま》の山体へとくぐり入ったところが鷹山川の水源となる。そこにたどり着く手前で、高原というほどの広さではないが、三方が山に囲まれたやや平坦な開けた場所にでる。中央を鷹山川が流れ、その周辺はかつて湿地帯だった。リゾート開発の手はこの深山にもおよび、すでに湿地の大半は埋めたてられ、色とりどりのペンションが建ち並んでいる。注意深く周りを見わたすならば、ところどころに残るハンノキやコナシの疎林に、かつての湿地帯の面影を察知することができるだろう。

急峻な山腹は湿地帯の手前で傾斜をゆるめ、台地状のたかまりとなってそこをとり囲む。その上には一一の先土器時代の遺跡がのっている。きわめて高密度の分布状況といえよう。一九八四、八九年にはそのうちの第I遺跡が発掘調査され、そこが石器の素材あるいは石器そのものを大量に製作した跡、石器製作址であることがつきとめられた。ここ数年の研究では、大量につくられた大振りの石器や素材が遠く関東地方にまで運び出されていることも解明されてきた。一方、ペンションの造成工事の際に湿地が掘りおこされ、たまたまそこに顔を出した白色粘土層には、人頭大の黒耀石の塊が含まれていた。かつての鷹山川の川底には白色粘土層から洗いだされた黒耀石の原石《げんせき》が転がっていたのかもしれない。湿地にある黒耀石は先土器時代の人たちが作る石器や素材にちょうど手ごろな大きさだ。

想像をたくましくしてみよう。かれらはこの湿地に踏み込みそこで原料となる黒耀石を採取していたのではないか。おそらく先を尖らせた掘り棒程度の道具があれば、黒耀石をとりだすのにそれほどの手間はかからなかったことだろう。

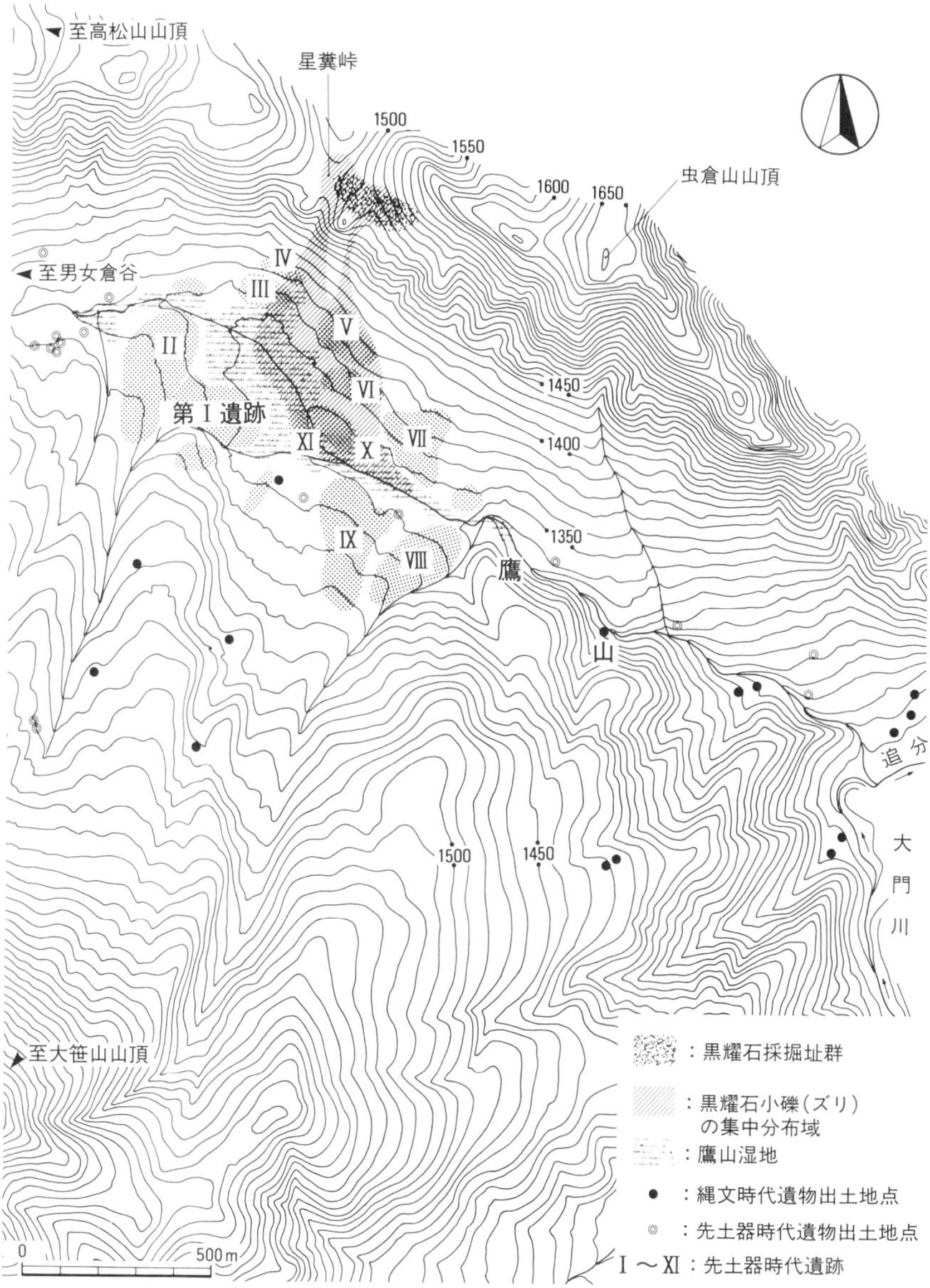

鷹山遺跡群（鷹山湿地をとりかこみ11カ所に先土器時代の遺跡、その北側の星糞峠から虫倉山の山腹には黒耀石採掘址群が広がる）

星糞峠に謎の窪みあり（腰丈ほどある下草の茅を刈り取るとクレーターのような窪みが出現する。後に第10号採掘址と名づけられる）

星糞峠

第Ⅰ遺跡は大笹山の北側斜面の山裾にある。そこに立ち鷹山湿地越しに北を見上げると虫倉《むしくら》山《やま》の山体がせまってくる。緩やかな弧線を描く虫倉山のスカイラインは西にいくにしたがい急速に傾斜を強め、そのもっとも深くおちたところが星糞峠《ほしくそ》、ふたたびそこから西へと高度をあげるスカイラインはやがて高松山の山頂へと至る。星糞峠はその名の示すとおりにキラキラ光る黒耀石に覆われている。今では通称ズリと呼ぶ数センチメートル程度の黒耀石の石ころや、もっと小さな石屑を昔人は星糞と呼んだのだ。

翌朝、星糞峠に立ったわたしは、上田で天空に見上げた星屑をこんどは地面に踏みしめていた。標高一四九〇メートル、真夏とは思えない涼しさだ。心のふるえはこの肌寒さのせいだろう。峠の鞍部から東へ向かってミズナラやシラカバが生い茂げるなだらかな斜面を一三〇メートルほど進むと、虫倉山の山腹は急に傾斜をつよめて山頂を死角におぃやる。この急斜面は上端まで直線距離で一二五メートル、比高差は四五メートル程か。そこはポッカリとはげあがったように樹木がきれ、かわって背丈をこえるばかりの茅だけが急峻な山腹一面を覆っていた。

数年前の調査では、峠の鞍部からここまでの間に正体不明の一三個の擂り鉢《すりばち》状の窪みが発見されている。大きい窪みで直径一〇メートルはある。樹木の下草には腰丈ほどの茅が生え一見しては窪みがあることに気づかないが、歩いてみると確かに円く窪んでいる。そして正体不明の窪みが広がる一帯に、「星糞」こと黒耀石の石ころが濃密に分布することを、昨日までの調査で分布調査班がつきとめていた。

窪みの正体については、これまでにもいろいろと憶測が述べられてきた。先土器時代に黒耀石を掘った穴、採掘坑ではないか、というあたりにほぼ意見はおちついていたようだが、鷹山湿地での黒耀石の採取といったような実感を誰しももってはいなかった。それを証明する手立てはあるのか。そこで今回の調査では分布調査の一環として窪みに試掘坑を掘ることになった。後に「第一号採掘址」と名づけられる窪みには試掘坑が掘られた。窪み中央から谷側にのびる長さ四メートル、幅一メートルの四角い穴だ。ミィーティングで紛糾していたのは、この試掘坑で確認された土層の堆積状態だったのだ。すでに一メートルほど掘り下げられたいた。

昨夜のミィーティングの最後は戸沢さんがしめくくった。「白粘土の層をドカンと掘り抜くと火道《かどう》があって黒耀石の鉱脈があるかもしれない。小杉君は縄文の専門だ、採掘坑なら窪みは遺構《いこう》だよ、明日からそこを頼む。調査の終了まであと八日だ！　ところでつぎの実習地はどこかね、僕のほうから連絡しておこう」

采《さい》はすでに投げられていた。

フィールド・ワークの精神

学生たちは日ごろよく「現場」と呼ぶ。発掘調査をしている遺跡のことだ。確かに調査の現場である。東京近郊、街中での発掘調査では安全確保のために発掘調査区の周りを柵で囲うのが常である。周辺はアスファルトで覆われ、コンクリートの高層建築が建ち並ぶ。自動車の排気ガスで空は低い。確かに工事現場さながらである。

わたしはフィールドと呼ぶ。好き嫌いの問題だ、学生たちに強いることはしない。だがやはりフィールドと呼びたい。フィールドでは予期もしない状況に遭遇する。あらかじめいろいろな場合を想定してその対処策を考え、また必要なものを準備してフィールドに飛び出すのだが、フィールドは甘くない。たかだか一四〇〇cc程度の灰色の細胞で考えることなどあっさりと裏切ってくれる。そこで新たな状況に即応して考えを立て直しつぎの行動に移る。しばらくしてまた裏切られる、また考えを練り直す、裏切られる……。この繰り返しでフィールド・ワークは進んでいく。成果は調査の最後に得られるものではない。そのときどきの行動の記録、思考の軌跡が貴重なデータとなる。そしてこの経験がフィールド・ワーカーの財産だ。フィールド・ワークはこのちっぽけな大脳をフィールドの大きさに拡大してくれる。

試掘坑での第一の調査目標は、その窪みが黒耀石の採掘址であるか否かではなく、まず人為物か自然現象によるものかを判定することだ。試掘坑をこのままの広さでさらに掘り下げることはむずかしい。試掘坑の底近くには白色粘土が顔を出している。あれは何だ。試掘坑を拡張するより手はないようだ。どっちに広げる。試掘坑はすでに窪みの中央から谷側に向かって設定されている。円筒形のケーキの片側半分にナイフを入れたようなものだ。そこで確認された土層は、常識に反して山腹の傾斜とは逆方向に傾いて堆積している。

つまり、将棋倒しの駒のような重なり方で、尻を山頂側に残し頭を谷側に倒した状態だ。窪みのなかには山腹の傾斜方向とは関係なく、じつはその中心に向かって同心円状に土層がたまっているのではないのか。試掘坑を山頂側に拡張したならばきっとそこには山頂側に頭を倒した将棋倒しの駒のように堆積する土層が確認されるだろう。その場合、窪みの成因は自然現象による可能性が高まるのではないか、明らかに自然の作用による水成堆積の砂層がそのなかに含まれるのも一応は納得できる。かくして試掘坑は山頂側に六メートル、おまけに谷側にもさらに一メートル拡張され、第一号採掘址を縦断するような全長一一メートル、幅一メートルの調査区となった。

予測はみごとにはずれた。同心円状の堆積ではなかった。頭を谷側に倒して堆積する将棋倒しの土層が一一メートルの試掘坑の端から端まで堆積していた。窪みの外観は擂り鉢状でその断面形態は左右対称であるが、そこを埋めている土層の堆積状態は左右対称にはなっていないのだ。なぜだ。

しかし、よくよく窪みを観察すると、縦方向にはその外観は対称形にはなっていない。窪みの周りには土手状の高まりがぐるりとめぐるが、ややおおげさに表現するならば、山頂側では壁状に土手が立ち上がり谷側では塵取りの掃き出し口のように高まりが切れている。日頃の「擂り鉢状」という言葉遣いがいつのまにか自分達の窪みに対する認識を「擂り鉢状」に形作ってしまい、観察の眼を甘くしてしまっていたようだ。サア、調査仮説の練り直しだ、このような外観の窪みとそこを埋めるあのような土層の堆積、人為的な可能性も高いのではないか、それをどうして検証する、反証する……

このようにして鷹山遺跡群星糞峠黒耀石採掘址の本格的な調査は始まった。

全貌――「縄文黒耀石鉱山」

長野県中部高地の霧ケ峰一帯には良質な黒耀石が産出する。和田峠《わだとうげ》、星ケ塔《ほしがとう》、東餅屋《ひがしもちや》などはその名の知られた産出地である。流紋岩《りゅうもんがん》質のマグマが地表に噴き出したり、地表の近くまでせりあがり周りの岩石によって急激に冷やされると火山ガラスになる。これが黒耀石だ。割れ口は鋭く、突き刺したり切ったりする石器の原料としてとくにすぐれている。鷹山の星糞峠も黒耀石産出地の一つと目されてはいるが、具体的にどの地点に黒耀石の鉱脈があるかはいまだはっきりとつかめてはいない。鷹山湿地の黒耀石の塊や星糞峠の黒耀石の石ころはそもそもどこから供給されたものなのか。

坊主頭のような急峻な茅原より少し峠寄りの地点に第一号採掘址は位置している。高度計の針はちょうど一五〇〇メートルあたりを指している。茅の背が高くてそこからはみえないが、見上げる茅原のなかにも確か二つの窪みが確認されているはずだ。さすがに信州、高山の空気はうまい。そのせいか久しぶりのフィールド・ワークの汗のせいか、冷たくなった弁当だが食がすすむ。さて昼休みは腹ごなしに周辺の探索だ。

第一号採掘址の上にまわると、茅の丈はさらに高くあたりの見晴らしを遮る。エィとばかりに茅藪を強行突破し十数メートルほど直進すると、屏風のような崖に突き当たる。高さ四メートルはあるだろうか。前進をあきらめて崖沿いに横へ進むと、屏風は弧を描きかつしだいに高さを減じる。気がつくと元の第一号採掘址の上端の土手の上へと戻ってきている。どうなっているんだ、狐につままれるとはこの気分のことか？

気をとり直し、ふたたび数歩前進して今度は注意深く茅藪を透かして辺りをぐるっと見渡してみる。屏風のように見えていた崖は、滑かな曲線を描く肘掛《ひじか》け椅子の背もたれと肘掛けのような外観で、わたしの立ってい

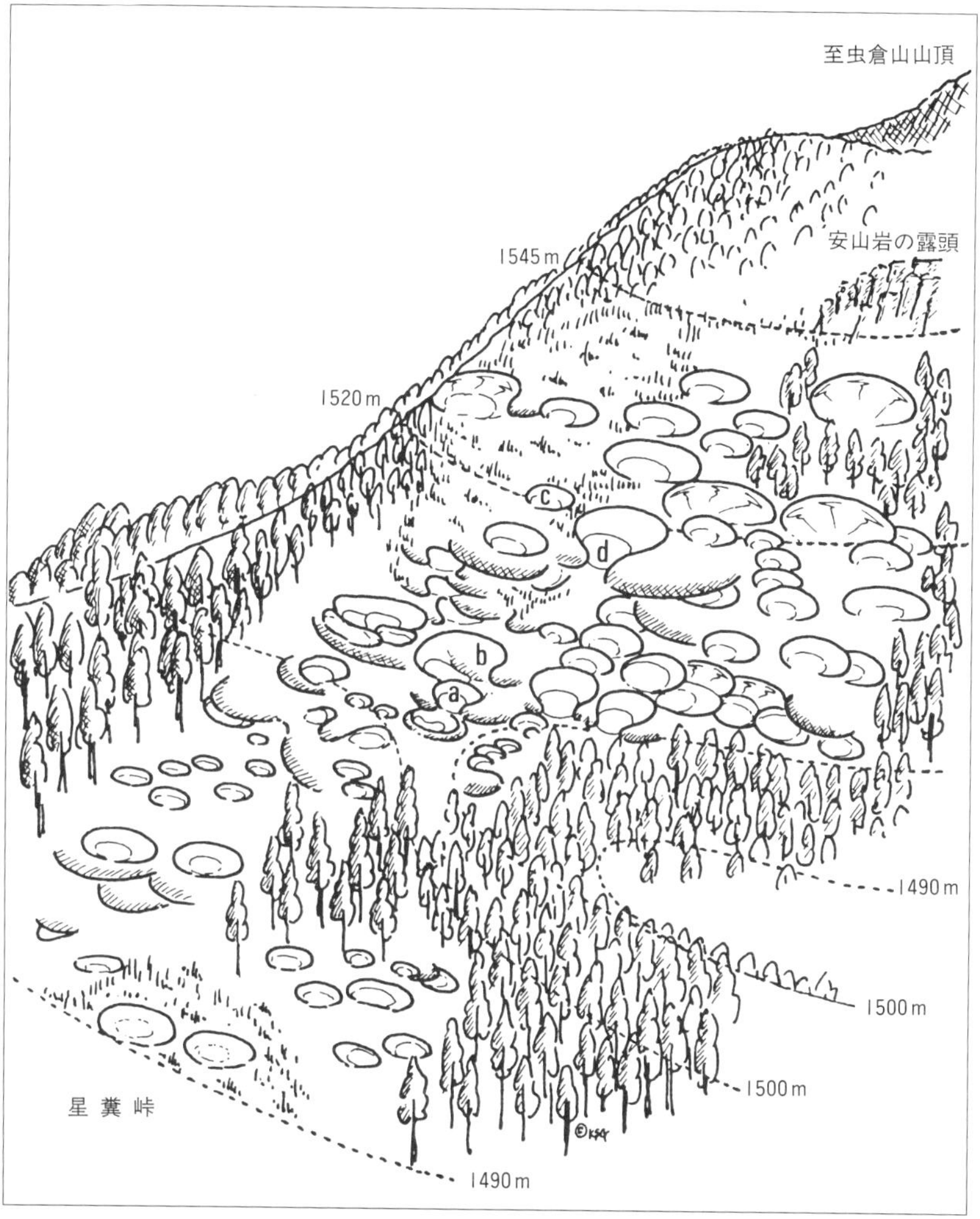

星糞峠黒耀石採掘址群鳥瞰図

a ：第 1 号採掘址
b ：屏風と見まちがう大きな窪み（第 5 号採掘址）
c ：休息をとる窪み（第60号採掘址）
d ：谷頭と見まちがう巨大な窪み（第43号採掘址）

るところを中心にしてぐるっと周りをとり巻いているではないか。もしかしたら……、いやそんなはずはない、大きすぎる。まてよ、何より大きいのだ、今試掘をしているあの窪みと比べてか。あれが標準的な大きさなのか、わたしたちは未知の遺跡と遭遇しているのだ、先入観に囚われるな……。しばらく反問を繰り返してみた。答えはフィールドにあるはずだ、もっと多くを見てみよう。

急峻な坊主頭の茅原にある窪みのなかに立ってみた。これは以前に発見されたものだ。茅の間から眼下に鷹山川が糸のように見える。一六〇メートルの標高差はあるだろうか。こんなに高いところにも窪みがあるんだ、しばし休息。そろそろ昼休みも終わりだ、左手にある谷頭に滑り落ちないように気をつけて、第一号採掘址に早く戻らねば。下山しはじめて谷頭が切れるあたりでふり返り、山腹斜面の上方を見上げる、明日はあそこまで登ってみよう。

それにしてもおかしな谷頭だ、円い肘掛け椅子のようじゃないか……アッ！ これも同じ形だ。まさか、いやまちがいない、これは巨大な窪みなのだ。第一号採掘址が本当に黒耀石の採掘址ならばこれもそうかもしれない。あたり一帯をこの足でもう一度踏査しなければいけない。峠から第一号採掘址に至るまで、さらにそこからここへ至るまでの間には、窪みではないが、確かに自然地形としてはやや不自然な起伏がところどころにあった。播り鉢状の窪みが点在するという認識が観察の眼をまたもや甘くしていたのだ、サァ考えの組み立て直しだ……。

星糞峠の鞍部から急峻な坊主頭の茅原へかけての一帯には、円形や扇形を呈する窪みや台状の張り出しが雛壇状に重なりあって広がっている。その一つ一つが黒耀石の採掘坑やその際にはき出された排土《はいど》の跡で、その数は八〇カ所を越えるだろう。一九九一年の第一号採掘址の発掘調査では採掘坑の底までは達しなかったが、

第１号採掘址の試掘坑（1991年夏調査。中間に白色粘土の土層が挟まれる。鉱床の白色粘土層を掘り出したもの。その中から左下の縄文後期の土器〈加曽利ＢⅠ式土器〉が出土した）

途中で縄文時代後期（三〇〇〇〜四〇〇〇年前頃）中頃の加曽利《かそり》B1式と名づけられた土器が発見され、先土器時代説は否定された。この一帯に広がる雛壇状の採掘址群はすべて縄文時代のものなのだろうか。

霧ケ峰山麓周辺の縄文時代の遺跡では、中期（四〇〇〇〜五〇〇〇年前頃）のはじめごろから、穴に貯蔵された大粒の黒耀石の発見例が急増する。さらに、縄文前期（五〇〇〇〜六〇〇〇年前頃）にさかのぼる例も知られている。また以前には、藤森栄一さんによって星ケ塔で星糞峠のものと良く似た窪みが発掘調査されており、そこでは縄文晩期（二四〇〇〜三〇〇〇年前頃）の土器が発見されている。これらのことを考え合せるならば、星糞峠一帯の黒耀石採掘址群は、縄文前期ころから採掘がはじめられ、弥生時代も間近な縄文晩期まで掘り続けられたのではないかとの予測が立てられる。あるいは第一号採掘址をはじめとして星糞峠一帯の採掘址はすべて縄文後期の一時期に残された可能性もすてきれない。

調査団顧問の戸沢さんは、これを「縄文黒耀石鉱山」と呼んでいる。

縄文人、黒耀石を掘る

フィールドからの贈り物

その後、一九九二年の夏秋の二回、九三年の夏、九四年の夏と調査は続いた。その間に第一号採掘址での発掘調査と採掘址群全体の測量調査が実施された。九四年の夏期調査では、かねてから待ち望んでいた採掘道具とおぼしき安山岩製の打製石斧《だせいせきふ》も出土した。長さ一三センチメートルで両面をあらく打ち欠き全体を撥形《ばち》に整えている。刃先は使用のためか縁がいくぶん丸みをおびている。この程度の土掘り具で本当にこんなに大規模

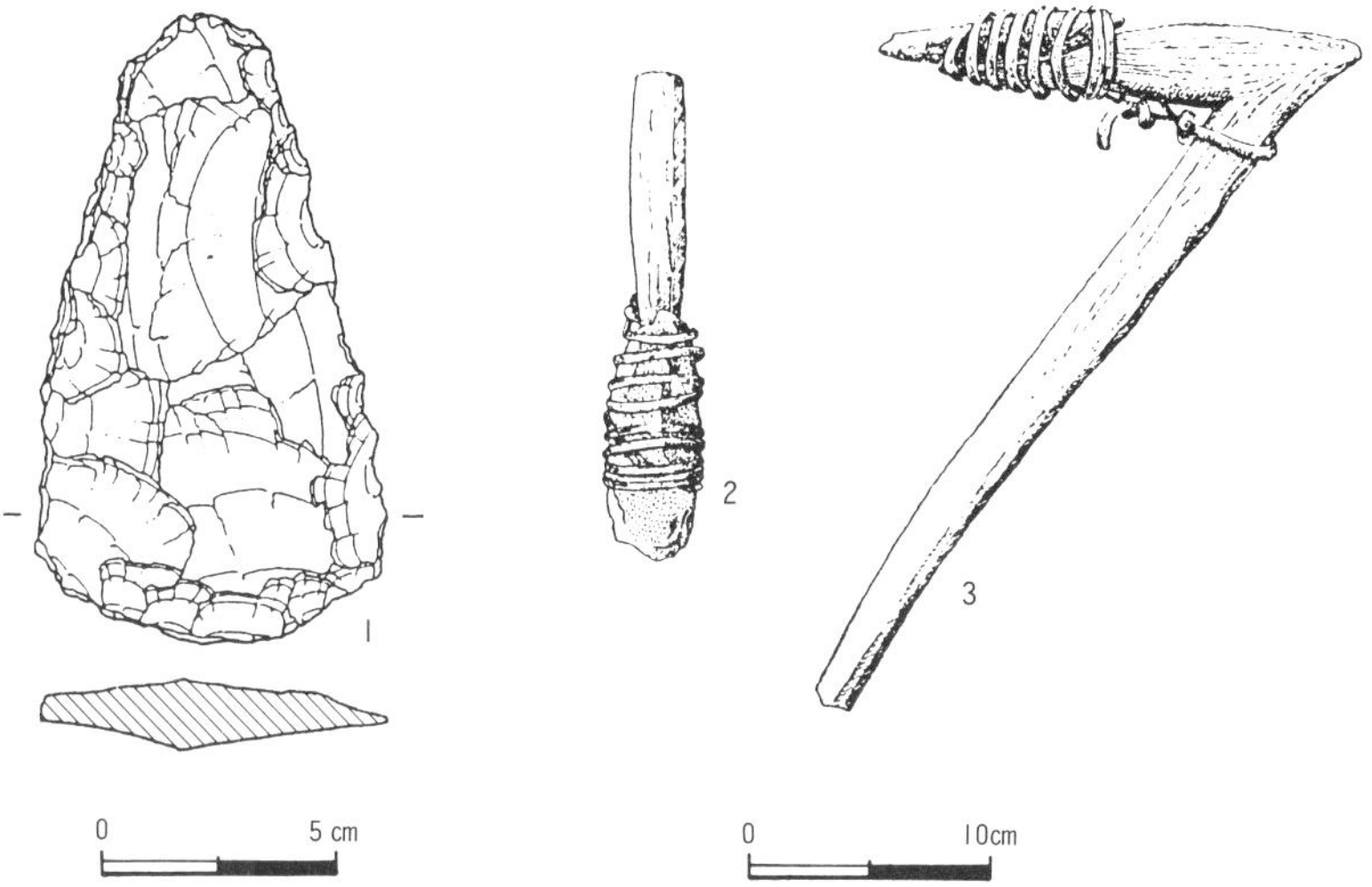

1　1994年夏期調査で発見された打製石斧（土掘り具）
2・3　（参考資料）台湾ブヌン族の石鍬（国分直一1948より）

な採掘ができたのだろうか、当然にわいてくる疑問である。

調査は現在も進行中であり、これまでに得られた資料もいまだ整理の途上にあるが、大胆にもこのような疑問のいくつかにここで答えることにしよう。だが、これは決して蛮勇ではない。いま、手元にあるデータから当時の採掘活動を復原してみる。すると不足なデータが多々あることにすぐさま気づかされるだろう、辛いところだ。それでもいくつかの条件を仮定して全体像の復原を試みる。

じつは、そこで不足だったデータや仮定した条件こそが、つぎからの調査で入手しなければならないデータであり、また検証しなければならない事柄なのだ。このことを強烈にかつ明確に自覚することが大切なのだ。そこから次回の、さらにその後に続く調査方法が具体的に練りあげられる。先入観ではなくて徹底した観察に基づく論理的な作業仮説・調査仮説をもつことの大切さ——フィールドからの贈り物である。

三つの特徴

第一号採掘址の発掘調査によって、三つの特徴ある土層の堆積状態が明らかになった。第一の特徴は先にもふれたことだが、山腹の傾斜とは逆方向に傾いて土層が堆積している点だ。土層は将棋倒しの駒のような重なり方で堆積している。これらの土層は表土のような黒色土とロームのような褐色土とが主要なものだが、そのうちにあってところどころに白墨のような真白な粘土層が挟まる。これが第二の特徴だ。これこそがあの日のミィーティングを白熱させ、わたしをこの一連の調査に引き込んだ張本人である。いまここでは話をわかりやすくするために、採掘址の窪みのなかには土層が将棋倒しに重なりながら堆積しているといったが、例外もある。それは第三の特徴となる砂層である。砂層といっても全部が砂ではなく、数ミリから一〜二センチメートル程の厚さの薄い砂層と薄い灰色粘土層とが交互に水平に堆積し、全体として椀状を呈している。じつにきれいな縞《しま》状の堆積だ。水による自然の作用を考えざるをえない。

以上の三つの特徴はいったい何に由来するのか。

掘り込み口と坑底

ここではすでに第一号採掘址と呼んできたが、調査の当初はできるだけニュートラルであるために（畜産の品評会に出品するような名前だが）「窪み一号」と呼んでいた。この窪み一号が第一号（黒耀石）採掘址に昇格するためには、採掘の際の掘り込み口と当時の地表面、並びに採掘坑の底と黒耀石の鉱床を発見する必要がある。一九九一年の調査では掘り込み口、九二年の夏には鉱床の一部を発見し、そして九四年には坑底と鉱床、当時の地表面をある程度面的に掘り出すことに成功した。

第１の特徴（写真右が谷側、左が第Ｉ号採掘址の窪み中央部側。山腹斜面とは逆斜面で土層が堆積する。これらの土層はすべて黒耀石採掘時の排土である）

第３の特徴（鉱床の白色粘土層〈写真下側〉の上に細かい砂と灰色粘土とが交互に縞状に堆積する。まるで自然のリズムを刻む砂時計のようだ）

一つの採掘址のなかにはいくつもの掘り込み口があり、新しいものは以前の掘り込み口を掘りとってしまうことになる。結果として当時の地表面は、型抜きしたクッキーの生地さながらにかろうじて残っているだけだった。当時の地表面の表土も黒色土であり、その下には褐色のロームがたまっている。坑底で発見した鉱床は予想どおりに白色の粘土層だった。その厚さがどのくらいあるのかはまだつきとめていない。

結論を先に述べるようだが、この白色粘土層に、当時の人たちが目指した握り拳大の黒耀石が含まれている。鷹山湿地の白色粘土層中に含まれていた人頭大の黒耀石ほどの大きさのものは、ここではいまのところ見つかっていない。さきに第二の特徴とした将棋倒しの土層中の白色粘土層こそは、この鉱床から掘り出され、黒耀石を抜きとった後に排土として捨てられたものなのだ。

水成堆積砂層の正体

水成堆積砂層、あの晩わたしを誘惑した共犯者の片割れだ。当初、窪みそのものが自然の作用によってできたのではないかと考えさせた曲者だ。曲者だが水平にたまった砂と粘土の縞状の互層は繊細でじつに美しい。この砂層は大きな水溜りに形成されたものだ。水溜まりができるためには、底抜けではいけない。ここで不透水層になりうるものは白色粘土層だけだ。しかし、将棋倒しの駒のように斜めに堆積する排土の白色粘土層では、まさに立て板に水で溜るどころではない。残るは鉱床の白色粘土層をおいてほかにない。水溜りのなかで白色粘土を掘り黒耀石をとり出したのか、そうではあるまい。多少の水はしみ出しただろうが、採掘の障害になるほどのものではなかったはずだ。砂と灰色粘土の縞状の互層はもっと静かな状況でたまったものだ。そう、人がいない間に。

水成堆積砂層の存在は、黒耀石の採掘には採掘の時期というものがあったことを教えてくれる。水成堆積砂層が形成される間は、ここでの採掘活動は中断されていたのだ。一回の降雨ごとに排土の黒色土や褐色土からは細かい砂が洗い出され水溜まりへと流れ込み、排土の白色粘土は溶け出して濁りながら沈澱し灰色粘土層となって薄く堆積する。正体、見届けたり。

採掘活動の復原

そうであるならば、原則としては一つの坑底に一つの水成堆積砂層が堆積する。さらにこれらに、下から黒色土、褐色土、白色粘土の順に将棋倒しに堆積する一群の排土と一つの掘り込み口とが対応する。山腹斜面の当時の地表面、掘り込み口、将棋倒しの土層、坑底、黒耀石を含む白色粘土層の鉱床、これらが一セットになって一回の採掘活動を示す単位となる。これが第一号採掘址の中には一〇単位以上もあるようだ。つまり、現在わたしたちが確認することのできる第一号採掘址程度の規模の一つの窪みでも、それだけの回数の採掘活動がなされた結果であると推察される。

山腹斜面の表土を掘りはじめる。掘り出した黒色土は、穴の脇や斜面の下方へと捨てていく。やがて褐色のロームが顔をだす。掘り込み口はじょじょに広がり、排土の山はその両脇に高く盛り上げられる。採掘坑への出入りのために、また排土を外に運び出すためにも、掘り込み口の下端には排土を捨てずに低くしくおくと都合がいい。山腹斜面にたいして向かうように掘り進み、排土は後ろへと投げ捨てる。こうして将棋倒しに堆積する土層が形成される。

やがて鉱床の白色粘土層に掘り当たる。採掘のクライマックスだ。粘土層からは拳大の黒耀石が掘り出される。同じ星糞峠産の黒耀石にも質の善し悪しがある。その場で石のハンマーでかるく叩いてその質を調べる。ガラスの風鈴さながらにクシャンと粉々になってしまうものもある、失格。そのまま排土といっしょに捨てさる。もちろんさらに小粒の黒耀石もあるが、質が良ければこれは合格。

かくして今回の採掘は終了する。かれらは山を下りてゆく。雨が降り、地下水がしみだし、掘られたままの採掘坑の底には水溜りができる。一雨ごとに砂と灰色粘土の薄い薄い互層は成長していく、まるで自然のリズムと時を刻む砂時計のように。そしてつぎの採掘の時期が訪れる。その間は一シーズンか、一年か。今度の採掘場所は前回のすぐ隣りだ。しばらく排土は前回の穴に捨てられる。後は前回と同じ手順でやればいい。

このようにして毎回毎回掘り続けられるのだが、採掘坑は横方向には連続して延びてゆかない、なぜだ。同時にいくつかのグループがいくらかの間隔をおいて、隣り合って採掘していたのではないだろうか。グループごとに定められた場所の内で採掘は何回も繰り返され、その結果、毎回掘られた穴どうしはやがてくっ付き合い全体が大きくかつ深くなると採掘の効率は落ちてくる。他のグループが隣りにいるので横には進めず、そこでつぎには一段上の斜面が掘りはじめられる。こうして雛壇状に横に並び縦に連結した窪みの群れができあがる。原則としては、山腹斜面の上方ほど新しい時期の採掘坑があることになる。

分布調査の成果

一九九一年から実施された広域分布調査によって、従来知られていた鷹山遺跡群の範囲は、鷹山湿地をとり囲む周辺の山裾だけではなく、さらに広がることも明らかになった。

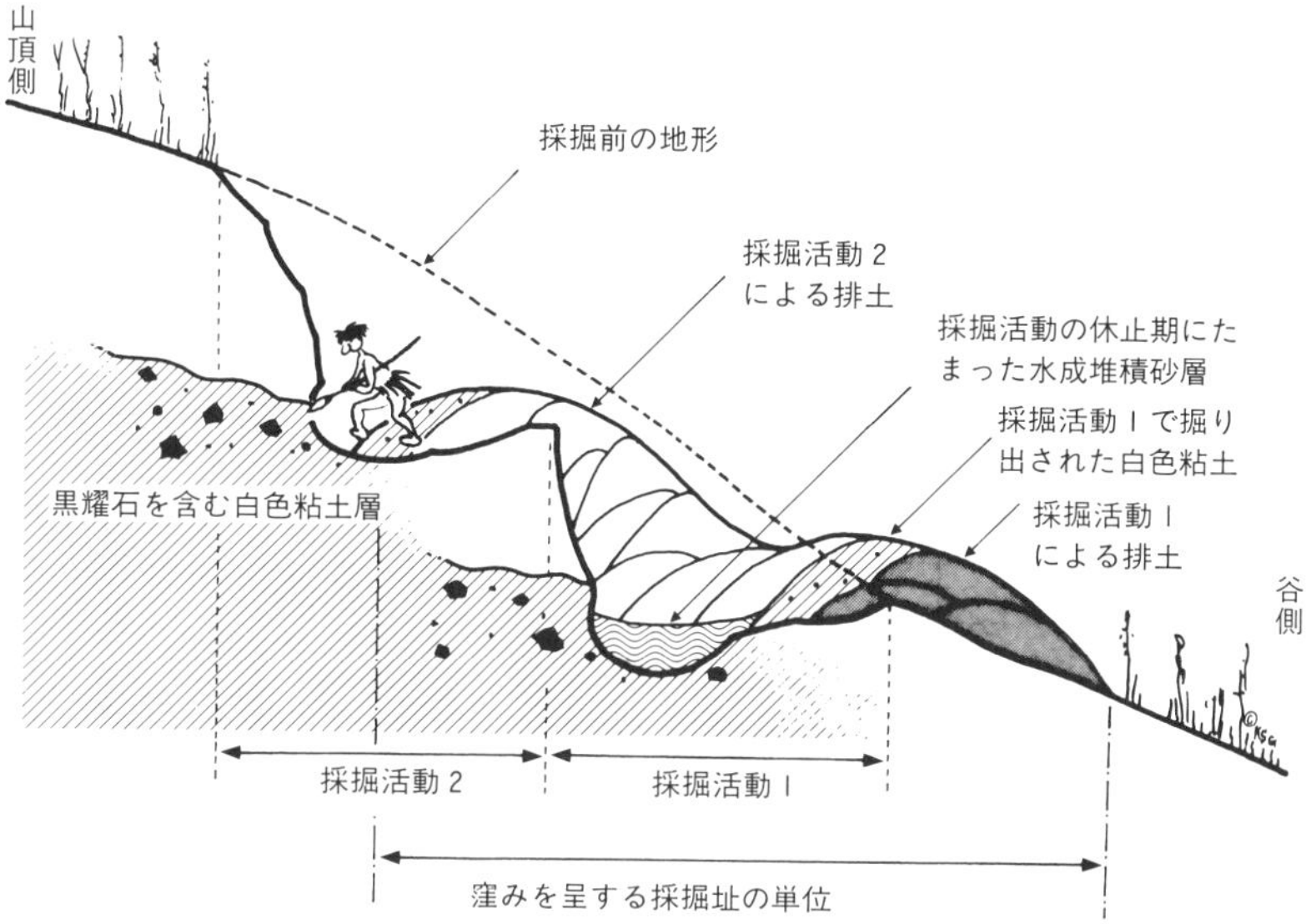

縄文人黒耀石ヲ掘ル之図

鉱床の白色粘土層に含まれる黒耀石

先土器時代の遺跡は鷹山川の最上流部をさらにさかのぼり、男女倉谷《おめぐらたに》へ向かう途中と、逆に湿地よりも下流へと下り大門川に合流する追分までの間の谷筋の尾根上とに分布を広げた。これらの遺跡は集中的に石器づくりをした湿地周辺の大規模な遺跡とは異なり、かれらの食糧を調達するための狩猟のキャンプであったり、また大量につくった石器やその素材を、関東地方などの遠隔の地へと運び出す中継基地のような性格をもつのかもしれない。

一方、大笹山の山体に幾筋もの爪痕を残して鷹山川にそそぎこむ小さな谷筋には、縄文早期（六〇〇〇～九〇〇〇年前頃）の遺跡が分布する。早期の遺跡は落し穴などのある狩り場の性格が強いもので、生活の本拠地は大門川沿いのもっと開けた場所にあったようだ。前に述べた理由から、星糞峠での黒耀石採掘がはじまったのが縄文前期であるならば、早期の人たちが鷹山に入ってきた目的は採掘ではなく狩りだったのだ。

鷹山ストーリー

先土器時代の人たちは、鷹山湿地の周辺の山裾で湿地から採取した大振りの黒耀石で大量の石器やその素材をつくった。おもしろいことに先土器時代も時代が下だるにしたがって、原料となる黒耀石はしだいに小さくなっていく傾向がある。鷹山湿地で簡単に採取できる黒耀石の数はだんだんと少なくなり、大きさも小振りになっていった。ときには霧ケ峰の他の産出地で得られた黒耀石が、原料として鷹山の石器製作場所にもち込まれることもあったようだ。そして先土器時代の終わりには、鷹山湿地での黒耀石の採取も終了する。先土器時代の長きにわたった黒耀石採取の結果、湿地の黒耀石は枯渇《こかつ》してしまったのだろうか。もはや湿地には黒耀石の原石はころがっていない。

その後、人跡が途絶えた鷹山に新たに人が入ってくるのは狩り場を求めてだ。狩りの途中で先人が使い捨てた黒耀石の原石のかけらを見つけることもときどきあったのだろう。先土器時代にはナイフ形石器や槍先形尖頭器《やりさきがたせんとうき》が黒耀石で盛んにつくられた。それにくらべて、縄文時代になり黒耀石でつくられはじめたものは矢尻《やじり》や石匙《いしさじ》という万能ナイフなどの小形の石器ばかりである。原石のかけらでも十分に用が足りる。

鷹山では手ごろな黒耀石が拾えることがある、そんな噂が広まったのかもしれない。あるいは昔鷹山では黒耀石が豊富にとれた、そんな伝承が世代を越えて語り継がれていたのかもしれない。はたまた虫倉山山腹の崩落した斜面に露出した白色粘土層のなかに、偶然に黒耀石を見つけたのかもしれない。そのきっかけは定かではないが、縄文前期になるとふたたび人びとは黒耀石を得るために鷹山に訪れるようになる、しかも今度は採掘によって。目指すは星糞峠、黒耀石鉱山の開幕である。

採掘者の集落

星糞峠の黒耀石採掘址と同じ時期の集落遺跡は、鷹山遺跡群のなかにはいまだに発見されていない。採掘に従事した人たちはどこで暮らしていたのだろうか。

鷹山川を下り大門川に合流するところが追分、そこから約一〇キロメートル下流に縄文中期から後期にかけて営まれた大仁反《おおにたん》遺跡がある。規模の大きい集落遺跡だ。北陸や北関東との関連が強い土器も出土していて、各地とのつながりの広さがうかがわれる。しかしなんといっても黒耀石の原石や石器、その素材などが豊富に出土する点がこの遺跡の特徴といえよう。

霧ケ峰山麓の標高一〇〇〇メートルを下だるあたりからは平坦な場所がふえ、大仁反と類似した集落遺跡も

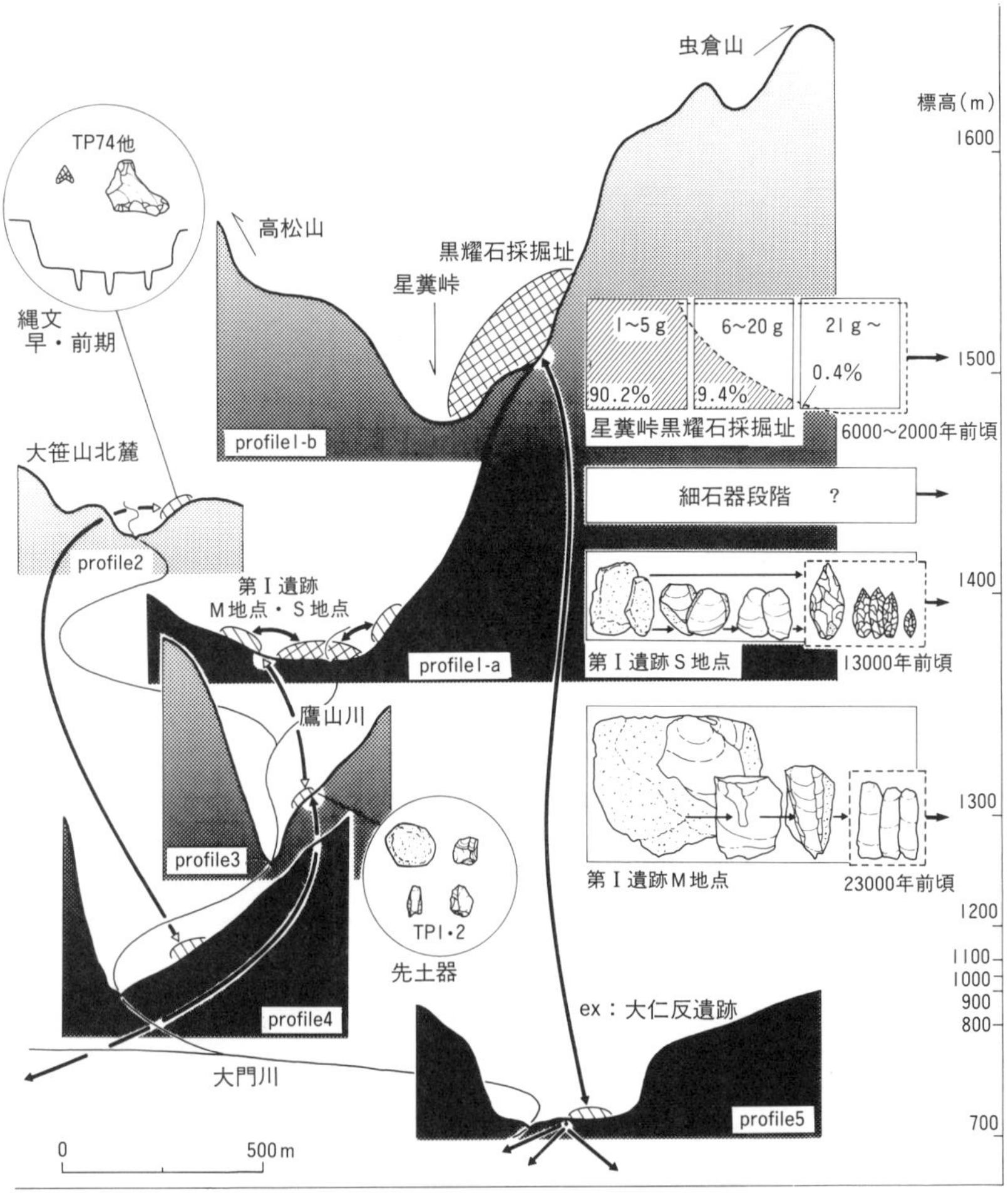

鷹山黒耀石産出地遺跡群の垂直分布構成（小杉1994より）

多くあらわれてくる。そのうちの一つ、岡谷市の梨久保《なしくぼ》遺跡には、三種類の大きさの黒耀石の原石がもち込まれている。一番大きなクラスは三〇グラムを越えるもので、これは広域流通用の交換財であり、かれらの集落で消費されることはない。もっとも小さなクラスは一〇グラムにも満たないものだ。これらは石器の原料としては小さすぎてほとんど使われることもなく集落内のあちらこちらへ捨てられてしまう。おもしろいことに、この不要な小粒の黒耀石が集落にもち込まれた黒耀石原石のかなりの分量を占めている。なぜこんなことがおきるのかは後で考えてみよう。そしてこれらの中間の重さのクラスが自己消費用、かれらの日常生活で石器づくりの原料となるものだ。

さて、異常気象による冷夏のため米の収穫量は激減し、それを口実に大量の外国産米が輸入されたことは記憶にまだ新しい。味覚はなかなか保守的なもので国産米の人気が高く外米は敬遠されがち。そこで政府が打ち出した妙案が国産米と外米を混ぜ合せたブレンド米と称する珍妙なもので、消費者はそこから国産米だけを選り分けて買うことはできない。腹立たしい思いをした人も多いことだろう。

さきに紹介した梨久保遺跡の黒耀石原石は、このブレンド米とどこか似ている。梨久保の人たちは直接に採掘に行かず、他の集団から黒耀石を入手していたと仮定したらどうだろうか。十把一からげ、日常不可欠な手ごろな原石や交易用の大粒の原石を手に入れるために、嵩上《かさあ》げのための不要な小粒の原石もしかたなくいっしょに引きとることになる。さしずめブレンド黒耀石といったところか。そうだとすると、同じ霧ケ峰山麓の集落であっても、黒耀石採掘に直接に従事する集落としない集落、あるいは従事することが許されない集落とがあったことになる。

縄文時代の社会関係は思われているほどに単純ではない。

遠隔地黒耀石センター

群馬県昭和村、利根川を見下ろす赤城山麓に縄文前期の集落遺跡、糸井宮前《いといみやまえ》遺跡がある。ここには黒耀石原石や黒耀石製の剥片や石器が意外と豊富にある。小形剥片利器《こがたはくへんりき》、すなわち鋭い縁のある薄い石片でつくった小形の刃物、そのうちでもとくに精巧な細工が必要な矢尻や石錐《せきすい》などの大半は黒耀石で賄われている。糸井宮前遺跡は霧ケ峰の黒耀石産出地から直線距離でも約一〇〇キロメートル離れている。この遠隔の地にある人たちは、黒耀石をどうやって手に入れていたのだろうか。

星糞峠の黒耀石産出地をはじめとする霧ケ峰一帯の各産出地は、山麓周辺のいくつかの特定の集落によって管理されており、誰もがいつでもそこで採掘ができるというような社会的な状況ではなかったのではないかと推定してみた。ましてや、はるばると赤城山の麓から碓氷峠を越えてやってきた集団が、いきなりそこで採掘ができたとは考えられない。おそらくかれらは広域流通用の大粒の黒耀石原石をいくつかの手を経ながら、すなわち交易によって入手していたのであろう。その際にもブレンド黒耀石よろしく小粒の原石が紛れこまされていたのかもしれない。

糸井宮前遺跡には、一つでなんと二キログラム近い巨大な黒耀石が、使われもせず残されていた。単純計算すれば、それから石鏃《せきぞく》二〇〇〇個をつくれるほどの大物である。想像をたくましくしてみよう。これこそが糸井宮前の人たちが霧ケ峰の採掘集団から優先的に黒耀石原石を仕入れることを保証した手形のようなものだったのだ。産出地から遠く隔たっているわりには、糸井宮前では多量の黒耀石製の小形の刃物がつくられた。製品としての付加価値がつけられた霧ケ峰ブランドの黒耀石製石器は、周辺の集落へとさらに流通していった。さしずめ糸井宮前は遠隔地黒耀石センターといったところだろうか。

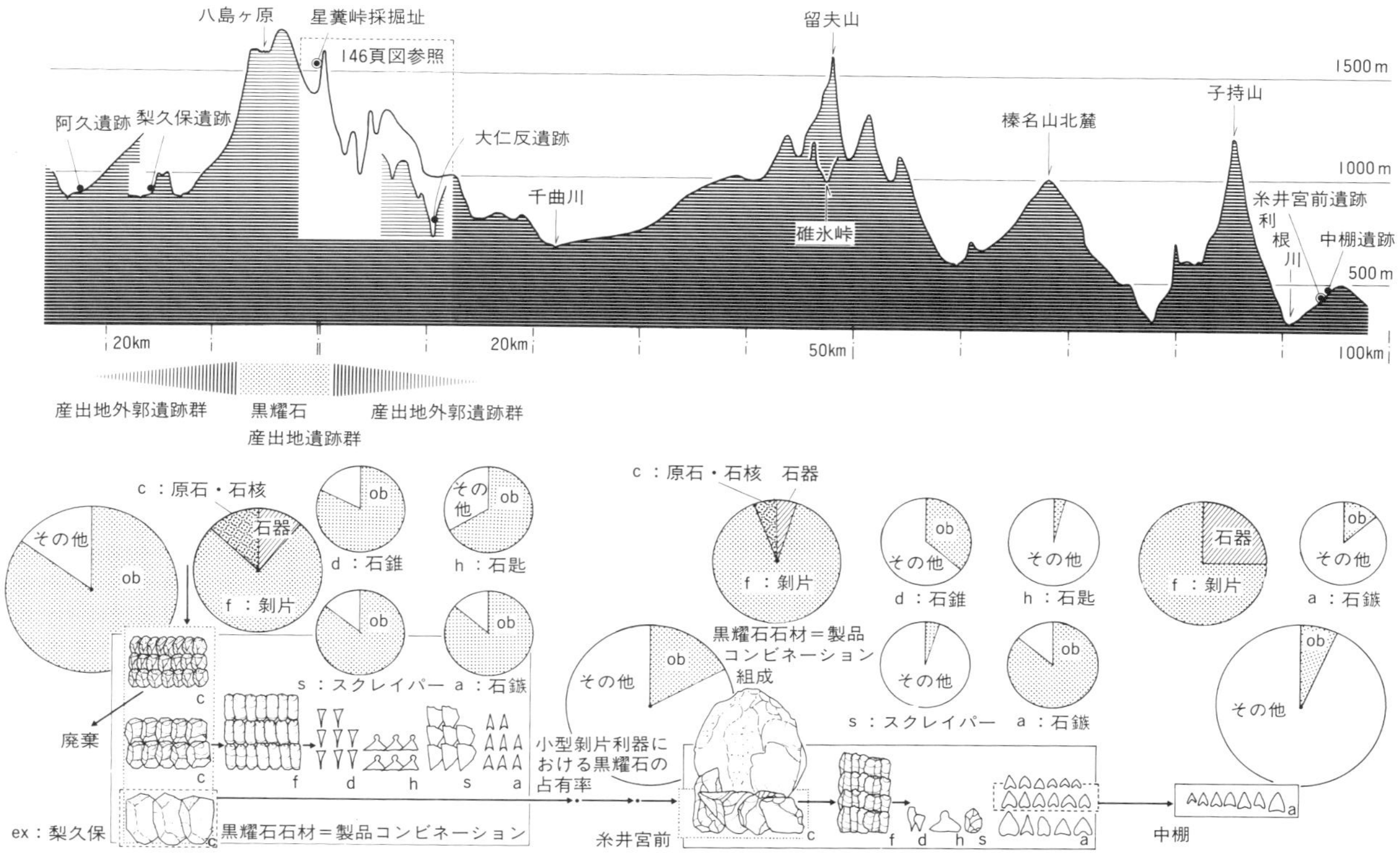

縄文時代後半期における黒耀石流通モデル（小杉1994より）

糸井宮前遺跡から数一〇メートル程しか離れていない同じ前期の集落遺跡、中棚《なかだな》遺跡では黒耀石はごくかぎられた石器にのみ使われ、その数量も微々たるものだ。そこで黒耀石を原料にした石器製作が盛んになされたとは考えがたい。遠隔地黒耀石センターはたんなる空想の産物ではない（小杉「黒耀石産出地における採掘活動の復原」日本文化財科学会第一一回大会発表、一九九四）。

縄文スクエア

星糞峠、鷹山、霧ケ峰とかぎられた地理的な空間だが、そこには黒耀石が産出する。この条件があるからこそ先土器時代から縄文時代へかけて、そこをめぐる人々の活動を特定の視点から眺めることができた。黒耀石の産出地は中部高地の霧ケ峰一帯だけではなく、近くは箱根や伊豆諸島の神津島にも、遠くは北海道から九州までその名の知られた産出地がある。それぞれの産出地でも長きにわたって活発に黒耀石が採掘されてきた。それなのに無謀にも星糞峠の事例だけをもって「縄文人、黒耀石を掘る」と語るのはおもはゆい。

「縄文人」とは確かに馴染みやすい言葉である。こむずかしい研究を身近なものに感じさせてくれる。しかし、縄文人に民族的なノスタルジアを求めてはいけない。縄文人とひとくくりにするほどに、かれらの生活様式は単調ではなく、またすごした時間も短くない。亜寒帯から亜熱帯にまで伸びる日本列島という空間的な広がり、一万二〇〇〇年前から二〇〇〇数百年前までの約一万年間という時間的な広がり、この縄文時代という壮大な枠組みを「縄文スクエア」と呼んでみよう。

そのなかに資源問題を投げ入れてみる。環境問題、食糧問題、人口問題などなど、今日のわたしたちが直面している問題を投げ入れてみる。日々の暮らしのなかでは思いもよらない長い長い時間の流れの中に〈その問題〉を置いてみよう。日常の時間感覚では見えないものが見えてくる。最近の新聞紙上を賑わせた河口堰やダムの問題、割箸と外材と熱帯雨森の問題、これらの問題にわたしたちはどれだけの時間的な長さをもって答えればいいのだろうか。一〇〇年、一〇〇〇年、いや一万年でも短過ぎるほどだ。

とりあえずわたしは、縄文スクエアのなかにその答の一端を探してみよう。その思考の過程がわたしを、人類史のつぎの一歩を踏み出そうとしている現代のわたしたちを、強靭にそして優しく鍛えあげてくれるだろう。その日が来るまでは、人口に膾炙した「縄文人」ではあるがしばしの別れを告げることにしよう——さらば「縄文人」と。

❻縄文人の集落関係

縄文集落を解析する

鈴木 素行

いま、われわれが遺跡を発掘して知ることのできる縄文集落とは何なのであろうか。そこに住み、家や墓を残した縄文人は、どのようにしてそこに住み、日常的な生活を営み、そして何を残していったかを、一つの縄文集落の発掘の結果を克明に解析して、その実態に迫る。

遺体はいつ埋葬されたのか

住居跡の床面上の人骨

迷宮との分岐点は、住居跡と人骨の関係だった。1号人骨は「27号址の北東側の床面上に、仰臥屈葬の状態で出土した」と記述されている。仰臥屈葬《ぎょうがくつそう》とは、仰向けで膝を曲げた埋葬の姿勢。問題は、これが住居跡の床面上という位置にあることだ。住居跡の床面上から出土した遺物は、その住居の廃絶にともない遺棄されたもの、あるいは床面が露出したままの、住居の廃絶からは短い時間の経過のなかで廃棄されたものととらえられることになる。

人骨の埋葬が住居跡の床面上であるならば、住居の廃絶にともない埋葬された可能性とともに、住居の廃絶後に埋葬された可能性をも考慮しなければならない。つまり、27号址の廃絶後にも、埋葬をした実行者が、この集落に引き続き居住した可能性を否定できないということだ。「本人骨を被う第5貝塚」という記述から、1号人骨が27号址の床面と貝層の間に位置することは確実である。住居跡の断面図からは、貝層が床面上に堆積しているようにも見える。貝層の堆積は、埋葬に続いて、貝塚をも形成した、住人の存在を支持することになる。

木の切り株が道標となった。27号址の平面図からは、貝層が住居跡の南側で外に伸びるように堆積していることが見てとれる。27号址は「南側では壁の検出ができず」「床面は、炉址より南側では検出できなかった」とも記述されている。したがって、27号址の北側で1号人骨をおおう貝層と、これから南側に連続する貝層が同一のものであり、二次的な堆積でないのであれば、27号址における住居の廃絶から貝層の堆積までの間には、住居跡の南側の壁および床面が破壊されたことを考えなければならない。

人骨と住居跡を照合した切り株

ところで具体的に、1号人骨は27号址のどこに埋葬されたのだろうか。これらは別個に報告され、両者の位置関係を示す実測図はない。なければつくればよいのだが、実測図を重ね合わせるための基準も見あたらないのだ。諦めかけたとき、実測図の1号人骨の腹部に破線の表現があるのに気づいた。写真で見ると、そこには切り株がある。27号址の写真を見ると、果たして同じ切り株が残されていたのだ。柱穴の配置を手がかりにすれば、大きな誤差を生まずに切り株の位置を実測図中に求めることができる。あとは、縮尺と方位を合わせて重ねるだけだ。

その結果、1号人骨の上半身部分は27号址の外にあり、北壁は1号人骨より下位で検出されていることが明らかとなった（**図1**）。つまり、1号人骨の全身が住居跡の床面上に位置するわけではない。一部は柱穴とも重なる。むしろ、1号人骨は、床面の範囲とは無関係に埋葬されたものであり、埋葬のときには住居跡が埋没していたと考えられるのだ。壁が残存する高さから見て、埋葬にあたっては北壁も破壊されている。当然、これは南側の壁および床面の破壊と無関係ではないだろう。住居跡付近の掘削、埋葬及び貝塚の形成は、住居跡の埋没にかかる時間が経過した後の行為であり、27号址の廃絶後に、引き続き住人のいたことを想定しなければならない条件は消えたことになる。推理小説ならば、ここでアリバイが崩れたのだ。

推理は安楽椅子の上で

千葉県千葉市椎名崎町に、かつて木戸作《きどさく》遺跡が存在した。千葉市と市原市のあいだを抜けて東京湾に注ぐ村田川の流域にあり、河川によって樹枝状に浸蝕された谷の一つに面している。周辺地域に土地区画整理事業が計画されたことを契機として、千葉県文化財センターにより発掘調査が実施された。一九七四年から七五年にかかる二次におよぶ調査で、台地上に複合する縄文時代と古墳時代の集落跡の内容が明らかにされている。とくに、第二次調査では、台地の斜面に形成された縄文時代の貝塚の全容も把握されるにいたった（**図2**）。この木戸作遺跡の最大の特徴は、縄文時代でも後期の集落跡が貝塚を含めて完全に調査されたことにある。このような条件をもつ調査は、空前にして絶後かもしれない。

縄文時代の遺跡に関する調査は『千葉東南部ニュータウン7――木戸作遺跡（第二次）』（栗本佳弘・郷田良一・小宮孟・諏訪元・山田格・阿部修二・鈴木隆雄・松島義章・下田信男・小池裕子、財団法人千葉県文化財センター、

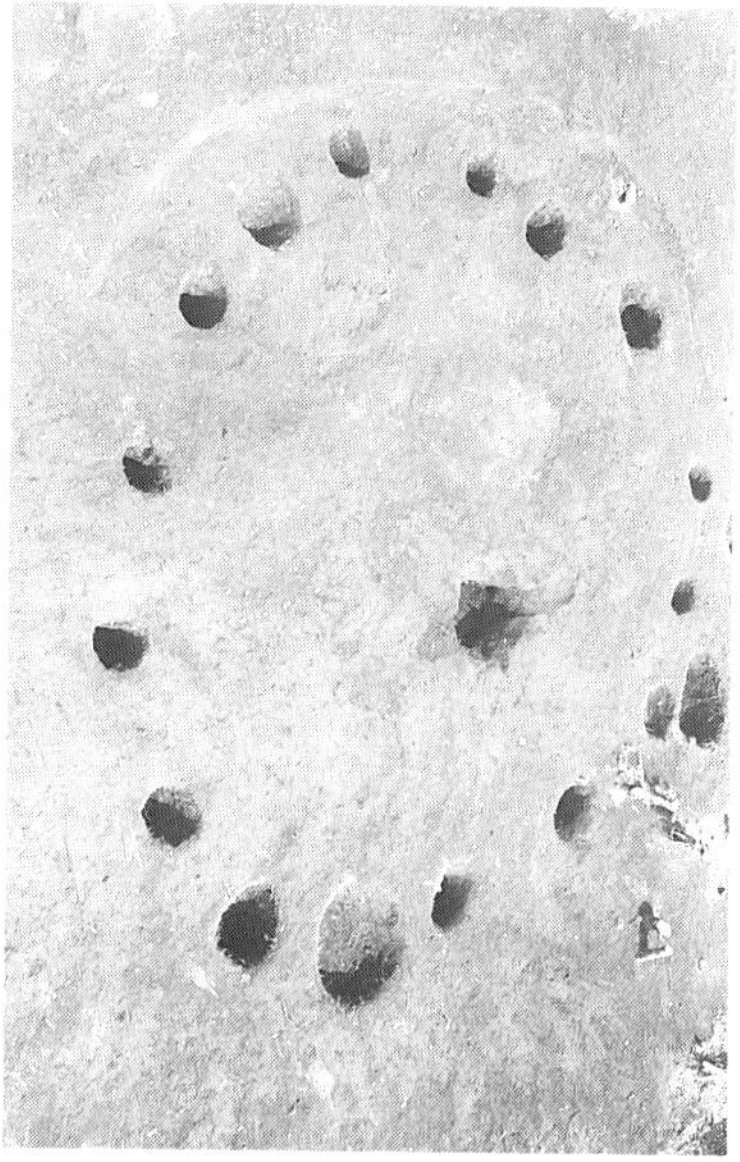

（財団法人千葉県文化財センター提供、２点とも）

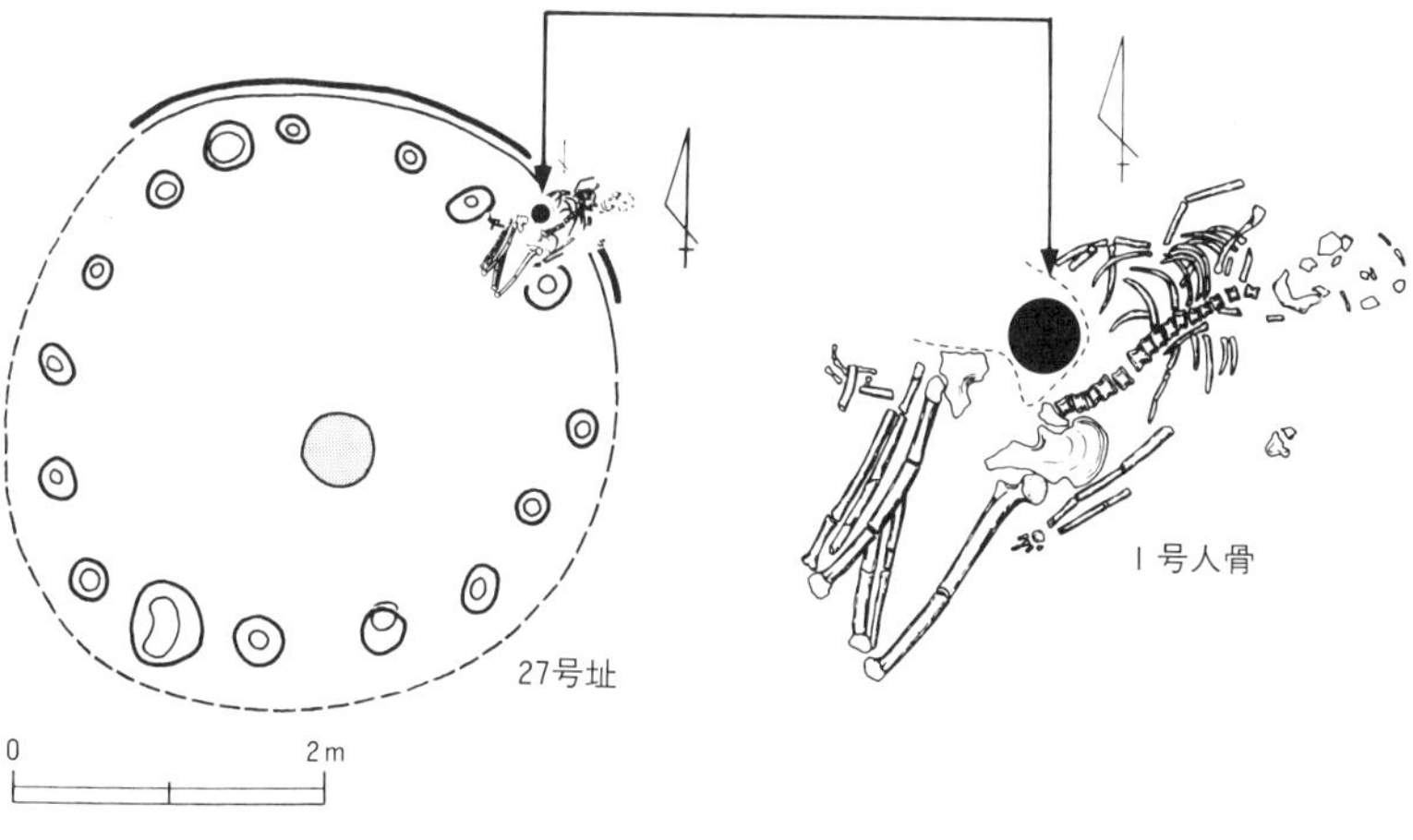

図１　１号人骨の出土位置の検証

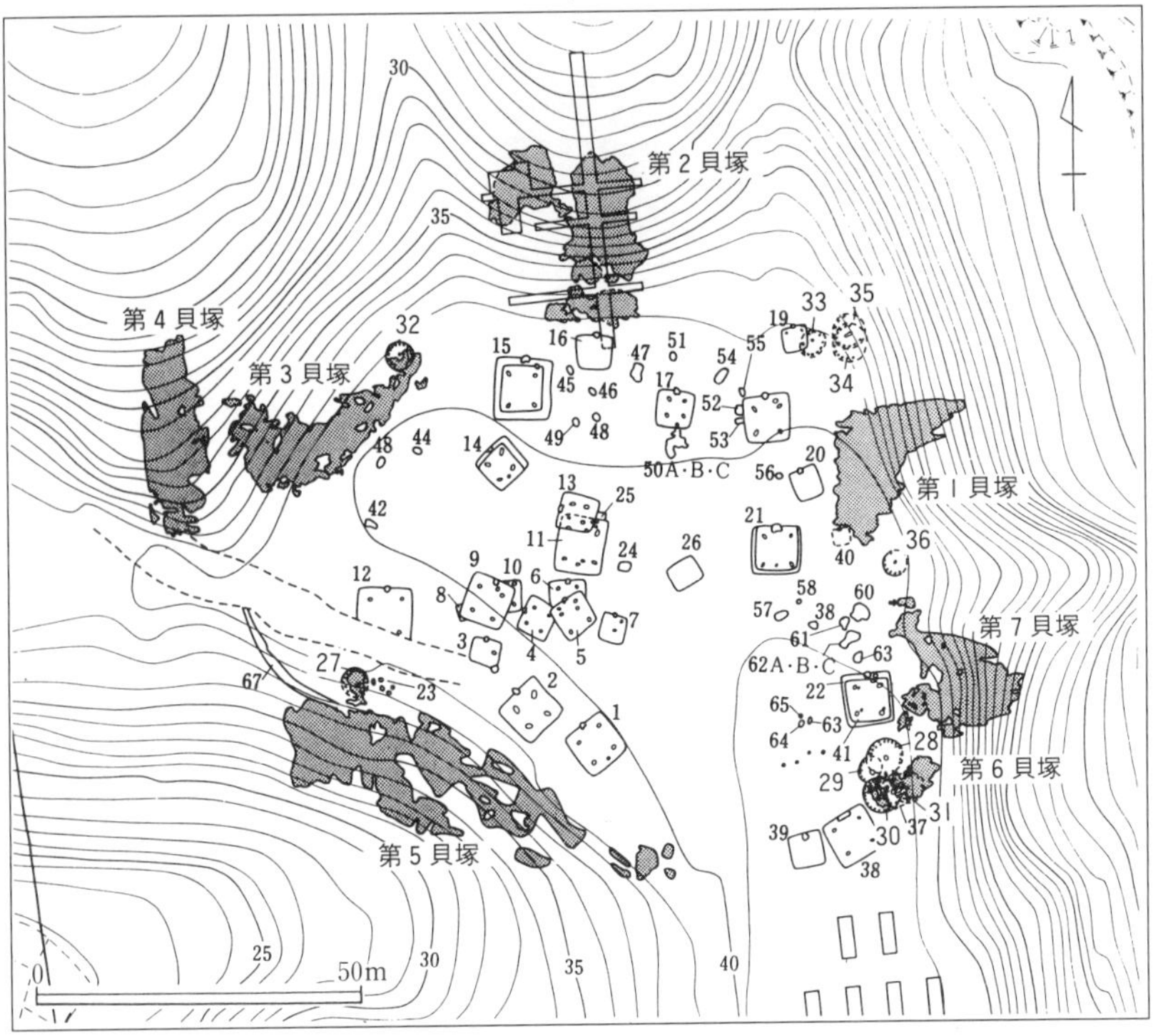

図２　木戸作遺跡における遺構の分布

一九七九年）という報告書にまとめられた。この報告書をよりどころとして、縄文時代後期の木戸作遺跡を分析する。実測図および写真図版、文章の記述から発掘調査を追体験し、木戸作遺跡における集落と貝塚の実際を復原しようというのだから、推理小説にたとえるのもあながち見立てちがいではないだろう。自分で調査することがかなわないから、現場検証に出向かない探偵、「安楽椅子の探偵」といったところか。物的証拠が完備されているとはかぎらないから、状況証拠からも推理を組立てなければならない。まずは、膨大な情報をまとめられた報告書の担当の方々に敬意を表する。詳細な報告がなければ推理は不可能であり、安楽椅子の上で眠ってしまうところであった。

現場には一〇基の住居跡、七地点の貝塚が残されていた

古墳時代と縄文時代の集落跡の重複

新しい時代の住居の構築にともない、古い時代の住居跡が破壊されることは、時代が複合する遺跡で稀なことではない。木戸作遺跡にも、古墳時代の集落跡が複合し、縄文時代の集落跡とは部分的に重なり合う。ただし、古墳時代の住居跡により、縄文時代の住居跡が跡形もなく壊されたとは考えられない。縄文時代の住居跡と重複する古墳時代の37号址は、ほぼ同じ垂直位置に床面が据《す》えられており、古墳時代の住居跡が一方的に深く掘り込まれているわけではない。この事例では、むしろ縄文時代の住居跡の方がわずかに深い。逆に古墳時代の住居跡の方が深い19号址の事例でも、縄文時代の住居跡の柱穴は残存することが確認されている。縄文時代の住居跡には壁に沿って多数の柱穴がめぐり、床面から三〇～五〇センチほど掘り込まれたものもある。これらの痕跡をまったく残さない住居跡の破壊は不可能だろう。

古墳時代の住居跡の分布密度が高くないこともあり、住居跡の平面規模を比較しても、古墳時代の住居跡のなかに縄文時代の住居跡がすっぽりととり込まれてしまうとは考えがたいのだ。つまり、残存して検出された縄文時代の住居跡の数は、木戸作遺跡において実際に形成された住居跡の数と見なしてよいことになる。

中央広場、点列環状《てんれつかんじょう》貝塚《かいづか》？

縄文時代の住居跡の数は一〇基。これらの住居跡は、すべて台地の縁辺部に位置し、環状の景観を呈して並

んでいる。台地の中央部からは住居跡が検出されず、報告書では「いわゆる中央広場を中心に住居址群が展開するという、通常多く見られる縄文時代集落址と同様の集落景観を呈している」と記述されている。木戸作遺跡が集落跡の景観として、けっして特異なものでないことを確認しておこう。

一方、貝塚には、住居跡内に形成された小規模なものと、台地の斜面部に形成された大規模なものがある。7地点の斜面貝塚は、住居跡と交互に並んでおり、全体の景観として「点列環状貝塚」と表現されている。

木戸作遺跡の集落と貝塚はすでに分析の対象とされたことがある。それらは、鈴木公雄が記述したように「第1～第7貝塚のいずれも、貝層中からは堀之内I式土器が出土し、（中略）一〇基の堀之内I式土器を伴う住居址が発掘されている。これらの点から考えて、木戸作貝塚を構成する第1～第7貝塚は全て堀之内I式土器の存続期間に形成された時期的には単純な貝塚であることがわかる」（「伊皿子と木戸作——二つの縄文時代貝塚の比較をめぐって」『稲・舟・祭——松本信広先生追悼論文集』六興出版、一九八二年）という前提に立つものであった。本当にそうだろうか。

住居跡の報告を検証する

台地南側の住居跡

木戸作遺跡から、縄文時代後期の堀之内I式土器が多量に出土していることは確かだ。しかし、堀之内I式土器のみでなく、堀之内II式土器が出土していることもまた認めなければならない。木戸作遺跡から出土した土器が、堀之内II式土器の事例としてとり上げられることは少なくないのだ。

表1　木戸作遺跡の住居跡（カッコ内は推定）

番号	平面形態	平面規模	柱穴	炉址	時期
27号址	円　形	直径4.0m	1組	1基	堀之内Ⅰ式
28号址	柄鏡形	直径5.0m	2組	1基	堀之内Ⅰ式
29号址	柄鏡形	直径4.3m	1組	1基	堀之内Ⅰ式
30号址	柄鏡形	長径6.0m，短径5.0m	1組	1基	堀之内Ⅰ式
31号址	長円形	長径5.2m，短径4.5m	1組	2基	堀之内Ⅰ式
32号址	円　形	直径4 m	1組	1基	堀之内Ⅱ式
33号址	（柄鏡形）	長径5.4m，短径4.8m	1組	1基	堀之内Ⅱ式
34号址	（柄鏡形）	（長径5.0m以上）	1組	1基	（堀之内Ⅱ式）
35号址	（柄鏡形）	（長径5.0m以上）	1組	1基	（堀之内Ⅱ式）
36号址	長円形	長径3.8m，短径3.2m	1組	1基	（堀之内Ⅰ式）

まず、一〇基の住居跡は、貝塚も含む相互の新旧関係の検討とともに、二つの土器型式の時期に分離される。住居跡の番号順に、報告書を検証してみよう（**表1**）。道筋は煩雑をきわめるが、推理の過程はそういうものだと諦めていただきたい。

27号址　台地南西側に位置する。周囲近辺に他の住居跡がなく、独立した存在である。住居跡北側の床面上、しかも貝層下に相当する位置から堀之内Ⅰ式土器が出土している。住居跡と、埋葬された1号人骨および「第5貝塚」の関係はすでに検討したとおり。

28・29・30・31号址　台地南東側に位置する四基の住居跡は、たがいに重複し、住居跡をおおうように形成された「第6貝塚」を含めて、新旧関係の検討が可能である（**図3**）。28号址は住居跡にともなう埋甕が堀之内Ⅰ式土器。29号址は覆土中から、30号址は床面上から、堀之内Ⅰ式土器が出土している。31号址からは、遺物が出土していない。

四基の住居跡の新旧関係は、古い住居跡を破壊して新しい住居が構築されることから、調査時の観察により、

29号址
31号址 } → 30号址 → 第6貝塚 → 28号址

と記述されている。これらの重複関係は、平面図に表現されていても、断面図においては追認できない。また、各住居跡の土器はいずれも堀之内I式土器で、同一の土器型式の時期に含まれるため、住居跡の新旧関係に関するかぎりは、記述にしたがおう。

ただし、貝塚と住居跡の関係については検討の余地がありそうだ。28号址内のごく小規模な貝層は、攪乱の上に位置することから、縄文時代に形成されたものとは見なしがたい。貝層は、30号址と31号址の二基の住居跡内に存在する。「30・31号址は、第6貝塚より古い」という記述は、二基の住居跡内の貝層が同じ「第6貝塚」で、連続的に形成されたとしている。貝層との関係が不明瞭なのは、30号址を第一次調査で、31号址を第二次調査でというように、年次を異にして調査が実施されたことにも原因がある。しかし、分断された二枚の住居跡の断面図からはつぎのようなことが考えられるのだ。

まず、30号址内に堆積する貝層は、断面図1（**図4**）に見るように、住居跡覆土《ふくど》の第5層中にある。もう一方の断面図2（**図4**）で、30号址の柱穴に入り込むように堆積している貝層は、住居跡覆土の「第6層」中に含まれるが、この「第6層」は、層番号の表記が異なるだけで、土層の内容から第5層と同一に考えられる。貝層は、第5層中にありながら、ある部分では住居跡の床面に接した状態で、ある部分では土層をはさんで床面から離れた状態で、またある部分では柱穴のなかに入り込んだ状態で堆積しているのが見てとれる。

つまり、第5層との堆積の関係は整然としたものではない。貝層は「混土貝層」であり、廃棄された状態を示す。この貝層と複雑な堆積の過程を展開する第5層も、自然に流れ込んだのでなく、「ローム・ブロック混入」という内容からも、埋め戻された土層ととらえられるのである。第5層は、第6~8層の土層の上位に堆積している。第6~8層は自然に流れ込んで堆積した土層であり、第5層は、第6~8層の堆積にかかる時間が経過した後に、形成されたのだ。ただし、第5層の堆積が開始されたときには、床面の大部分が露出し、柱穴も埋まりきらない状態であったことから、住居の廃絶から時間の経過はそう大きなものではない。

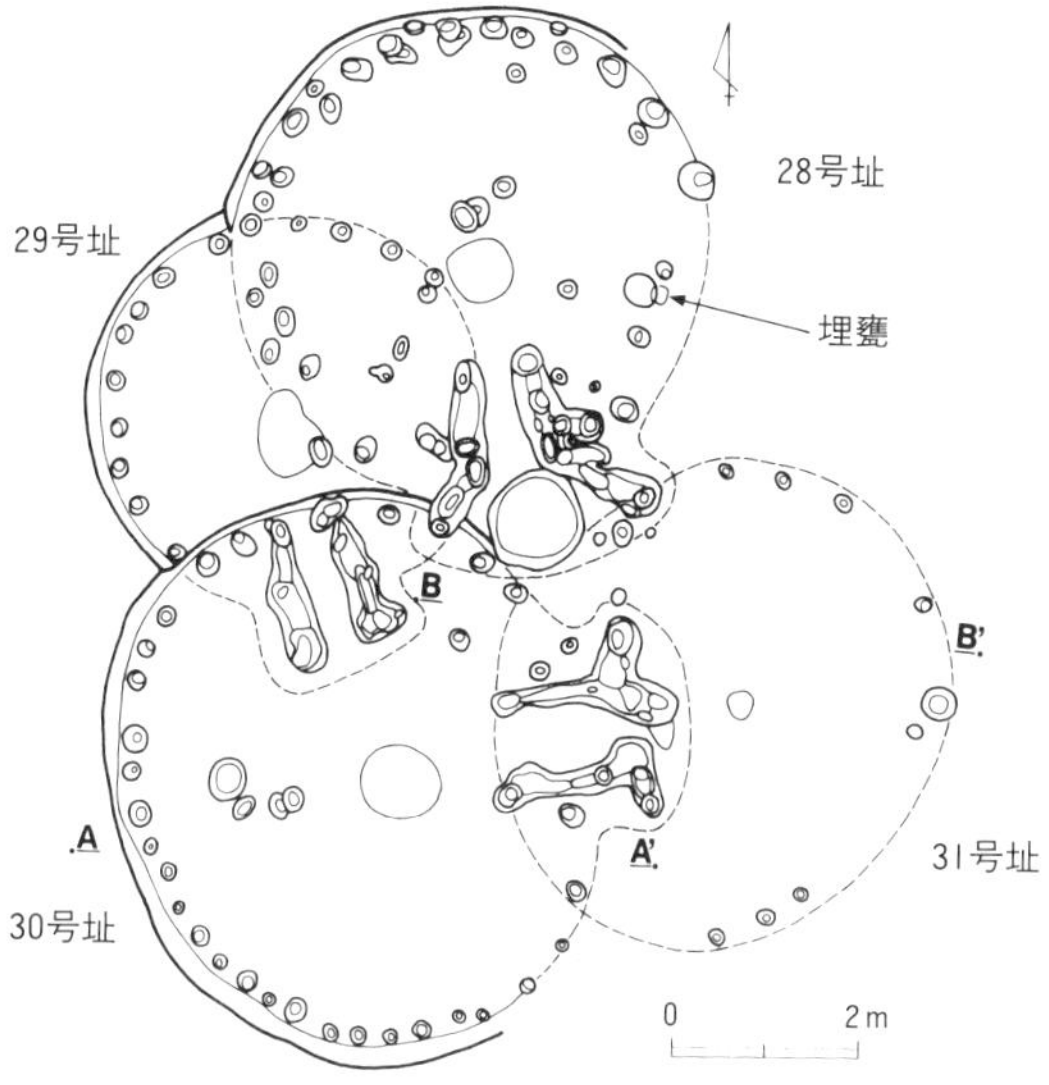

図3　28・29・30・31号址の重複

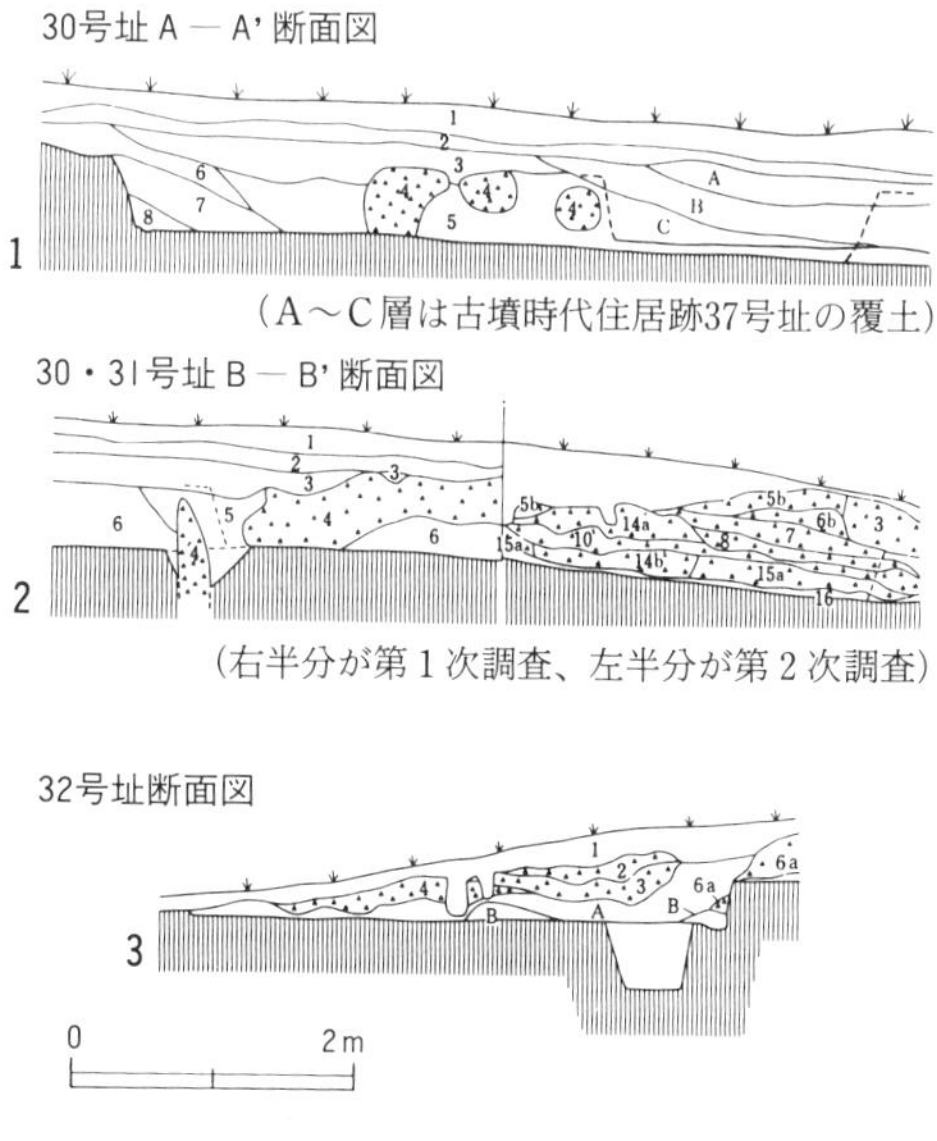

図4　30・31・32号址の断面図

つぎに、31号址内に堆積する貝層も、床面との間には第16層という薄い土層が存在するだけである（**図4**）。30号址と31号址の両方の住居跡に堆積する貝層が同一のものであるならば、「31号址→30号址」という新旧関係から、31号址の住居が廃絶された後、30号址の住居が構築されて居住期間が経過し、これが廃絶されて30号址覆土の第6〜8層が堆積するまでの時間、31号址には第16層という薄い土層が堆積したにすぎないことになる。この場合の時間は最短のものを想定してあり、当然のことながらもっと長い可能性はある。30号址と31号址の貝層が同一のものとするのは無理だろう。

ここでは、31号址内の貝層が、東壁を突き抜けて伸びていることを見落としてはならない。「第6貝塚」は、31号址を破壊して形成されているのであり、これにともない31号址に堆積していた覆土も掘削された。この掘削および貝塚の形成が30号址にまでおよばなかったことは、30号址内の貝層が柱穴内に堆積することから明らかだ。30号址内の貝層が第5層という土層と複雑な堆積の関係を見せるのにたいして、「第6貝塚」である31号址内の貝層にそれが認められないことも、二つの貝層が区別されることを示している。

明らかになった新旧関係

さて「第6貝塚」と、これから分離されることになる30号址内の貝層との新旧関係には、31号址→30号址→30号址内の貝層→「第6貝塚」と、31号址→「第6貝塚」→30号址→30号址内の貝層という、二通りが考えられる。このうち「第6貝塚」が30号址以前に位置づけられる可能性は、「第6貝塚」が28号址の一部をおおうように形成されていることから、「31号址→30号址→28号址」という新旧関係に矛盾するため消去される。加えて、「第6貝塚」の時期を土器から検討すると、この貝塚は堀之内II式期に形成されたことが明らかになる。

つまり、裏づけもとれるということだ。

28号址は、柱穴が炉址《ろし》を中心として二組の同心円状に配列され、同一地点に上屋の構築がくり返されている。同心円状に配列されたそれぞれの柱穴間には、居住空間が拡大し「拡張」と表現されるほどの距離はない。これを、上屋の新旧から28a号→28b号という二基の住居の痕跡ととらえておこう。

28号址の張出し部には再構築の痕跡が認められていないものの、28号址には炉址が一基のみで、同一地点にこれが設けられていて、28a・28b号の二基の住居がともに柄鏡形《えかがみがた》住居であった可能性は高い。また、このことは、二基の住居が時間的に連続することも示している。28号址覆土の第4層は、「ローム・ブロック混入」であり、30号址覆土の第5層と同じ特徴が記述されている。28号址も、住居の廃絶後、自然に流れ込んだ土層の堆積にかかる時間が経過した後、埋め戻されたと考えられる。第4層の一部は住居跡の床面に接しており、住居の廃絶から時間の経過はそう大きなものではない。

四基の住居跡と「第6貝塚」の新旧関係を、

29号址・31号址 → 30号址 → 28（28a号→28b号）号址 → 「第6貝塚」

と表現しておこう。土器の出土していない31号址についても、新旧関係から堀之内I式期ととらえられることになる。

台地北側の住居跡

32号址　台地北西側に位置する。周囲近辺に他の住居跡がなく、独立した存在である。南東側で「第3貝塚」の一部と重複しており、32号址と「第3貝塚」の新旧関係を検討することが可能である。

32号址内に堆積する貝層は、平面図では「第3貝塚」の一部として表現されている。しかし、住居跡の断面図3（図4）からは、「第3貝塚」の第6a層を掘り込んで、32号址が構築されたと見てとれるのだ。この場合、住居跡の覆土中に出現する第6a層は、内容が近似したまったく別の層であるか、埋没する過程で壁際にあった第6a層の一部が崩落したと考えざるを得ない。32号址の床面および覆土の第A層からは堀之内II式土器が出土している。第A層の直上に堆積する貝層も、当然のことながら堀之内II式期のものである。

これにたいして、「第3貝塚」の時期を土器から検討すると、この貝塚は堀之内I式期に形成されたことが明らかになる。32号址と「第3貝塚」の新旧関係、および「第3貝塚」から32号址内の貝層が分離されることも、裏づけがとれるのだ。

33・34・35号址　台地北東側に位置する。34・35号址の二基は南北方向に並んで重複し、西に約一・五メートル離れて33号址が存在する。

33号址には、柄鏡形住居の張出し部分の付け根に見られる柱穴の配列が残されている。床面上には、炉址とは別な焼け土の広がりが二カ所で検出され、そのうち炉址の北側に広がる焼け土に貼りついた状態で堀之内II式土器が出土している。

34・35号址は、斜面にかかる東側の半分以上が崩壊し、しかも、住居跡の壁が検出されなかったため、住居跡の正確な形態は明らかでない。残存する柱穴の配列からは、長円形までが推定できる。柱穴の配列が密で、しかも比較的大型の住居跡が推定されることから、この特徴のいずれか一方、あるいは両方が柄鏡形住居に認められることを手がかりに、柄鏡形住居であった可能性を指摘しておこう。

木戸作遺跡では、28・29・30号址に見るように、柄鏡形住居が同一地点に選地する。さらに、柄鏡形住居の張出し部分は台地の外側を向いて設けられ、34・35号址が、残存する台地側に張出し部分を有していないことは、これから逸脱しない。34・35号址が柄鏡形住居であった場合、張出し部分がともに住居跡の東側に存在したことになる。住居の時期を決定する資料が欠けている。

36号址 台地東側にあり、28・29・30・31号址と33・34・35号址のほぼ中間に位置する。斜面にかかる東側の三分の一が崩壊して、住居の正確な形態は明らかでない。ただし、柱穴の配列が疎で、小型の住居であることが27・32号址に共通していて、円形を呈すると考えられる。住居の時期を決定する資料が欠けている。

以上のように、一〇基の住居跡のうち、出土した土器あるいは重複関係から時期が明らかにされたのは、堀之内I式期の27・28・29・30・31号址の五基と、堀之内II式期の32・33号址の二基の、合わせて七基である。34・35・36号址の三基は、確実な時期を明らかにできない。物的証拠に頼れるのはここまでだ。

ただし、この三基の住居跡は、他の住居跡との空間的あるいは時間的な位置の関係から、時期を推定することが可能だろう。34・35号址の二基の住居跡は、集落跡における住居跡間の距離的な関係、すなわち空間的な配置から、33号址を含めて一群を構成している。33・34・35号址の三基の住居跡には柄鏡形住居の可能性を考慮しつつ、同一地点への選地から、33号址と同時期の堀之内II式期と考えられる。36号址については、34・35号址が堀之内II式期の住居であることを前提に、集落における住居の時間的な配置から、時期が推定されることになる。

住居跡・貝塚を因果の関係で結ぶ

貝塚を形成した住人の住居は

重なり合って検出される住居跡は、それらが同時に存在した住居でないとする動かしがたい証拠だ。また、住居跡の覆土中に貝層の堆積が認められたとすれば、貝層の形成は住居の廃絶よりも時間的に後の行為と位置づけられる。

行為の痕跡が認められるならば、その行為の実行者が存在する。他殺の死体が発見されれば、必ず殺人の犯人がいるというたとえはどうだろう。実行者は住人で、その痕跡としての住居跡もまた残されていると考えられる。このような、行為の痕跡と実行者の関係を想定し、住居跡どうしを時間的に配置してみよう。

堀之内I式期については、27・28・29・30・31号址の五基の住居跡のうち三基までが、重複の関係により、同時に存在することができない。加えて、29号址と31号址についても、重複の関係にないものの、同時に存在することが考えがたい近接した位置にある。五基の住居跡のうち、覆土中に貝塚の形成や埋め戻しなどの行為の痕跡が認められるのは、27・28・30号址の三基である。

したがって、28号址ないしは30号址に認められる行為の痕跡に、27号址の住人が関与したことは確実となる。さらに、27号址の住人がいずれの行為の実行者としても、行為の実行者が不足することも明らかである。27号址の住人を30号址に認められる行為の実行者とすれば、27号址に認められる行為の実行者を28号址の住人と考えることはできても、28号址に認められる行為の実行者が不足する。また、28号址に認められる行為の実行者としたならば、27号址および30号址に認められる行為の実行者が不足することになるのだ。

　堀之内II式期については、32・33・34・35号址の四基の住居跡とすると、34・35号址は同時に存在しない。この二基と33号址についても、同時に存在することが考えがたい近接した位置にある。いずれも覆土に関する情報が充分ではないものの、少なくとも貝層は認められない。消極的にではあるが、これらの覆土を自然の堆積ととらえよう。すると、32号址に認められる行為の実行者は、33・34・35号址のいずれかの居住者と考えることにより満足され、32号址の時間的な位置は、堀之内II式期の最後でないことが確実となる。

　堀之内I式期に認められた、行為の実行者の不足を充たす存在として36号址を考えてみよう。36号址の住人が、28号址に認められる行為の実行者であったとすることにより、すべての行為の実行者がはじめて満足される。当然、30号址に認められる行為の実行者は、27号址の住人であり、27号址に認められる行為の実行者は、28号址の住人であると考えざるを得ないことになる（図5）。

　また、住居の序列は、一軒の住居が時間的に配置されたもので、各住居の間には、流れ込みにより堆積した

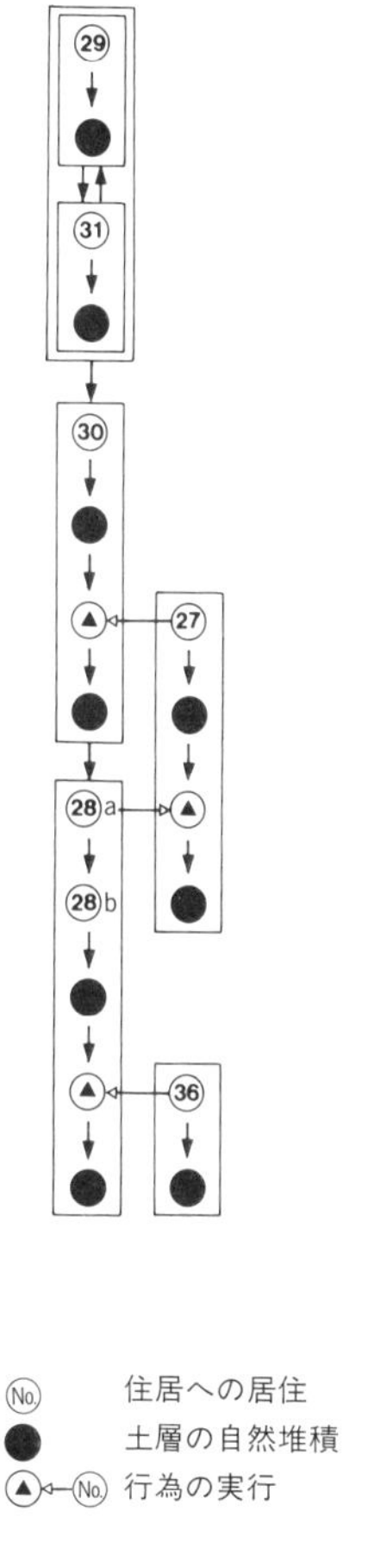

図5　堀之内I式期における住居の時間的な配置

土層で示される時間の経過が介在することになる。27号址と1号人骨の関係が解けたからこそ、住居と住居のつながりが連続的でなく、断続的なものに見えてきたのだった。

「環状集落」も「中央広場」も無かった

7地点の貝塚もまた、二つの土器型式の時期に分離される。貝層の堆積順序にしたがい、出土した土器を検討すると、一つの地点としての貝塚のとらえ方を変更する必要が認められた。「第1〜7貝塚」という表記を第Ⅰ〜Ⅶ貝塚に改めよう（**表2**）。Ⅰ・Ⅲ・Ⅴ・Ⅶという奇数番号の貝塚が堀之内Ⅰ式期に、Ⅱ・Ⅳ・Ⅵという偶数番号の貝塚が堀之内Ⅱ式期に形成された。

住居跡と貝塚の分布を二つの時期に分離すると、堀之内Ⅰ式期には台地のほぼ南半分に、堀之内Ⅱ式期には台地のほぼ北半分に分布がある。両時期は、東西方向を軸として対称的であり、弧状を呈して向き合っている（**図6**）。木戸作遺跡は、堀之内Ⅰ式期と堀之内Ⅱ式期が複合した結果としてのみ、住居跡が環状を呈して分布する。つまり、後世の視点から、「環状集落」に見えたのだ。

さらに、弧状を呈した分布も、土器型式による時期でくくった景観にすぎない。堀之内Ⅰ式期においては六基が、堀之内Ⅱ式期においては四基が、それぞれ独立して時間的に配置されるのであり、住居はつねに一軒のみであったと考えられる。また、住居跡の分布の内側に相当する台地上の空間を「中央広場」と解釈することもできない。地形的な景観である台地上の中央部は、縁辺部に位置する一軒の住居にたいして中央になく、「中央」という概念自体が成立しないのだ。

住居跡の分布は、堀之内Ⅰ式期が28・29・30・31号址の位置する台地南東側に、堀之内Ⅱ式期が33・34・35

表２　木戸作遺跡の貝塚

番号	報告書との対応	時期	出土人骨
第Ⅰ貝塚	第１貝塚	堀之内Ⅰ式	１体
第Ⅱ貝塚	第２貝塚	堀之内Ⅱ式	１体
第Ⅲ貝塚	第３貝塚（32号址内貝層を除く）	堀之内Ⅰ式	１体
	第４貝塚の南側の貝層		
第Ⅳ貝塚	第４貝塚の北側の貝層	堀之内Ⅱ式	１体
第Ⅴ貝塚	第５貝塚	堀之内Ⅰ式	４体
第Ⅵ貝塚	第６貝塚（30号址内貝層を除く）	堀之内Ⅱ式	０体
	第７貝塚の第８層から上位の貝層		
第Ⅶ貝塚	第７貝塚の第８層より下位の貝層	堀之内Ⅰ式	１体

号址の位置する台地北東側に、それぞれ中心がある。これらの地点には柄鏡形住居がくり返し構築され、他の地点には比較的小規模な円形の住居が構築されたと考えられる。住居の構築される位置に共通するのは、台地の縁辺部にあるということで、それぞれの時期の中心を軸としながら住居が配置された結果、台地の形状にそって、各時期の景観としては弧状を、二つの時期の複合した最終的な景観として環状を呈するにいたったにすぎないのである。

各住居と貝塚の照合

堀之内I式期と堀之内II式期に、それぞれ弧状に分布する複数の貝塚も、まったく同時進行で形成されたとは考えがたい。28・29・30号址には「炉内部には焼けた貝片を含む灰が充満していた」と記述されている。貝類がおもに煮沸調理され、住居の炉が調理施設として利用されることから、これらの住居跡の居住期間に貝類を調理し、貝塚を形成したことは明らかだ。

一方、このような痕跡が認められないことが、貝塚を形成しないことを必ずしも意味しない。堀之内II式期の住居跡の炉址からは「焼けた貝片」が検出されていないにもかかわらず、堀之内II式期にも貝塚が形成されているのだ。28・29・30号址の事例は、各時期の貝塚が集中的な短時間で形成されたものでなく、むしろ各住居の住人がそれぞれに貝塚を形成したことを示すととらえられる。

各住居の住人が貝塚を形成したことを前提に、住居と貝塚の対応関係を考えてみよう。手がかりは、貝層の

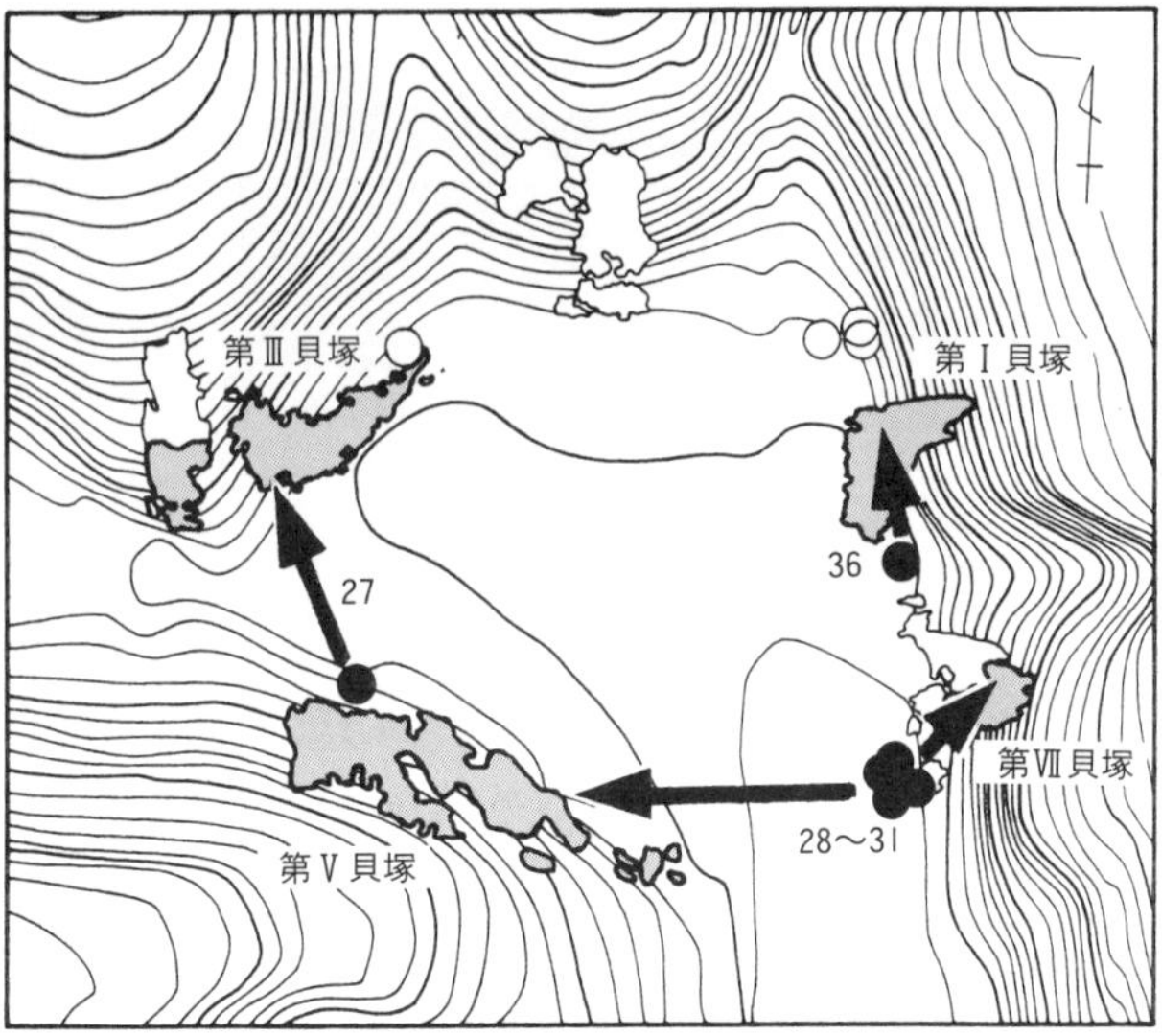

堀之内Ⅰ式期

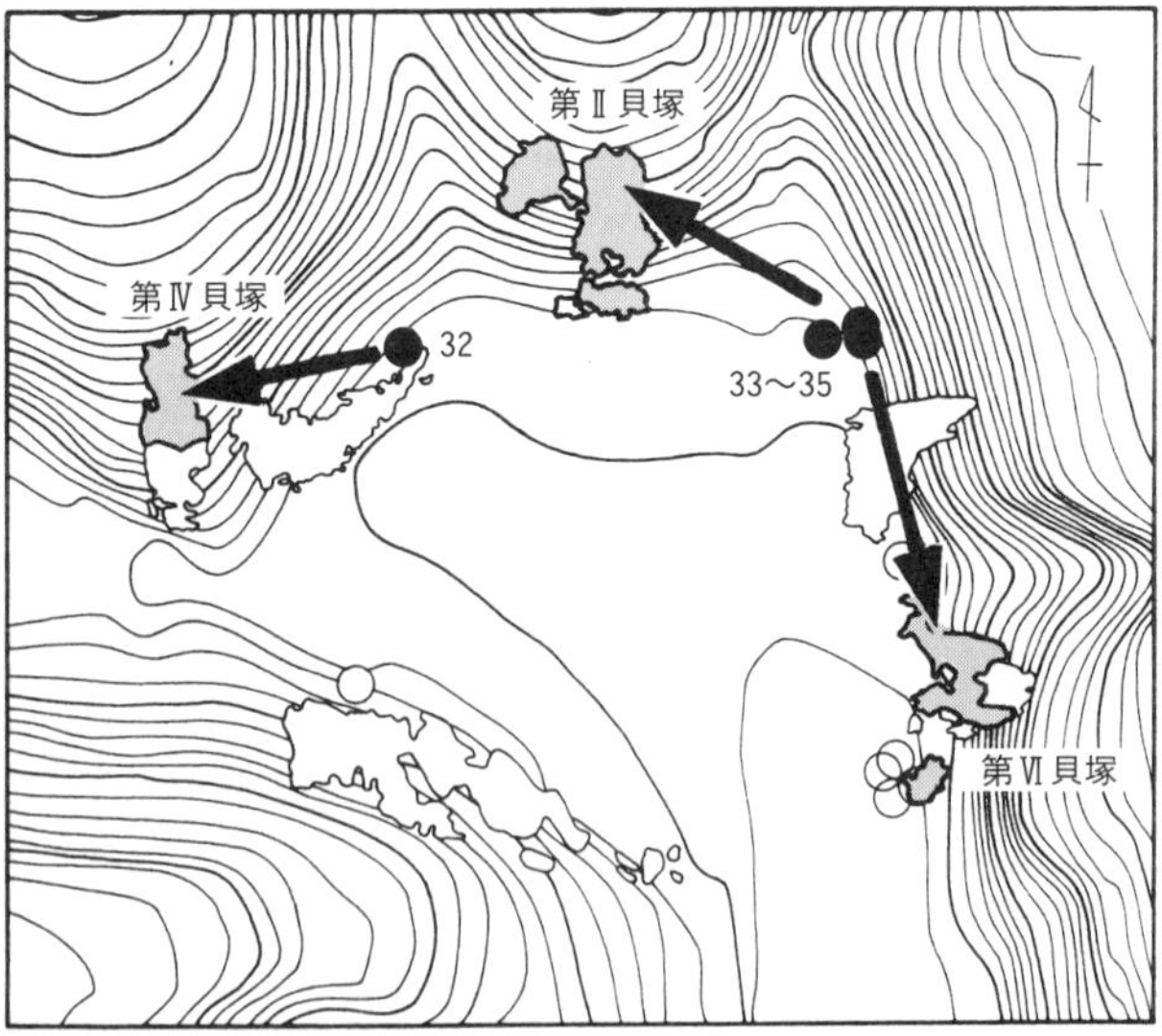

堀之内Ⅱ式期

図6　住居跡と貝塚の対応

堆積順序による貝塚形成の空間的な広がり方で、その基点となる方向をとらえる。つまり、貝層の分布が伸張する方向とは逆の方向に、貝塚形成の実行者の住居跡を想定することになる。食料の残滓を廃棄に向かう基点は住居にあるのだ。

すると、堀之内I式期については、第I貝塚が36号址に、第III貝塚が27号址に対応する。第V貝塚については、可能性としてもっとも近い位置にある27号址との関係を否定できないものの、第III貝塚と27号址の対応を考慮し、さらに第V貝塚には27号址付近を掘り込んで形成される貝塚が含まれ、この実行者が28号址の住人に求められることを重視して、28・29・30・31号址に対応すると考えられる。第VII貝塚も28・29・30・31号址に対応する。

堀之内II式期については、第IV貝塚が32号址に、第II貝塚および第VI貝塚が33・34・35号址に対応する。二つの時期における貝塚と住居跡の対応関係は、東西方向を軸として対称的となる。独立した住居跡は単一の貝塚に対応し、重複あるいは近接した複数の住居跡は二方向の貝塚に対応するのである（図6）。

生活空間の基点は各住居

二つの方向の貝塚と対応することについても、住居跡全部の居住期間をとおして、二つの方向に貝塚が形成され続けたのでなく、住居により貝塚を形成する地点が異なったことによると考えられる。堀之内I式期の28・29・30・31号址のうち、28・29・30号址の三基は柄鏡形住居である。この三基の柄鏡形住居には、南側に張出し部を有する28・29号址と、東側に張出し部を有する30号址という二つの方向性が認められる。柄鏡形住居の張出し部分は、住居の出入口部に相当する。

28号址は、第V貝塚の一部である27号址付近の貝塚と対応すると考えられたことから、28号址と同一の方向に出入口部をもつ29号址についても、第V貝塚との対応を考えられる。これらとは異なる方向に出入口部を持つ30号址は、第Ⅶ貝塚と対応することになる。第Ⅶ貝塚は、わずかな移動は認められるもののほぼ同一地点に貝層が堆積しており、同一の実行者による連続的な形成過程を見てとれる。つまり、一基の住居跡との対応を強く支持している。これはまた、出入口部の方向を痕跡として残さない31号址も第V貝塚と対応することを示している。

貝塚の位置が、住居の出入口部の方向を規定するのではない。住居の出入口部方向は、構築のときに決定されており、貝塚は、その後の居住期間に形成される。集落における住居外の生活空間は、基点である各々の住居を中心として配置されたのだ。

例えば再婚が見えてきた

各住居の人数と人口の増減

さて、住居の時間的な序列と、各々の住居に対応する貝塚がとらえられたとすると、それぞれのもつ情報のつき合せが可能になる。小池裕子は、かつて関野克が提示した、住居跡の面積をもとに居住人数を推定する数式を用いて、各住居の住人の数を算出している（「動物考古学の展望」『考古学ジャーナル』二一三号、ニューサイエンス社、一九八二年）。それによると、住人の数は、大型の住居が六〜八人に、小型の住居が二〜三人に推定された。住居の時間的な序列が定まることにより、人数の異なりは、木戸作遺跡における人口の増減としてとらえられることになる。

大型と小型の住居では、人数の差が三〜五人あり、これらが交互に配置されることから、出生と死亡という自然的な増減のみでは、集落における人口の動態を説明しきれない。住居跡の分布は、大型の住居が同一地点に構築をくり返す回帰的なあり方を示すのにたいして、小型の住居がこれらの地点にたいして回避的なあり方を示している。まず、大型と小型の住居では、構成員を異にする住人の移入と移出という、社会的な増減があったことを考えるべきだろう。

人口の自然的な増減のうち、出生に関する証拠を認めることは困難でも、死亡には、人骨という確実な物的証拠が残される。貝塚周辺に埋葬されることにより、遺骸の人骨は保存された。各貝塚から出土した人骨については、報告書による同一個体の推定を最優先としながら、出土状況に一括性が認められ、同一部位の骨が複数出土していないことを確認して、埋葬者の最小個体数を検討する（**表2**）。

第VI貝塚を除く六地点の貝塚において、全部で九体にのぼる人骨を、その出土した貝塚の位置から、貝塚の形成および埋葬という行為の実行者の住居へと帰属させる。すると、各住居からの被葬者は三人以上であることはなく、〇〜二人の範囲でとらえられる。平均すると一人。住居跡の面積は構築の時に決定されており、居住期間における人口の減少を反映することはない。小型と大型の住居の間に生じる人口の格差は、さらに大きなものとなった。また、回帰的なあり方を示す大型の住居は、その面積から人口の変動がほとんどないように見えるのにもかかわらず、各住居には死亡者がいる。回帰性を認めながら減少した人口が復原されることには、出生による自然的な増加とともに、婚入も想定されるのだ。

成人女性人骨と住居拡大

冒頭でふれた、27号址に重なるように埋葬された1号人骨の帰属は28号址となる。埋葬地点の付近が掘削され、埋葬の後に貝塚が形成されていることから、上屋の再構築が認められる28号址のうち28ａ号とした住居に帰属すると考えられる。1号人骨は「成年期以上の」「女性」と推定されている。

ここで、妻を亡くした男に想いを馳せる。ところが、「出土状態・出土位置からして拡張後の住居址に伴うもの」と記述される埋甕が出土しているのだ。「拡張後」とは、上屋が再構築された28ｂ号の住居のこと。埋甕には、胎盤あるいは死亡した新生児、幼児が埋葬されたという。この男は家を改築して再婚したのではないのか。

木戸作遺跡への期待は、貝塚のもつ情報の質と量にある。貝塚は貝層を単位に分けられ、その層序にもとづく集合として分析される。貝層中には、人骨以外にも動物の骨格が腐食せず残存している。動物種の生態から、また貝殻の成長線から、これらを食料として獲得した季節が推定され、包含する貝層の堆積した順序から、貝塚の形成にかかる時間を復原する研究も進められている。時間軸となる貝層ごとに、行為の痕跡がとらえられたとしよう。すると木戸作遺跡においては、これらを実行者あるいは所有者の関係のもとに検討することが可能なのだ。それぞれ個別に歩んできた集落と貝塚の研究が統合されることにより、縄文人の生活の実際により接近できることを夢見ている。

足取りは次の現場へ向かう

　木戸作遺跡における集落跡は分解され、一軒の住居が時間的に配置された結果ととらえられた。これを木戸作型の集落跡としておこう。住人には出生と死亡、婚入と婚出という構成員の変動があり、さらに構成員の異なる住人の移入と移出という動きがある。集落跡の開始から終焉までの期間についても、生活の拠点としての集落は木戸作遺跡のなかだけで完結しない。少なくとも、二つ以上の集落跡にまたがる生活の痕跡を残しているはずだ。この木戸作遺跡の地へと回帰するまでの間、住人はどこに行くのだろうか。

　ハマグリの成長線分析からは、貝類が四季を通して採取されたことが明らかで、季節的な移動とは考えられない。周辺地域には、同じ時期に形成された、貝塚をともなう集落跡が分布する。これらの貝塚は、構成する貝類の生態から、その採取地が木戸作遺跡と同一の場所に求められている。木戸作遺跡が近在の集落跡と無関係とは、誰も考えない。しかし、住居跡が分布する最終的な景観から「環状集落」を生成したように、集落跡が分布する景観から、隣の集落という幻を見てはいないだろうか。

　縄文時代の集落跡のすべてを木戸作型でとらえきれるとは考えられない。あくまで時期と地域を限定した、集落の一つの型である。しかしそれは、複数の住居が同時に存在して構成される集落のあり方を否定することなく、他の集落跡を比較する基準となろう。住居跡の数は、集落の規模にのみ置換されるのではない。同時に存在する住居の数にしても、一軒が最小の単位となりうることを確認しておこう。

　むしろ、地形的な規制によらずに環状を呈して集落跡が形成され、同時に多数の住居が集合する集落の型が明らかにされるならば、それは、木戸作遺跡において垣間見ることができた、異なる住人の移動が許容されるような、地域的な組織の現出した姿ではないかと考えられる。この時、木戸作遺跡は、離合集散する集落の動きの一極を表現したものとなることだろう。

そろそろ、安楽椅子から降りるときが来たようだ。

❼縄文人の社会交流

ケとハレの社会交流

勅使河原 彰

あいつぐ大発見で、縄文時代の社会構造が見直しを迫られている。それを解く鍵の一つは、縄文人の社会的交流のあり方を知ることである。ここでは「ケ」と「ハレ」という、二つの交流を立体的にとらえて、縄文社会の実態に迫る。

ケとハレの生活

わたしが生まれ育った多摩地方は、今日では首都圏のベッド・タウンとして市街地化されてしまったが、高度経済成長がはじまる以前の一九五〇年代までは、鉄道の沿線を除けば、武蔵野の面影を色濃く残す田舎であった。そして、人々の生活も、意識するかどうかにかかわらず、年中行事を節目とするように一年の生活が秩序だてられていた。わたしの記憶をたどっても、正月、小正月、節分、雛祭り、端午の節句、七夕、お盆、十五夜、秋祭りというように暦にそった行事があって、子ども心にも、それらの行事は楽しみであった。

それは行事の日には、ふだん着とはちがう、晴れ着とはいえないまでも、こざっぱりとした服を着せてもらい、何よりもその日はご馳走がでたというように、何となく晴れがましい日であった。しかも、行事によっては、きまって親類縁者が集まったり、秋祭りのように地域の人々が総出の行事もあり、ふだんは見慣れない人々が交流する場でもあった。そうした一年の生活の節目となる行事は、生活においても人々の交流においても、日々の日常的な営みとはちがう、非日常的な営みとして存在していた。

かつて、日々の日常的な営みのことを褻（ケ）といい、行事のあるような非日常的な営みのことを晴（ハレ）と呼び分けていた。ケは今日では死語となってしまったが、ふだんに生活する場所のことを褻所《けどころ》、ふだん着のことを褻着《けぎ》と呼んでいた。ハレは、晴れ着のハレのことで、いまでは正月や成人式などに着る衣服のことを指すが、これはハレの場所にでるときに着る衣服のことである。そして、ハレの行事やそこでの人々との交流は、今日でいう行政区画（市町村）とは別の一つの共同体という意識のもとに結ばれたムラ社会（村落）での慣習的な営みがくり返された結果、民間伝承されてきたものである。柳田国男をはじめとする多くの日本民俗学者が、このケとハレの概念を日本の民間伝承を理解する重要なキーワードの一つとしてきたのも、そうした理由からである。

さて、近年の縄文時代の集落論や領域論という研究をとおして、縄文人は集落を日常的な生産と消費の場としながらも、集落を統合する上位の社会組織である村落が、移動する物資の流通・配布の仕組みを握り、集落間の利害の調整や折衝の権限をもっていたとして、村落こそが共同体を組織する主体となっていたのではないかと認識されるようになってきた（林謙作「縄文時代の集落と領域」『新版日本考古学を学ぶ』三、有斐閣、一九八八）。とすれば、縄文人は集落での日々の日常的な生産と消費の営みとは別に、共同体という意識のもとに結ばれた村落での営み、それは多くの場合、行事や儀礼などといった非日常的な営みがあったであろう。つまり縄文時代にもケとハレの生活の秩序があったことは間違いないと思う。そして、最近話題となっている寺野《てらの》東《ひがし》遺跡や三内丸山《さんないまるやま》遺跡で発見されている巨大な環状《かんじょう》盛土遺構《もりつちいこう》や木柱遺構などの大型遺構こそは、そうした縄文時代のハレの場所（施設）を彷彿とさせる。

そこで、日本民俗学でいう日常的な生活の営みであるケと、非日常的な営みであるハレという概念をとおして、縄文人の活発な社会交流のようすを探ってみたい。

ケの社会交流

縄文人の日常生活圏

縄文人は、わずかに栽培植物を利用したとはいえ、その生活の基盤を支えたのは狩猟・漁撈・植物採取という三つの生業活動であった。こうした自然の営みに依存した獲得経済の社会を民族学では採取狩猟民社会と呼んでいる。そして、民族学の研究によれば、採取狩猟民が食料などの資源をえている広さは、距離にして半径約一〇キロ、時間にして歩いて約二時間の範囲であるという。それを参考にして、縄文人の生業活動の広さを考えてみると、日本列島の環境の多様性による豊かな自然の恵み、遺跡数や遺跡間の距離などから、集落を中心とする半径約五キロ、広くみても一〇キロ以内がその基本的な範囲と想定されている（赤沢威『採集狩猟民の考古学』海鳴社、一九八三）。

この半径約五から一〇キロの範囲にどのような環境がともなうかによって、縄文人の生業活動は大きく影響されることになる。たとえば近くに海をともなう環境をもつ集落であれば、海の幸を獲得する漁撈に大きな比重をかけて、生業活動の年間のスケジュールを組むことになる。海のない山間の集落であれば、海の幸に代わるものとして、山の幸や川の幸により多くの比重をかけねばならなかった。また、海をともなう環境をもつ集落であっても、それが東京湾のような内湾と三陸地方のような岩礁地帯の海岸とでは、海の幸の種類も漁撈具や漁法もちがっていた。こうしたことが、南北に細長い日本列島のそれぞれの地域の環境に応じた、多様な地域文化を発達させることになる。

　ということは、縄文人のごく日常的な生産と消費の範囲、つまり日常生活圏というものは、集落を中心に半径約五から一〇キロの範囲ということになる。では、縄文人の日常的な生活の営みにおける人々との社会交流というものも、こうした集落から数キロという範囲に限定されていたのであろうか。

広範囲の集団との社会交流

　縄文人の生産と消費活動になくてはならないものの一つに石器がある。一口に石器といっても、動物を仕留めるための弓矢の矢じり（石鏃《せきぞく》）や槍の穂先（石槍《いしやり》）あるいは解体するためのナイフ（石匙《いしさじ》）などのように鋭利な刃先が必要とする道具には、黒耀石・サヌカイト・頁岩などの硬くて貝殻状の割れ口をもつ石材が用いられた。また、植物質食料を加工・製粉する道具（石皿《いしざら》・磨石《すりいし》・敲石《たたきいし》）には、安山岩・砂岩などのザラザラとした多孔質の石材が用いられた。一方、木材などを伐採する斧（石斧《せきふ》）には、蛇紋岩・凝灰岩・粘板岩などの硬くて緻密な石材が用いられたというように、縄文人は石器の用途に応じて多種類の石材を使い分けていたのである。

　こうした縄文人が用いた多種類の石材は、集落の周辺からすべて供給することができたのであろうか。**図1**は千葉県加曽利《かそり》貝塚から出土した石材の原産地を調査したものであるが、その結果、それらはかなり遠く、かつ広範囲から供給されていたことがわかる（新井重三「縄文時代の石器」『貝塚博物館研究資料』四、一九八三）。考古学の世界では、千葉県は「石無県《いしなしけん》」と呼ばれているが、このような石材の乏しい千葉県内の遺跡に限らず、石器の用途に応じて多種類の石材を使い分けていた縄文時代では、石材の供給は遺跡の付近に産出する在地の石材と遺跡から離れた遠隔地の石材の二つの組み合わせから成り立っていた。ただし、遠隔地の石材といっても、原産地が限定された良質なものもあれば、原産地があまり限定されないもの、あるいは似通った材質で代替できるものなど、その性質によって供給の範囲は大きく違う。

たとえば、石斧の製作地として知られる神奈川県尾崎遺跡では、遺跡の近くを流れる河内川の河床から採集された凝灰岩や結晶片岩を利用して、磨製石斧と打製石斧が製作されていた（『尾崎遺跡』神奈川県教育委員会、一九七七）。これらの石材は必ずしも河内川付近の集落単位だけで利用されていたものではなく、周辺の集落にも供給されていたが、その範囲は一つの土器型式圏や隣接する土器型式圏にとどまっているという。また、これも石斧の製作地である富山県境A遺跡では、遺跡の眼前に広がる海岸から採集された蛇紋岩を利用して、磨製石斧が製作されているが、この蛇紋岩とそこで製作された石斧は北陸各県だけでなく、おそらく中部から関東地方まで供給されていたと想定されており、その範囲は複数の土器型式圏にまたがっている（山本正敏「蛇紋岩製磨製石斧の製作と流通」『季刊考古学』三五、一九九一）。一方、利器の石材としてもっとも優れ、かつ良質な霧ヶ峰産の黒耀石は、北海道南部から近畿地方の広範囲にわたって供給されている。

このように石器の石材を一つとっても明らかなように、縄文人は集落やその上位の社会組織である村落をこえて、物資の流通や情報などの交換をおこなっていたのである。ということは、縄文人のごく日常的な生産と消費は、集落を中心とする数キロという範囲に限定されているようにみえても、それは驚くほど広範囲の集団

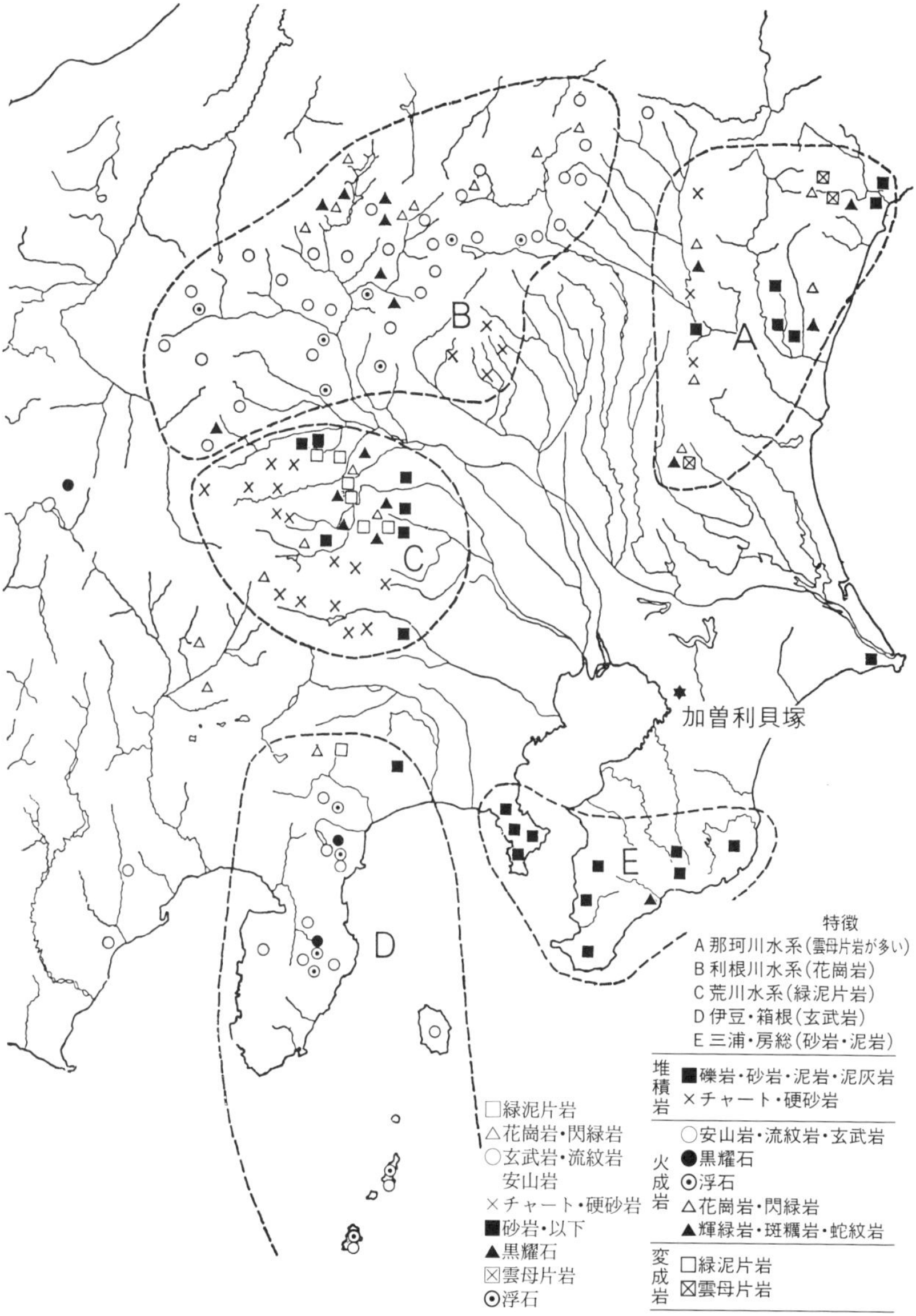

図1　加曽利貝塚出土の石器石材の原産地分布図
(新井重三氏原図に加筆)

との社会交流のうえに成り立っているのである。つまり、縄文人はケの社会交流といえども、集落の周辺というせまい範囲内にはおさまっていないということである。

システム化された社会

石材の分布にみられるように、縄文人は広範囲で、かつ遠隔地の集団との間で、物資の流通や情報などの交換をおこなっていたが、これらは集落ごとに個別におこなわれていたとか、あるいは集落と集落の間を物々交換されながら広がっていったというように、単純な構造のものであったのであろうか。そこで注目されるのは、前述した尾崎遺跡と境A遺跡という二つの石斧製作遺跡のあり方である。

尾崎遺跡では、集落の需要をこえた磨製石斧が製作され、それらが他の集団に供給されていったと考えられているが、出土した磨製石斧とその未成品は約四六〇点にとどまっている。一方の境A遺跡はというと、磨製石斧とその未成品は三万点以上という膨大な数にのぼっている。ところが、石材およびその製品の供給された範囲を考えてみると、尾崎遺跡の場合にはほぼ一土器型式圏にとどまっていたのにたいして、境A遺跡の場合には複数の土器型式圏にまたがって供給されていた。ということは、二つの遺跡の磨製石斧の製作量のちがいというのは、実際には、それぞれ供給された範囲の集団の需要に見合った磨製石斧が製作されていたことを物語っており、それは物資の流通や情報の交換などが、すでにシステム化されていたことを反映している。

さらに、本書で小杉康さんが紹介している長野県鷹山遺跡群で発見された縄文時代の大規模な黒耀石採掘跡は、境A遺跡などの石斧製作とはまたちがって、かなりの労働力を集中する必要があって、ここでの黒耀石の採掘は一つの村落というようなかぎられた地域の集団の手になるものではなく、たとえば関東地方を結ぶような黒耀石流通網のもとで、計画的・組織的におこなわれたと想定される。

このようにみてくると、縄文時代の社会では、移動する物資の流通・配布は集落ごとに個別におこなわれていたのではなく、そうした流通・配布の仕組みを集落の上位組織である村落が握り、その村落が主体となって他の村落との折衝や情報の交換をおこなうなど、複雑で高度にシステム化されていたことがわかっていただけるものと思う。だからこそ、縄文人が必要とする多種類の物資が、広範囲で、かつ遠隔地のものも含めて、集落ごとに安定的に供給されていたのである。

とはいえ、考古資料は沈黙性という、やっかいな性質をもっている。考古学研究の方法と技術を駆使して、ようやく物の機能や用途、物と物との位置関係などが明らかにされても、物の背後にある社会の仕組みや役割など社会組織の問題になると、途端に沈黙してしまうのである。とりわけ同時代資料としての文献資料のまったくない縄文時代以前は、なおさらのこと困難である。だからといって、手をこまぬいているわけにはいかないので、ここでは、冒頭にも紹介したように、縄文時代のハレの場所（施設）を彷彿とさせる最近話題の大型遺構を手掛かりとして、その実態に迫ってみたい。

ハレの社会交流

巨大な配石遺構

縄文時代の大型遺構の一つとして知られる配石遺構の発見は意外と古く、明治時代も前半期にさかのぼる。一八八六年に北海道小樽市の忍路《おしょろ》で、高さ一メートルほどの石が直径約三〇メートルの環状にめぐっているのが発見された。この配石遺構に注目した渡瀬荘三郎は、ヨーロッパの大西洋岸で発見されているストーン・サークルにちなんで、環状石籬《かんじょうせきり》と命名して学界に報告した。その後も、深川市音江遺跡など北海道各地で類似の遺構が発見されたが、これらの配石遺構が人々のあいだに強烈に印象づけられたのは、終戦直後におこなわれた秋田県鹿角市の大湯遺跡の発掘である。

大湯遺跡が発見されたのは一九三一年のことであるが、この遺跡を全国的に有名にしたのは、終戦直後の一九四六年の甲野勇や後藤守一の発掘を、通俗科学雑誌である『科学朝日』が紹介したことである。そして、一九五一年と五二年には、文化財保護委員会と秋田県教育委員会が主体となって、本格的な学術調査が実施されている（『大湯町環状列石』文化財保護委員会、一九五三）。

この大湯遺跡の中核をなすのは、約一三〇メートルの距離をおいて東西に対峙する野中堂と万座の環状列石と呼ばれる二つの配石遺構（縄文時代後期）である（図2）。野中堂では四四基の組石、万座では四八基の組石が、ともにいくつかの群を構成しながら、全体として外帯と内帯の二重の同心円状に配置されている。そして、それぞれの組石の下には墓壙があることから、この遺構の全体が縄文時代後期の共同墓地と考えられている。さらに、一九八四年からはじまった万座の配石遺構の周辺の確認調査によって、外帯の配石のさらに外側に掘《ほっ》立柱《たてばしら》建物跡群がめぐっていることが明らかとなり、これらは墓地に付属した葬送儀礼にかかわる施設ではないかと想定されている。

阿久《あきゅう》遺跡の配石遺構

この大湯遺跡にみられるような巨大な配石遺構が、わたしたちに再び強烈な印象をあたえたのが長野県諏訪

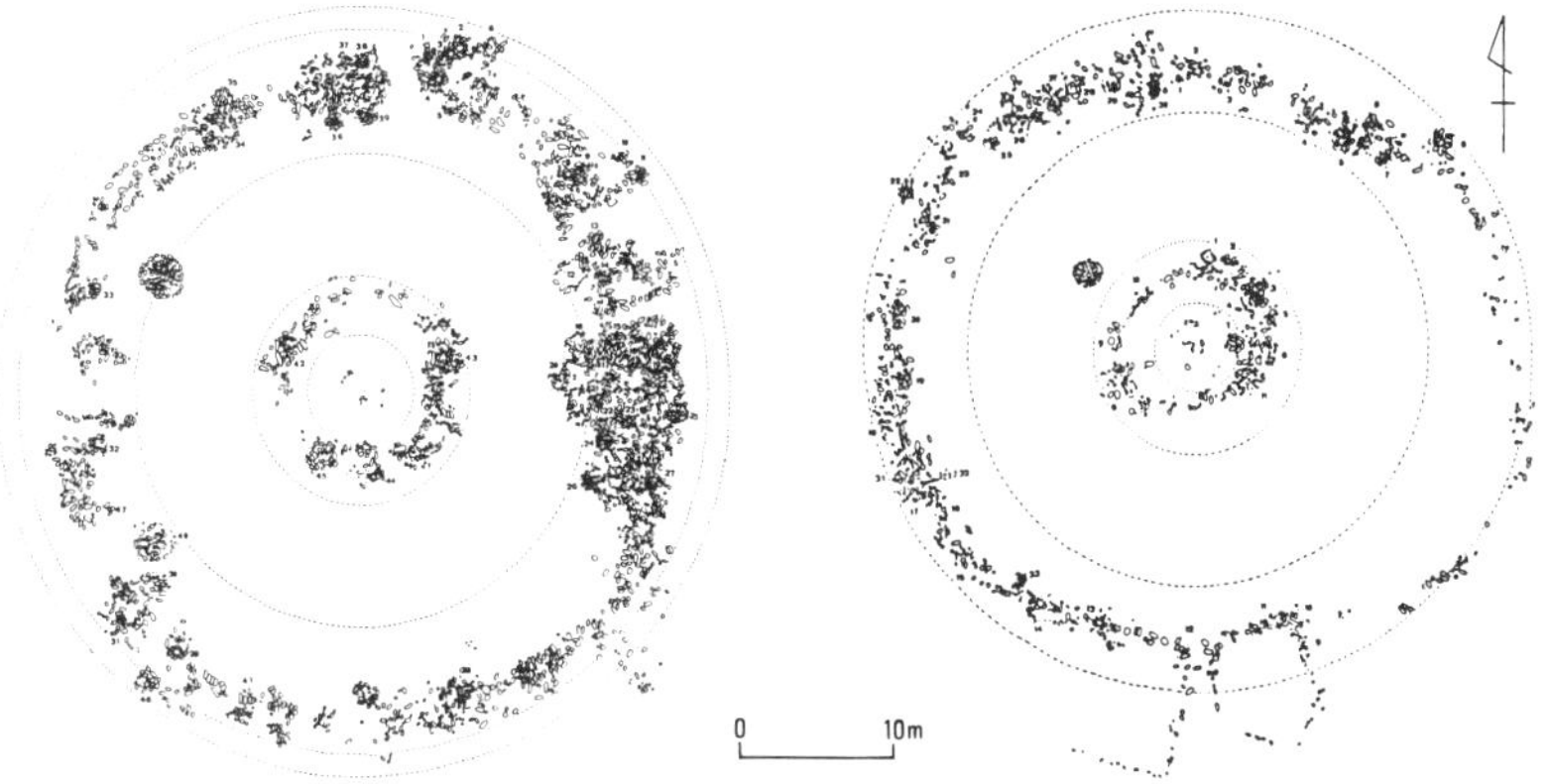

図２　大湯遺跡の二つの環状列石（左：万座環状列石、右：野中堂環状列石）
（文化財保護委員会1953）

図３　阿久遺跡の集落と巨大な配石遺構
（長野教育委員会1982より作図）

郡原村の阿久遺跡である。中央自動車道の建設にともなう事前調査として一九七五から七八年に調査された阿久遺跡からは、縄文時代前期の環状にめぐる集落が発掘された。圧巻であったのは、集落の内側から大小三〇万個にもおよぶ集石群が、幅約三〇メートル、直径約九〇から一二〇メートルの環状にめぐって発見されたことである（『長野県中央道埋蔵文化財包蔵地発掘調査報告書――原村その5』長野県教育委員会、一九八二）。わたしも発掘現場を見学して、賽《さい》の川原とはこんなものかと、正直いって実感したことを昨日のことのように鮮明に思いだす。それだけ強烈な印象をあたえるだけの遺跡であった。

この環状の集石群は七七三基の墓壙と二七一基の集石からなるが、未調査区が半分以上残されていることから、その数はほぼ二倍以上になるものと想定されている（図3）。そして、墓壙群と集石群の中心からは立石と列石が発見された。立石に使われた石は長さ約一二〇センチ、厚さ約三〇センチからなる角柱状の花崗閃《かこうせん》緑岩《りょくがん》で、この岩石は遺跡の周辺には産出しないものであって、少なくとも一〇数キロ離れた諏訪湖盆地周辺から運ばれてきたものである。また、立石の周囲の土は大量に焼けていて、立石自体にも全面に火熱をうけた痕跡が著しいことから、ここで一種の火祭りのような行事がおこなわれたと思われる。一方、列石はというと、八個の板状の安山岩が二枚一組になるように等間隔に、全長約五メートルにわたって回廊状に並列して立てられていた。しかも、立石から列石を見通すと、その延長状に見事に秀麗な蓼科山を望むことができたのである。

この阿久遺跡の前期の配石遺構が現在のところもっとも古いもので、中期後半から後期になると、北海道から中部地方の東日本に広く分布するようになるが、近年は近畿から中国・四国地方の西日本でも発見例が増えてきている。そして、これらの配石遺構は、それぞれ複雑な構造をもちながらも、基本的に共通することは、明確な円形プランという企画性をもって、環状に配列されているということである。それは個々の墓やそれにともなう施設が、勝手気ままにつくられていたのではなく、一定の社会的な規範にしたがってつくられていたことをうかがわせる。

しかも、阿久遺跡などの巨大な配石遺構は、一つの集落だけではとうていなしえるものではなく、集落のいくつかを包括する村落、あるいは阿久遺跡の場合は、八ヶ岳西南麓というようなより広い地域社会の共同利用のもとにつくられたものである。それは阿久遺跡で発見された墓壙や集石が、それぞれ七七三基と二七一基という数になるのにたいして、それらが本格的につくられた時期（阿久Ⅳ・Ⅴ期）の住居跡はわずかに一四棟、前後の時期をくわえても、墓壙などに較べて住居跡の数が極端に少ないことからも明らかである。

巨大な木柱遺構

一九八〇年、暦のうえでは立秋を迎えたとはいえ、残暑が厳しい八月後半に、北陸地方から一つの驚くべき発見が報じられた。それは石川県金沢市の新保本町チカモリ遺跡の発掘中に、大木を縦に大割りした縄文時代後期から晩期の巨大な木柱が発見されたというものであった。その一報に驚きながらも、さらにわたしたちを興奮させたのは、その後の調査によって、木柱は総計三四七本も発見され、しかも、それらの何本かが組になって円形に規則正しく並べられていそうだという、当時としては予想もできない事実であった（『金沢市新保本町チカモリ遺跡』金沢市教育委員会、一九八三）。

木柱は土地のなかに埋まっていた柱根だけが残されていたのであるが、その残存部だけでも長さ三〇から六〇センチはあった。太さは最大のものが直径約九〇センチ、平均でも直径約四〇センチをはかる。約三五〇本の木柱のうちの約七〇％は、縦に半分に断ち割られており、断面がカマボコ形のもの二五〇本、U字形のもの

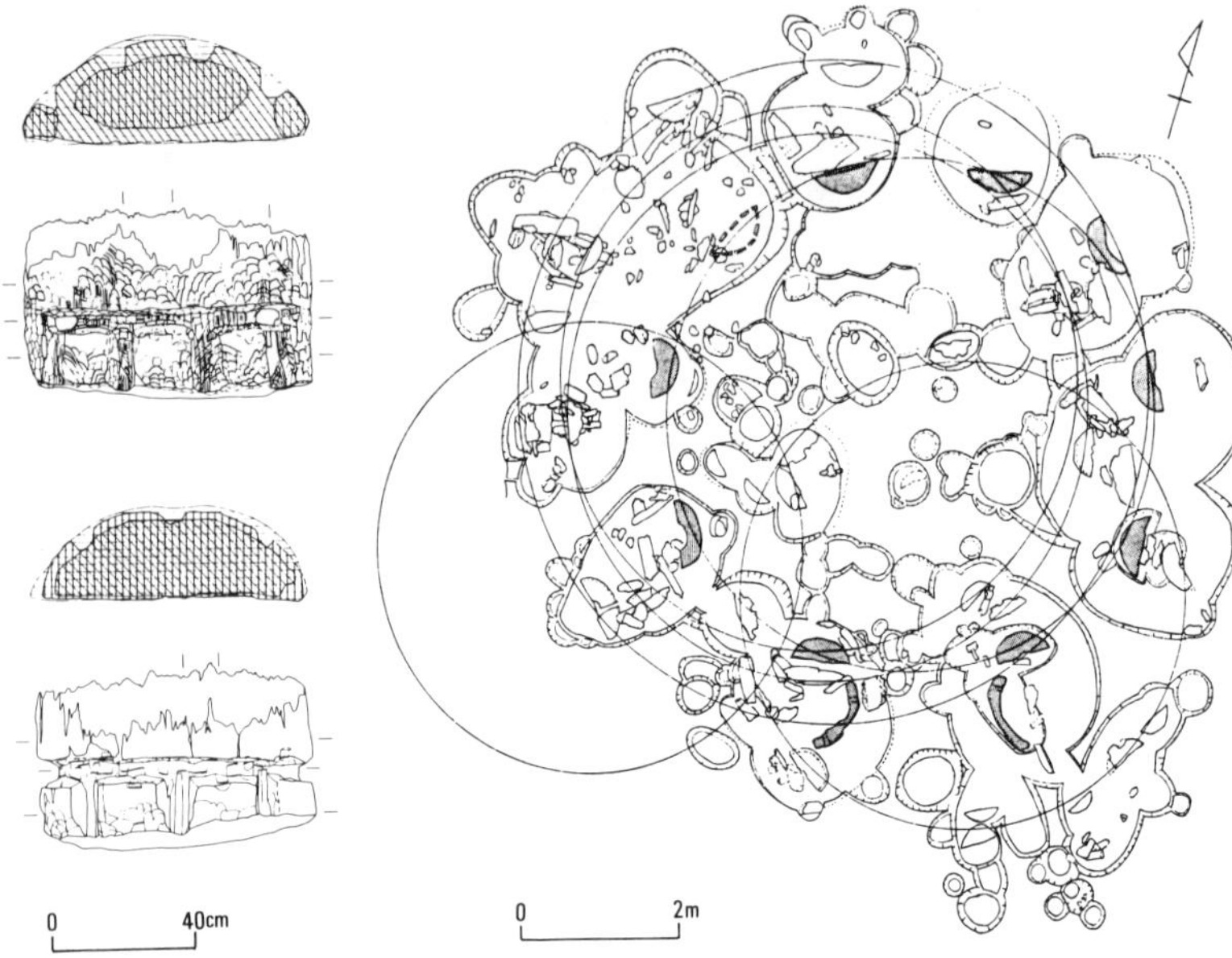

図４　チカモリ遺跡の巨大木柱遺構（右）と柱根（左）
（小島俊彰1986、金沢市教育委員会1983）

五二本で、加工のない丸太材はわずかに四五本しかなかった。しかも、木柱の底面は磨製石斧で平たく加工され、なかには下部に横溝を一本と、さらに縦溝を数本あるいは穴が穿たれているものもあった。

この横溝はひき綱のすっぽ抜け、縦溝はそのひき綱がすり切れるのを防ぐためであり、穴はすっぽ抜けをより強固に防ぐための目途《めど》穴《あな》であることはまちがいない。それだけの加工を施しているということは、木柱がかなり遠方から集落に運び込まれていたことを示唆している。また、木柱が集落へ運び込まれたようすは、ひき綱に用いた藤蔓が巻かれた状態で出土した例からもわかる。

これらの木柱のうち、直径五〇センチ以上の二三本の巨大な木柱は、集落の中央広場付近に八から一〇本が組になって、直径約六から八メートルの円形に規則正しく並べて建てられていた。しかも、半分に断ち割られた面は、すべてが外に向けられているばかりか、一角にはU字形に削られた木柱が、あたかも出入口を示しているかのように、弧面をむきあわせて建てられていたのである（図4）。

チカモリ遺跡での巨大な木柱遺構の発見の興奮がさめない一九八二年に、同じ石川県の能登半島の先端に近い、鳳至郡能都町の真脇《まわき》遺跡で同様な遺構が発掘された。真脇遺跡は縄文時代前期から晩期まで長期に継続した遺跡である。真脇遺跡を一躍有名にしたのは、前期末から中期初頭の層から大量のイルカ骨が発掘されたことである。その数は最低二八四頭分はあったというが、まさに真脇遺跡はイルカ漁の集落であったのである。柱根は前期から晩期にわたって発見されたというが、巨大な木柱遺構は晩期中頃の層を掘り方とするもので、木柱の太さや加工の跡、あるいは一〇本前後を円形に規則正しく並べる建て方といい、チカモリ遺跡の巨大な木柱遺構を彷彿とさせるものであった（『石川県能登町真脇遺跡』能登町教育委員会、一九八六）。

こうしたチカモリ遺跡や真脇遺跡の巨大な木柱遺構の発見を契機に、かつて発掘された遺跡の資料を再検討した結果、新潟県西頸城郡青海町の寺地《てらじ》遺跡（晩期）や富山県東礪波《ひがしとなみ》郡井口村の井口遺跡（後期末から晩期）など北陸地方のいくつかの遺跡でも、同様の木柱遺構が検出されていることが明らかとなったことから、一時は、北陸地方の縄文人が共有した意識や観念のもとにつくられた遺構ではないかとも考えられた。しかし、最近では群馬県利根郡月夜野町の矢瀬《やぜ》遺跡（後期後半から晩期）で、半分に断ち割られた直径約四〇から五〇センチの木柱が四本あるいは六本が、約五メートルの方形に並べて建てられているのが検出された。

方形に並ぶ柱穴といえば、縄文時代前期の阿久遺跡で発見されて以降、東日本を中心につぎつぎと発見された方形柱穴列と呼ばれている遺構があるが、これらの多くも矢瀬遺跡で発見されたような巨大な木柱遺構の可能性が高い。とすれば木柱の並べ方が円形か方形かは別とすれば、巨大な木柱遺構は縄文時代の定型集落といわれる中央に広場をもつ、いわゆる環状集落が形成されはじめた前期には、すでに特定の集落に建立されていた可能性が高い。

大型遺構に投じられた人手とエネルギー

縄文時代の巨大な木柱に使われた木材は、その大半がクリ材であった。クリ材は、かつては鉄道の枕木に使われたように、堅くて耐久性に優れている。この堅いクリ材を石斧で伐採し、整形し、緊縛のための細部加工をし、さらに運搬と建立をするという一連の行為には、大勢の人手が必要であったことは想像に難くない。事実、チカモリ遺跡の直径約九〇センチの木柱は、推定復元すると重さは一トンをこえるという。この重い木材を一本運ぶだけでも成人男性二〇人以上の人手が必要である。それを八から一〇本も建立するということになると、それだけでも大勢の人手が必要なことはいうまでもない。しかも、それらを伐採し、半截・整形し、緊縛のための細部加工を施すということになれば、一つや二つの集落だけではとても手におえるものではない。周辺の集落から人々が集って、巨大な木柱を建立したことは確かである（**図5**）。

古い共同体による巨木信仰の面影を残すものとして、よく引き合いにだされるのが長野県諏訪大社の御柱《おんばしら》祭《まつり》である。この祭は申《さる》と寅《とら》の年、つまり七年目ごとにおこなわれる諏訪地方最大の祭事である。祭は上社本宮と前宮《さきみや》、下社春宮と秋宮の計八本の御柱とする生木を選定する仮見立てからスタートするが、翌年には正式の決定をする本見立てをし、三年目にはいよいよクライ・マックスとなる樅の巨木の伐採と山だしから崖を曳き落とす「木落とし」、宮川の水で清める「川渡し」などを経て、最後に社殿前の所定の位置に建立する「曳き

クリ材の半截

半截材の曳き出し

立柱状況

図５　チカモリ遺跡の巨大木柱遺構の想像図
（金沢市教育委員会1983）

立て」で勇壮な祭事を終了する。

御柱は大きいものでは直径約九〇センチ、長さは一五メートルをこえるものもあって、その推定重量は八トンにもなるという。そして、一本の御柱の山だしだけでも、八部落から八〇〇人が参加したという記録がある。また、諏訪郡内の各社でも御柱を建立する風習があって、それらは小宮御柱と呼ばれている。このように御柱祭は諏訪郡内の氏子が総出の祭事であって、この地方最大のハレの行事となっている。

この御柱祭は諏訪大社という神道の祭事であり、それをはるか縄文時代、しかも、社会構成の違う時代の人々が残した遺構と、ただちにくらべることはもちろんできない。しかし、巨木の山だしから建立までに投じられる人手とそのエネルギーは、縄文のそれを彷彿とさせるし、何よりも祭事をとおして、一つの共同体という意識のもとに人々を結びつける重要な役割をはたしていたということでは相通じるものがある。

縄文時代は集落を日常的な生産と消費の場としながらも、集落を統合する上位の社会組織である村落が、移動する物資の流通・配布の仕組みを握り、集落間の利害の調整や折衝の権限をもっていたということは前述した。また、漁撈場である河川・湖・海、あるいは狩猟場となる場所の入会権は村落の共同管理のもとにあった。さらに、真脇遺跡など能登の遺跡でみられるイルカ漁や北海道から東北北部の貝塚でみられる海獣猟、あるいは東日本の河川のサケ・マス漁などのように、漁・猟期がかぎられ、しかも、一度に大量に捕獲された獲物を加工するためには、当然、村落をあげての共同労働や共同作業が必要であった。

こうした村落での土地の共同管理と諸種の活動に労働力を集中し、かつそれらが円滑に運営されるためには、何よりも村落の構成員を一つの共同体という意識のもとに結びつける必要があるわけで、巨大な木柱遺構に投じられた人手とエネルギーこそは、日常的には交流する機会が少ない村落のすべての構成員を結びつける、いわば結節点の役割をはたしたハレの場所（施設）であった。

ところで、縄文時代の村落における社会的結合の仕組みである社会組織を基本的に支えていたのは、祖先を共通にするという血縁的な結びつき、それは親族的な系譜関係が直接的にたどれるとはかぎらず、一連の系譜関係が記憶され、共通の関係がたどれる伝統的な結びつきが認識される集団関係であって、民族学でいう氏族（clan）に相当する。そして、村落の構成員は氏族の一員として、生涯のあいだにさまざまな通過儀礼をともなうが、その最後で、かつもっとも厳粛におこなわれるのが死の儀礼である。縄文時代のハレの場所の中心となる広場には、必ず墓域がともなうのも、そのような理由からである。そして、大湯遺跡などの巨大な配石遺構にみられるような墓地とそれに付随した葬送儀礼にかかわる施設をつくるには、巨大な木柱遺構と同様に大勢の人手とエネルギーを集中する必要があるが、そうした死の儀礼に費やされるエネルギーこそは、村落の構成員の結びつきをますます強める役割をはたすことになった。

寺野東遺跡と三内丸山遺跡

部族の祭祀センター

一昨年（一九九三年）五月に、栃木県小山市の寺野東遺跡から、縄文時代に類例のないような大規模な土木工事を思わせる遺構が発見されていると聞いた。六月に入って、わたしは宇都宮大学の石部正志さんとともに、栃木県埋蔵文化財センターの初山孝行さんと江原英さんの案内で現地を見学させていただいて、環状盛土遺構と呼ばれる大規模な遺構を前に、これが縄文時代のものかと正直にいって自分の目を疑った。しかし、初山さんらの説明を聞いて、まがうことのない縄文人が残した遺構であることを知った。

環状盛土遺構は外径南北約一六五メートル、幅約一五から三〇メートル、高さ約五メートルの盛土が半周する。吉田用水の掘削で東側の約半分がカットされてしまったが、本来は環状にめぐっていたものである。環状の中央部に敷石をともなう約一五×二〇メートルの不整楕円形の台状があって、これ以外を削平して盛土として積み上げている。盛土はおおむね上下の二つに分層が可能で、下層は後期前半から後期後半、上層は後期後半から晩期前半に形成されたものと考えられている（写真1）。そして、盛土中から土器や石器など遺物が大量に出土するが、そのうち土器は在地系の土器ばかりでなく、東北系や関西系の土器の出土も目立つという。また、土偶・土面・土製耳飾り・岩版・玉類など直接生産と結びつかない、いわゆる祭祀的遺物といわれるものが多数出土しているが、これらは盛土中に何枚となく存在する大量に火を用いた跡である焼土にともなって出土する場合が多い（初山孝行・江原英「国内最大規模、縄文時代の環状盛土遺構」『別冊歴史読本』一九九五）。

このように環状盛土遺構は、大がかりな火を用いた祭事がおこなわれたつど、焼土の面を広場の土を削って覆うという行為を何回もくり返した結果が、高さ五メートルもの盛土となったものである。しかも、中央部には祭壇状に台地を削り残して、削った土を規則正しく環状に盛土するという行為を、約一〇〇〇年間も継続したということだけをみても、ここが縄文人にとって、いかに特別な場所であったかがうかがえる。

ところが、昨年六月前後から、これこそ縄文時代に類例のない途方もない遺構が、環状盛土遺構の西側の谷からぞくぞくと発見された。それは環状盛土遺構と同じ時期に、自然の河川を南北約八〇メートル、幅約一〇メートルにわたって改修して、水場に関連したさまざまな施設がつくられていたのである。川岸の両岸を護岸したと思われる木組、水の流れを調節するように何段かに仕切られた木組、井戸枠状に板囲いされた木組など

写真1　寺野東遺跡の環状盛土遺構（栃木県文化振興事業団埋蔵文化財センター他1994）

が一〇組以上も発見され、しかも、それぞれに足場板が組まれ、玉砂利が敷かれるというように、非常に手の込んだ複雑なものであった（**写真2**。「寺野東遺跡」『やまかいどう』一一号、栃木県埋蔵文化財センター、一九九五）。

そして、出土する土器も精製土器が多いばかりか、漆《うるし》塗りの櫛が一〇点以上も発見されていることは注目される。佐原真さんは精製土器をハレの器とみたてたが、美しい漆塗りの櫛こそは、縄文人のハレの日の道具だてにふさわしい。しかも、同時期の住居跡が激減して、もはや明確な居住の跡が認められない段階になってつくられていることからみても、これらの遺構はただたんに縄文人が日常生活の場として利用した施設とは考えられず、環状盛土遺構と密接に関連して利用されたことはまちがいない。

とすれば寺野東遺跡では、石部さんも指摘しているように、環状盛土遺構での火の祭りと川岸の木組の遺構での水の祭りという、二つの祭りがセットとなって定期的におこなわれていた可能性が高い。しかも、従来まで発見されているハレの施設とは、様相をまったく異にすることから、寺野東遺跡のハレの施設は、村落の構成員である氏族という枠組みをこえた、もっと広範囲な部族が結集する際の祭祀センターであったと想定してほぼまちがいない。

部族の物資の流通・配布のセンター

昨年、もう一つ大きな話題となったのが、「縄文の都」と形容された青森市の三内丸山《さんないまるやま》遺跡である。この本州最北端の遺跡は、縄文時代前期中頃から中期末までの約一五〇〇年間も継続した集落である。保存が決定された時点で、それ以上の調査はおこなわないことになったが、それでも竪穴住居跡は約五〇〇棟発見されてい

写真２　寺野東遺跡の大規模な川岸の木組遺構と漆塗りの櫛
（栃木県埋蔵文化財センター1995）

る。前期の集落の大半は中期の包含層の下に保存されているので、当時の集落の様子が具体的に把握できるのは中期の集落である（岡田康博「円筒土器文化の巨大集落――青森県三内丸山遺跡」『季刊考古学』五〇、一九九五）。

中期の集落は住居・墓壙（成人用埋葬施設）・埋設《まいせつ》土器（小児用埋葬施設）・巨大な木柱遺構・盛土遺構などから構成されている。注目されるのは、これらの遺構が地域を異にして構築されているということである。しかも、墓と盛土遺構が同じ地域につくられ続けたということからも、それぞれの空間利用の規則が厳密に守られていたことがわかる（**図7**）。

盛土遺構は集落の中央部に長方形に並ぶ柱穴群をはさんで、南北二カ所から発見されている。環状を呈していないことと、土器・石器・食料残滓など生活廃棄物が大量に含まれていることから、寺野東遺跡の盛土遺構とは性格を異にするとの考えがある。しかし、土砂の廃棄と整地という行為を長いあいだくり返した結果、小山のような盛土となったことや、土偶・土製耳飾り・翡翠《ひすい》製の玉類などの祭祀的遺物が多数出土していることから、寺野東遺跡と同様に祭祀の場所として利用された可能性が高い。ただ、三内丸山遺跡のそれは、集落に付随していることから、生活物資も儀礼的に廃棄されたのではないかと考えている。

ところで、三内丸山遺跡を一躍有名にしたのは、集落の北西端に発見された巨大な木柱遺構である。直径約一・八メートル、深さ約二メートルもある柱穴が六カ所、そのなかには直径約八〇センチのクリ材の柱根が残されていた。この六本の巨大な木柱は、一間×二間に整然と配置されていることから、真脇遺跡などで発見されている木柱列（ウッド・サークル）とはちがって、掘立柱建物跡ではないかと考えられている。とすれば、柱の太さと柱間の広さから、桁外れの巨大な建物であったことになる。事実、高さ二〇メートル級の大建築物

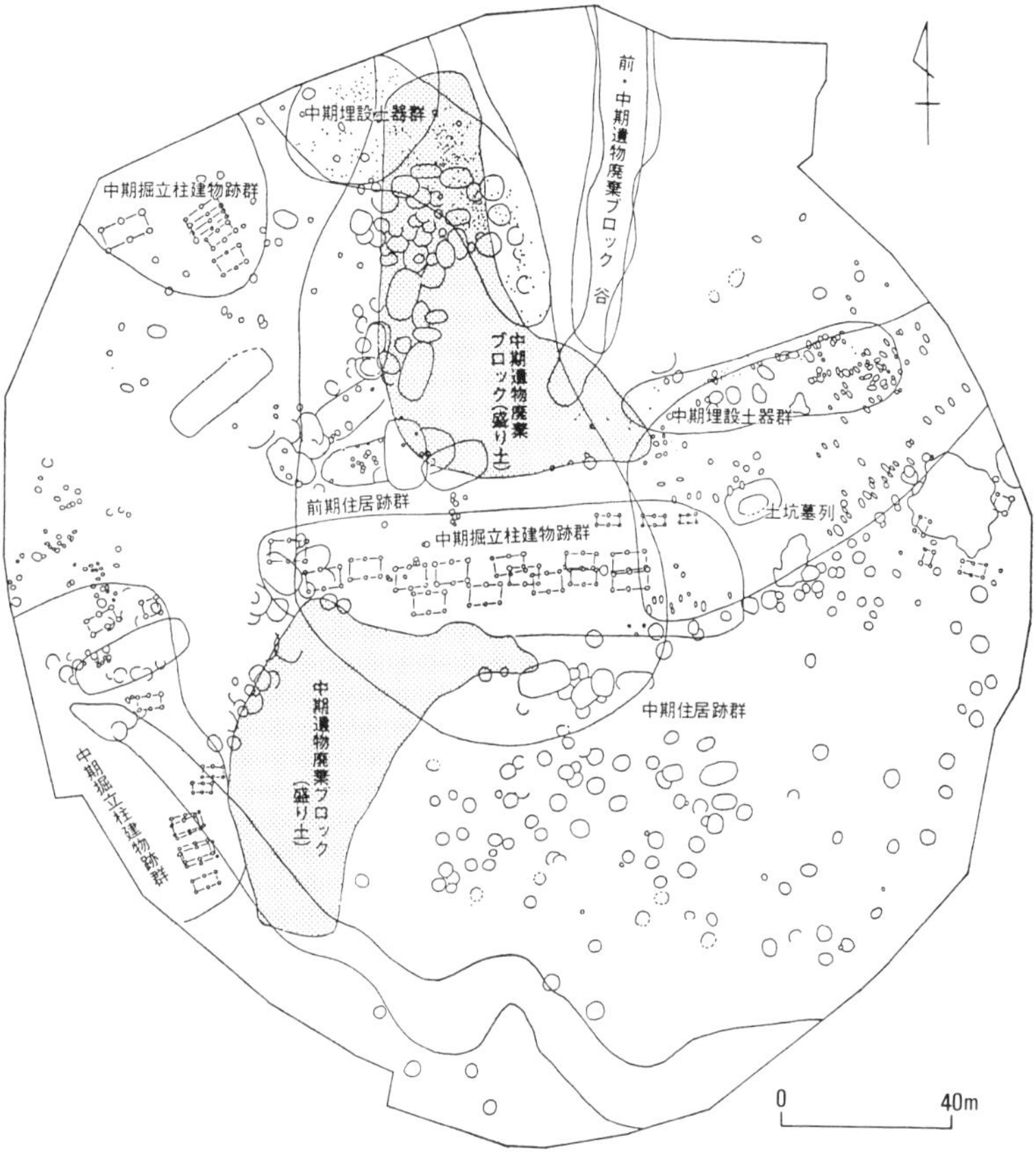

図7　三内丸山遺跡の縄文時代遺構配置図（岡田康博1995を加筆）

で、津軽海峡を行き来する船の望楼だとか、余剰生産物を納めた高床の倉庫だとか、首長クラスの高殿だとかいうように、まことしやかな説がだされている。

しかし、丸木舟を使い、自然の営みに依存した獲得経済段階で、かつ階級関係をもたない縄文人が残した遺構と、構造船を使い、生産経済段階で、かつ搾取者と被搾取者の階級関係をもつ弥生時代以降の人々が残した遺構とを、柱の太さや柱間の広さだけで比較するのは問題が多いと思う。とはいえ、調査結果が正式に報告されていない段階での発言は、同様に軽率との誇りをうけることを覚悟で私見を述べれば、三内丸山遺跡の巨大な木柱遺構は、真脇遺跡などで発見されているものと本質は同じ祭祀や儀礼にかかわる施設で、集落の中央付近で発見されている柱穴群も含めて、巨木が長方形に並んで建立されたものと考えている。

一方、三内丸山遺跡では、翡翠、琥珀《こはく》、天然アスファルト、黒耀石がそろって出土していることに注目する必要がある。いずれも原産地がかぎられ、しかも、他のものでは代替できない、縄文人にとっては貴重品ともいえる遺物である。とくに翡翠は約四六〇グラムある大珠《たいしゅ》と呼ばれる完成品だけでなく、原石や加工途中の未成品も出土しており、新潟県姫川産の翡翠が運び込まれて、ここで加工された可能性がでてきている。また、黒耀石では、在地産のものにまじって、北海道産の良質な黒耀石が出土している。在地産の黒耀石でつくられた石器は小型品が多いのに、北海道産のそれは約一〇から一五センチの長さをもつ大型品にかぎられるという。それだけに、北海道産の黒耀石は貴重な物資であったことがわかる。

このようなことから、三内丸山遺跡は遠隔地の部族との間の物資の流通の中継地であるとともに、部族の下位の社会組織である氏族に物資を配布するセンターの役割をもっていた集落ではなかったかと考えている。とすれば三内丸山遺跡のハレの施設が、従来までのそれよりも並外れて大きかったとしても、何ら不思議なことではないということになる。

大型遺構からみた縄文社会

縄文人は、ごく日常的な生活は集落を中心とする半径数キロメートルの範囲で営んでいた。そして、一年の生活の節目となるような行事や儀礼のときには、日常には交流する機会が少ない村落の構成員である氏族の全員が、おそらくはハレの日にふさわしく着飾って、近在の集落から村落の拠点となる集落に集ってエネルギーを爆発させたことであろう。また、数年ごとには部族の集会があって、そこには氏族の代表が集まって、盛大な祭事を執行した。しかも、氏族や部族のハレの日は、ただたんに人々が交流する場となっただけではなく、共同労働や共同作業の段取りを決め、遠隔地の物資を配布し、あるいは配偶者を決めるといったように、縄文人の日常の生活を基盤で支える重要な役割をもっていたのである。

このような活発な社会交流があったからこそ、縄文人は集落や村落の大小にかかわらず、日常に必要とする多種類の生活物資が、広範囲で、かつ遠隔地のものも含めて、集落ごとに安定的に供給され、その仕組みも基本的に平等な社会が、約一万年間という長い期間にわたって継続することができたのである。

最近話題となっている大型遺構の問題から、最後にはあまりにも想像をたくましくしてしまった感がある。しかし、縄文人は、日々の暮らしに汲々とした生活を送っていた人たちではなく、後の日本人と同様にケとハレの生活のなかで、共同体としてのまとまりと成熟度をもって、精神的にも豊かな社会を築いていたのである。

その意味では、最近のあいつぐ「縄文遺跡の大発見」は、縄文時代観を転換させたということよりも、わたしは、むしろ縄文時代の社会像を豊かによみがえらせたと評価している。というのも、縄文時代の大規模な土木工事を彷彿とさせる大型遺構は、弥生時代以降の大規模な土木工事が、水田の造成やそのための灌漑用水路など直接生産に結びつくのにたいして、縄文時代のそれは直接生産に結びつかない構築物であること。それからもう一つ、弥生墳丘墓や古墳などのように特定の個人や集団の権力とは結びつかない、共同体社会の記念物として構築されていたからである。

❽縄文人の生と死

北村縄文人の墓と社会

平林　彰

約五〇〇の墓と、そのなかに約三〇〇の遺骸を残して、厚い土砂の堆積に埋もれた長野県北村遺跡の縄文人。発掘から整理まで六年間、かれらと向い合った眼で、縄文人の死後の世界と、生ある時代の社会に、研究者としての想いを語る。

地下五メートルの縄文集落

きっかけ

一九八七年。それは、信州の縄文遺跡の発掘史に残る年になった。高速交通網の整備を重要施策としていた長野県では、急ピッチで高速道路の建設にとりかかっていた。すでに完成した中央自動車道から岡谷市で分かれ、県都長野に向かって北進する長野自動車道の建設の槌音は、やがて松本平の北端に達していた。

豊科インターチェンジをすぎた長野自動車道は、信州の穀倉地帯ともいわれる安曇野を横切り、日本海へ向けて北流する犀川を渡り、集落や水田が広がる東筑摩郡明科町の段丘を掘り割って筑摩山地のトンネルを抜け、やがて東隣りの四賀村へ抜けるルートをとる。長野県教育委員会では、道路建設によって破壊される遺跡を把握するため、一九八〇年から分布調査を開始した。その結果、道路が通過する予定地域のうち、明科町の段丘上一帯が埋蔵文化財包蔵地と認定された。県の遺跡台帳にも北村遺跡が登録されたのである（図1）。

道路建設が目前に迫り、工事前の発掘調査が㈶長野県埋蔵文化財センターにゆだねられた。調査の対象地は、北村遺跡のほぼ中央部。総面積はおよそ一万平方メートル。予想される規模は、奈良から平安時代にかけての住居跡およそ二〇件程度である。

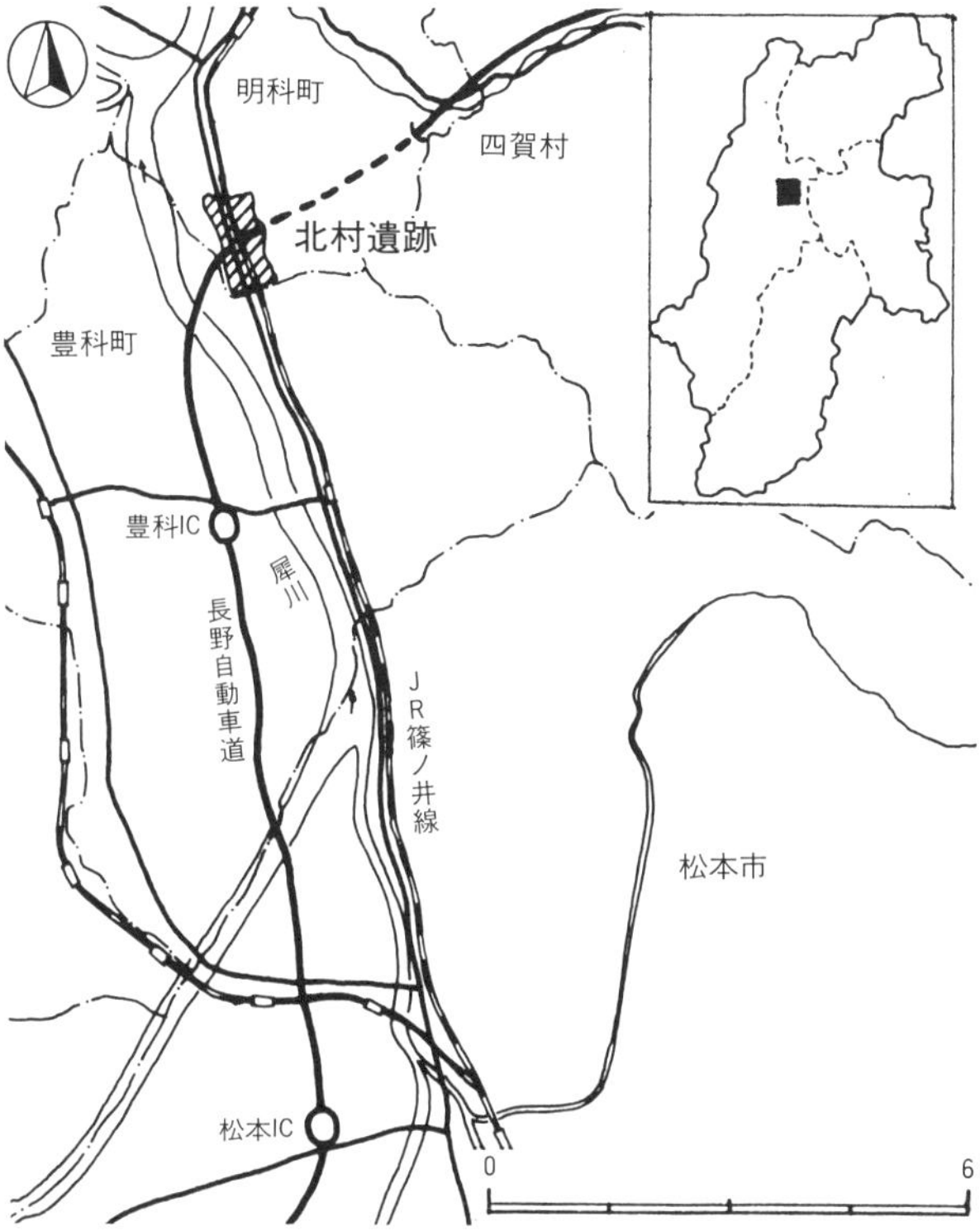

図1　北村遺跡の位置

一九八七年の春から開始された発掘調査では、予想どおり奈良時代の集落が顔をのぞかせた。住居跡の数もほぼ予定どおり。ときおり発掘区に流れ込む地下水に悩まされた以外、調査はほぼ順調に進んだ。

梅雨の晴れ間の蒸し暑いある日、調査員のあいだで、北村遺跡が立地している段丘の形成過程について議論が続いていた。古代の集落がつくられたこの土地は、長い歴史のなかでどのように形成されたのであろう。いったい、この地面の下には、もっと古い時代の歴史が眠っていないものか。こうした何気ない会話が、だめおし調査のきっかけになり、やがて思いもかけない発見につながることになった。

縄文集落を埋め尽くす石

さっそく、発掘区の一隅に幅三メートルのトレンチが設けられた。このトレンチは、おりからの涌水を排出するための役割も果たした。やがて、土を削るバックフォーの爪が、現在の犀川の河床《かしょう》にみられる砂混りの礫《れき》層《そう》をとらえた。埋没していた旧河床礫だ。地表面から深さおよそ三メートルの地点である。旧河床礫を埋め尽くしている粘土質の堆積土は、東側にある山から運ばれたものらしい。一過性の山崩れ的なものではなく、断続的な堆積である。断面には、地表面の形成を思わせる黒色の腐植土壌《ふしょくどじょう》が数枚挟まっていた。

ある日の夕方、トレンチ調査に専従していた調査員が、ビニール袋に土器片を入れて現場事務所へ引き上げてきた。袋のなかには縄文土器が入っている。河床礫のすぐ上に堆積した腐植土のなかから出てきたという。横方向に走る数本の線の間には、交互に縄文が施されている。およそ三六〇〇年ほど前に流行した文様だ。しかも、土器の割れ口には浸食を受けた丸みがない。カチカチの土器片であった。

調査方針を大きく変える時がきた。古代の調査が終わったところから、つぎつぎと縄文集落の扉が開けられる。土器のかけらやさまざまな種類の石器、なかには埋もれた竪穴《たてあな》住居の痕跡もある。発掘区の西端をかぎる段丘端部から進められた調査は、やがて、堆積土の厚さが増す東側の山寄りに移っていく。まもなく、バックフォーは、累るいと積み重なった石の広がりをとらえた。地表下五メートル。それは、およそ四〇〇〇～三六〇〇年をさかのぼる、縄文時代の集落を埋め尽くす石であった。

配石遺構の意味するもの

弧を描きながら帯状に並べられた石

犀川の右岸に広がる段丘を、東西に横断する形で設けられた発掘区の調査は、ＪＲ篠ノ井線を挟んで、西側のA〜Dと東側のE・Fの六つの地区に分けておこなわれた（図2）。段丘の西端部に近いA地区からB地区の西側半分は、昭和初期の水田化事業によって土地が削られていたため、縄文時代の遺構・遺物を確認することができなかった。一方、B地区の東側からD地区では、河床礫のすぐ上に薄く堆積した漆黒《しっこく》の腐植土中から、土器片や石器などの遺物とともに、河床礫を掘り込んでつくられた竪穴住居跡が十数棟発見された。また、直径二〜三メートルの石積みや、細長い河原石を並べた列石《れっせき》などもある。

図2　北村遺跡の発掘区

さらにE地区では、さきほど紹介した石の広がりがみつかった。それは、北西から南東へ向けて、緩やかに弧を描きながら帯状に続いている。ところどころ途切れる箇所はあるものの、全体の長さは四〇メートル、幅は広いところで六メートルにおよぶ。積み重なった石は大小さまざまで、とくに選択された様子はない。しかし、地形の傾斜などに関係なく弧状に配列していること、石と石のあいだを埋める土に自然堆積特有の砂利が混じらず、そのかわり土器の破片や壊れた石器、炭粒や焼けて小さく砕けた骨の破片がのぞいていることから、この石のまとまりが人の手によって築かれた配石遺構《はいせきいこう》であることは間違いなかった（**写真1**）。

厚い粘土層の下から突然姿をあらわしたこの配石は、およそ三六〇〇～三七〇〇年前の土器を伴なっていて、北村の縄文集落のなかではもっとも新しい時期の遺構である。もちろん、この配石を壊してつくられた遺構はない。配石構築後無人になった集落には、やがて厚く粘土がかぶり、その後現在まで地下に埋れてしまったのである。

配石を構成する石のあいだには、円形、楕円形あるいは長方形などの規則的な石の並びが見え隠れしている。配石は、こうした石の並びを埋め尽くすように、さらに石を積み重ねて築いてあるらしい。なかには、やや傾きながらも立っている円柱形の石が頭をみせているところもある。

配石墓《はいせきぼ》と敷石住居跡《しきいしじゅうきょあと》

わたしたちは、配石のようすを記録に残しながら、規則的に並んでいる石を残し、崩れた石や積み重ねられている石を慎重にとり除きはじめた。やがて、そこには隣どおし重なりあいながら続く、直径一・五メートル内外の小配石があらわれた。配石墓である。また、ところどころに竪穴住居跡やそれに関連あると思われる石敷きもみえる。敷石住居跡だ（**写真2**）。

写真１　配石遺構

写真２　敷石住居跡（上）と配石墓（下）

じつは、弧を描きながら帯状に広がる石は、配石墓群や敷石住居跡を覆い尽くす配石遺構だったのである。北村縄文人たちは、集落を去るときに、かれらの住まいや先祖の墓をすべて覆い尽くしていたのだ。わずかに残された炭粒や焼けた骨の破片は、そこで火と動物をともなうマツリがおこなわれたことを物語っている。使われなくなった土器や石器も、集落とともに葬り去られていたのである。

すでに物言わぬ北村縄文人たちの心情を推し測ることはむずかしい。だが、現代人には無駄な労力としか映らないかれらの仕業を通して、わたしたちは、かれらがお互いに強い絆で結ばれた社会をつくっていたことを知ることができる。その結束のもとになった力は、かれらの社会の礎を築いた先祖たちを想う心だったのではないだろうか。

四六九基もの墓と人骨

配石遺構の精査に続いておこなわれた調査によって、翌年の秋口までに、四六九基にのぼる墓が確認された。これらは、ほとんど長さ約四〇メートル、幅約六メートルの狭い範囲に、重なりあうようにつくられていた。このうち、七六基は封土のうえに石を規則的に並べた配石墓であった。

配石墓は、いまからおよそ七～八〇〇〇年前、九州や中国・近畿地方の一部地域でやや流行の兆しをみせたことがある。ところが列島のなかでその後、配石墓がつくられた形跡はほとんどない。およそ四〇〇〇年ほど前、地域によって多少の時間差をもちながら、東日本を中心にようやく普及する。つまり、北村に縄文人が暮らしはじめるちょうどその時期に、配石墓は本格的に流行するのである。だが、北村縄文人たちは、最初から配石墓をつくったわけではなさそうだ。

発掘調査は、通常、浅い文化層から順に深い文化層へと掘り下げられていく。掘り進むにつれて、古い時代の遺構や遺物があらわれてくる。北村遺跡では、比較的早く発見された墓には配石をもつものが多い。ところが、こうした配石墓の下からも、さらに古い墓があらわれる。

古い墓は、激しく重なりあい、ほとんど壊されている。ときおり足や頭のない人骨が出てくる。土葬をおこなっていた地域では、埋葬された人も掘り起こされてしまったらしい。むかし葬った先祖の骨が出てきたことを経験されている方もいるだろう。

写真3　改葬された人骨群

わたしなどは、壊された墓のなかから、上半身だけあるいは下半身だけの人骨が出土したときには、いささかギョとしたものである。なかには、四～五体分のバラバラになった人骨が一つの墓穴に埋葬されているものもある。おそらく、新しい墓をつくるために掘り起こされた遺体を改葬《かいそう》したのであろう（**写真3**）。

墓の目印としての石

そういうわけで、下層から発見される墓の場合、配石がもともとあったのか、新しい墓をつくるときにとり除かれてしまったのか、それすらわからない。ただ、上層にある配石墓の場合、隣同士の石と石とは接しながらも重なり合うことはない。配石が目印になって、それを避けるように別の新しい墓がつくられているのだ。

北村縄文人たちは、集落内の一カ所に墓を設けた。墓をつくろうと思えば、場所はいくらでもあるのに、つぎからつぎへと同じところに墓をつくり続けた。一〇〇年、二〇〇年の生活のなかで、墓の数はどんどん増え、やがて新しい墓をつくるたびに先祖の骨が掘り返されるようになってしまった。そこでかれらは、古い墓を避けて新しい墓をつくるために、目印として古い墓に石を並べるようになったのだ。もし、北村縄文人が最初から配石墓をつくっていたとしたら、先祖の墓をむざむざ壊すことはなかっただろうにと思う。

死肉を早く土にかえすために盛り土をおさえる、魂を封じ込めるなど、封土のうえの石についてはさまざまな見方がある。しかし墓に石を置く意味は、何よりそこに墓があることを意識させる狙いがあるのではなかろうか。思い巡らすと、配石墓の発生と集団墓の発生とのあいだには、深い関わりがありそうだ。

種類・配列・形のちがう墓標

現代の墓には、一般に石塔が建てられている。そこには、家の名前や家紋、故人の戒名、俗名、没年などが刻まれ、家族はもちろん赤の他人でも、文字を読み取ることさえできれば、墓とそこに葬られている故人を、他と識別することができる。

北村遺跡の配石墓には、縁どるように長方形あるいは円形に石を並べ、そのなかに石を積めてある手のこんだものから、数個の石を置いてあるだけの簡単なものまで、じつにさまざまな形がある。ひとつひとつ細かくみると、石柱《せきちゅう》を建てているもの、丸石《まるいし》を伴なうものなど、形を構成する要素によっても個性がある。文字のない縄文時代のことである。かれらは、こうした石の形や組み合わせを文字がわりにして、何かを表現していた可能性がある。もしかすると、使われている石の色にまで何か意味があったのかもしれない。

わたしたちは、墓に置かれた配石を縄文時代の石塔に見立てて、それがいったい何を表現しているか探ろうと試みた。配石の形や、それを構成する要素をもとに分類し、埋葬された時期や場所、人骨の性別、死亡年齢、埋葬姿勢など、墓を取り巻くいくつかの情報との刷りあわせが何度もおこなわれた。

ところで、わたしの家内の実家には同族だけの墓地がある。現在も使われているこの墓地には、もちろん石塔を建てた墓がある。おかげでわたしにも、いつごろ亡くなった誰の墓か知ることができる。だが、なかに簡単な置石をしてあるだけの墓も同居している。妻と結婚してかれこれ八年たつが、年に一、二回程度しか墓参りに行かない不義理なわたしには、どの墓が、どなた様の墓なのか知る由もない。それどころか、石塔のある墓に気を取られているうちに、こうした墓を踏みつけるなどという不敬を働いてしまうことすらしばしばである。ところが、家内の実家の人たちには、石の種類、置き方、場所などで、どこに誰の墓があるか簡単に見分けてしまうのである。

北村遺跡の配石墓に用いられている石の種類、配列、立石や丸石などの要素が何をあらわしているか、残念ながら特定するには至らなかった。だが、そこには必ず家や名前、没年や死因など、故人にゆかりのある事柄があらわされているに違いない。北村縄文人たちは、それを見分けていただろう。

墓穴と墓地の意味するもの

墓穴と埋葬の方法

さて、これまで述べてきたところを振り返ると、北村縄文人は墓穴に生のまま（いささか表現は悪いが）埋葬されたことがわかる。焼けて粉々になった人骨が土器に納められていた例はたった一つ。あとはすべて土葬だ。北村遺跡出土の骨のうち、形質鑑定の結果確実にヒトと認められた骨が出土した穴は、一八〇基あまり。穴の形は楕円形、規格は平均で径およそ一〇六×五九センチ、深さは三二センチ程度だ。埋葬状態についてはあとで詳しく説明するが、たいがいは一つの穴に一体。仰向けで、足は膝で折り曲げている。これを参考にして認定された墓穴が、さきに述べた四六九基にのぼるのである（**写真4**）。

北海道湯の里《ゆのさと》4遺跡では、わが国でいまのところ最も古い墓穴が発見されている。旧石器時代の終わり、およそ一万数千年ほど前の墓である。直径およそ一一〇×九〇センチの楕円形、深さ三〇センチ以上と推定されている墓穴の底には赤色の土が敷かれ、コハクに穴をあけた装身具《そうしんぐ》などが出土したという。

ところが、縄文時代のはじまった一万二〇〇〇年ほど前から世界的な温暖化がはじまる六～七〇〇〇年前ころまで、かれらはほとんど墓穴を残さなかった。その数は、当時の全遺跡数からみればほとんど例外的といってもいい程度である。まれに、洞窟に設けられた居住地から人骨が発見されることがある。姿勢は北村縄文人たちと同様、足を折り曲げている。もし、かれらが墓穴をつくっていたとしたら、当時の遺跡から北村や湯の里4でみつかったような、楕円形の規格的な墓穴が発見されてもいいはずである。どうも、一万年間続いた縄文時代の前半期には、死者を墓穴に埋葬するという方法は一般的ではなかったようだ。

時代は下るが、およそ四千数百年前、関東地方の海岸部では穴をもたない墓がつくられる。廃絶し埋まりかけた竪穴住居跡の窪みに遺体を置き、貝殻の混じった土を被せただけの墓だ。縄文時代の前半期は、このように遺体に土をかけるくらいの処置しかしなかったのではなかろうか。たとえ穴を掘っていたとしても、それは窪み程度のもので、遺体をそっくり地中に埋めるには至っていなかったのかもしれない。

写真4　墓穴への埋葬状態

墓穴と墓地の形成

およそ六〇〇〇年ほど前、縄文人たちは定住的な集落を営むようになる。かれらはそうした集落に規格的な墓穴を掘って遺体を埋葬しはじめた。ところが先の関東地方のように例外もある。まだこの時期は、竪穴住居跡ばかりか、食料の貯蔵用に使っていた穴に遺体を葬ることさえ、厭わなかったらしい。

信州では、四〜六〇〇〇年前

の遺跡から、北村遺跡で発見されたような楕円形の規格的な墓穴らしき穴が、住居が環状に並ぶ集落内から発見されている。しかしその一方で、そのなかに混じって深くて円形の貯蔵穴《ちょぞうけつ》らしき穴もまたある。貯蔵穴らしき穴のなかには、理化学的な分析によって人が埋められた可能性をもつものもあるという。だとすれば、このころの縄文人は、人を穴のなかに葬ることをはじめたとはいえ、埋葬するためだけの穴と、それ以外の穴とを厳密に区別していなかったことになる。

ところが、四〇〇〇年前以降につくられた北村の縄文集落では、死者はすべて楕円形の穴に葬られていた。集落のなかには、これとは別に円形の貯蔵穴もある。しかし、そこからは人骨が発見されていない。長い縄文時代の後半期になって、やっとかれらは人を葬るためだけの場所を他と区別しはじめたのである。そのことが、封土の上に置かれた配石とも結び付いて墓地の形成を促し、やがて墓地は居住地から離れはじめる。

遺体の周囲の石と石組石棺墓《いしぐみせきかんぼ》

長野県の北部、飯山市にある岡ノ峯《おかのみね》遺跡では、長方形の穴のなかに板状の石を組み合わせてつくった棺《ひつぎ》が発見された。棺には同じ石で蓋がしてある。棺とは普通、墓穴に遺体をむき出しに埋葬することを避けるために用いられた容器をさす。したがって、縄文時代のこうした施設を棺と呼ぶのは、実際には正確さを欠く。しかし、穴のなかにこのような施設をもつ墓に適当な名称がないため、石組石棺墓と呼んでいるのである。

石組石棺墓は、およそ四〇〇〇年前ほど前、東北地方北部にはじまり、やがて三五〜六〇〇〇年前には信州にも伝わったと考えられている。北村遺跡でも、たった二基ではあるが、およそ三六〇〇年前の石組石棺墓が発見された（**写真5**）。流行の波は、確実に信州の真ん中にも伝わっていたのである。ところが、突然に何の前触れもなく、こうした墓づくりがはじまったかというと、どうもそうではなさそうだ。

四六九基の墓のうち一一七基、およそ二五％の墓には、遺体に接して石が置かれていた。封土《ふうど》の上は、埋葬直後でなくても、地表面があるかぎりいつでも石を置くことができる。ところが墓穴のなかは、遺体とともに土で埋め尽くされてしまうため、あとで掘り起こさないかぎり石を並べることはできない。ということは、これらの石は埋葬の過程で置かれた可能性がきわめて高い。石の配置は、これまたさまざまで、頭の先（A1類）と足の先（A2類）にあるもの、両側に沿ってあるもの（B類）、遺体の周囲に並べてあるもの（C類）などがある。

写真5　北村遺跡の石組石棺墓

表1　人骨周囲の配石の種類と時期毎の数

	A1類	A2類	B類	C類	D類
古	7	2	0	0	0
中	6	9	0	1	0
新	6	10	5	12	2

表1によると、A1類は、北村遺跡で発見されたもっとも古い時期の墓にすでに採用されている。A2類はそれよりすこし遅れ、B類やC類のように遺体の周囲を石がとり巻くようになるころには、D類の石組石棺墓が登場する。つまり、北村遺跡では、個人墓をつくりはじめた比較的早い段階から、

写真6　石で保護された人骨

遺体に接して石を置く風習があり、やがて全身をとり巻くようになり、さらに石組石棺墓へと発達していったのだ。

保護された遺体

ＳＨ五二一と名づけられた人骨がある。二〇歳前の女性だ。仰向けで、足を曲げ、腕を伸ばして葬られている。この女性の頭の周りには、角柱状の石が並べてあった。頭の下にも石がある。つまり石を利用した枕をあてているのである。まるで、石で頭を保護しているかのような印象を受ける（**写真6**）。おそらく人骨に接している石は、遺体を保護するために並べられたのであろう。

ところで、人骨のなかには不自然に下顎を大きく開けているものがあった。かれらは、木製の枕をしていたのだ。木などの有機質は腐りやすい。枕が腐っていく過程で後頭部が下に落ち、必然的に下顎が開いてしまったのだろう。木製の枕があったとすれば、遺体を保護するために木材や網布《あみぬの》が使われていたとしても不思議ではない。きわめて特殊な例ではあるが、北海道千歳市の美々《びび》4遺跡では、シラカンバの樹皮に覆われた人骨が発見されている。

人骨からみた縄文社会

屈葬も千差万別

北村遺跡で発見された人骨は、断片的なものも含めると、最終的に三〇〇体を数えた。すべての人骨にそれぞれ個体番号がつけられたが、調査中は、担当者が人骨の特徴をもじって愛称をつけ、ややもすると殺伐とした空気が漂う、厳寒期の縄文墓地の調査をにぎわせた。

三〇〇体のうち、ほぼ全身がそろっていて、埋葬されたときの姿勢がわかるものは一〇五体であった。このうち、仰向けに横たわってるものが九二体（八七・六％）で最も多く、左右どちらかに向いているのが一〇体、うつぶせが三体だった。顔は、真上を向いたり横を向いているものはまれで、多くは足先の方を向いている。

足は、八四体、じつに九三・二％近くが、何らかの形で曲げていた。こうした埋葬姿勢は、ひとくくりにして屈葬《くっそう》あるいは屈肢葬《くっしそう》と総称されている。ところが、足の曲げ方は千差万別で、曲げた膝が立っているもの、左または右方向に倒れているもの、左右に開いているもの、股関節も強く曲がり膝が腹についているものなど

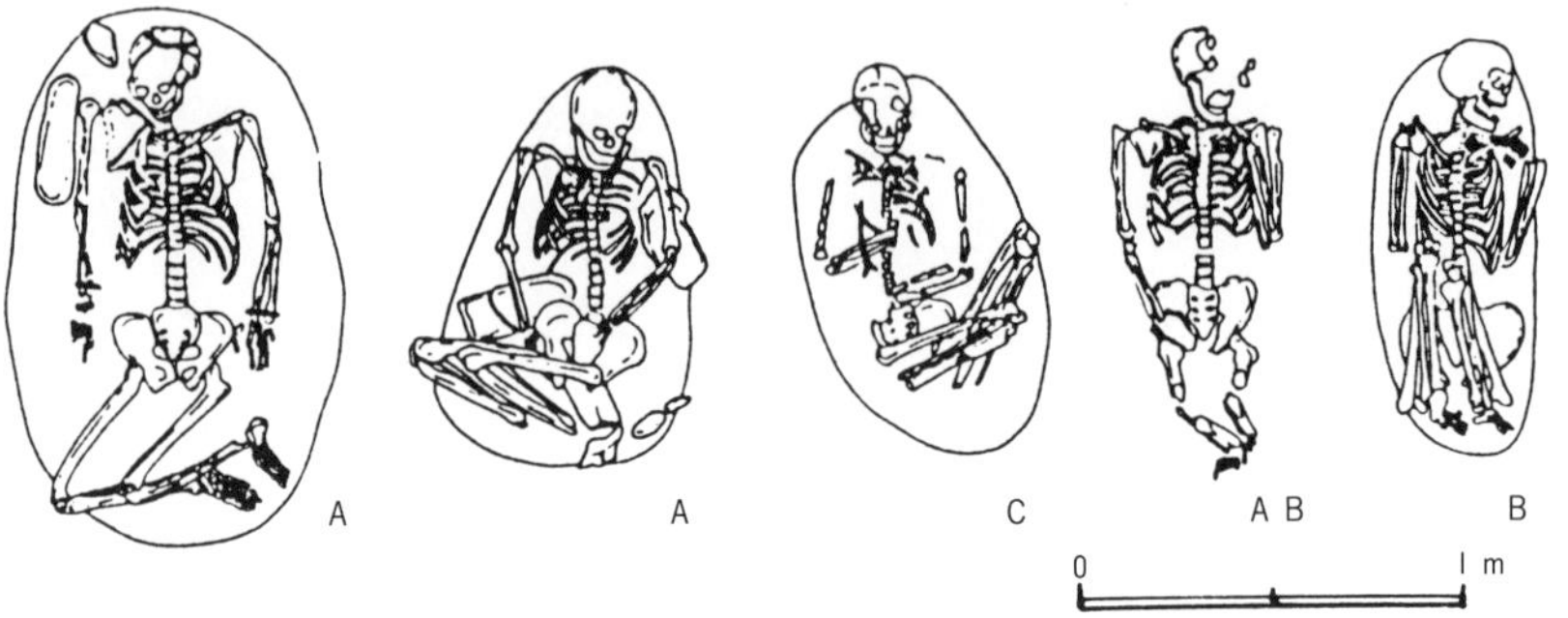

図3　上肢型と足の曲げ方

表2　上肢型別の男女数

	A型	B型	C型	AB	BA	CA	BC	CB
男	12	10	0	5	3	2	0	1
女	18	14	2	3	4	1	3	0
不明	7	1	0	0	0	0	0	0

がある（図3）。

調査報告書をまとめる段階では、そうした細かな違いに着目して分類をおこない、その原因を考えてみたが、あまりはかばかしい結果を得ることはできなかった。みた目の状況だけで、細かく分けすぎたのかもしれない。もう一度、埋葬された時点の状況を把握するため、墓穴と足の骨の位置関係を中心に点検することにした。

その結果、傾いている足の膝が墓穴の壁に接していることがわかった。また、当初倒れていると認定した足は、傾いていると考えたほうがよい程度であることも気がついた。そういえば、人骨の形質鑑定を担当した茂原信生さんは、膝が倒れたのは人骨を埋めた土の圧力による可能性があり、もともとは立てていたのではないかと予想していた。すべての人骨にはあてはまるわけではないが、寛骨《かんこつ》と大腿骨《だいたいこつ》との関節にやや不自然なところが観察できるものがあるというのだ。

膝を腹のほうに強く曲げている遺体は、埋葬時点ですでにそのような姿勢をしていた可能性が残されている。しかし、北村縄文人たちの社会では、埋葬のときに遺体の膝を立てて葬ることが一般的で、まれに膝を伸ばす場合や、足を強く折り曲げることもあったと考えておいたほうがよさそうだ。

二つに分けられる肘の形

腕は、肘を曲げないでだいたいまっすぐ伸ばす上肢型《じょうしがた》A、一四〇度以上強く曲げて胸の上または肩のあたりに手の先を置く上肢型B、九〇度前後曲げて左右の前腕《ぜんわん》を腹の上で交差させたり指を組んでいる上肢型Cの、大きくは三通りに分けることができる（**図3**）。このなかで上肢型Cは二例と少ない。一方、上肢型Aは三七例、Bは二五例で、上肢型がわからない六例を除くと、仰向けに埋葬された遺体全体の七二パーセントがこのどちらかに入る。ちなみに、前者は後者のおよそ一・五倍である。つまり、北村墓地に埋葬された人々の上肢型は、一般にAまたはBに分けられ、しかもAはBよりその人数が多いことがわかる。一見不規則にみえる腕の形には、死者に与えられた北村縄文人たちの約束が働いていそうだ。

ところで三〇〇体発見された人骨のうち、一二二体は性別が判定できた。内訳は女性七一人、男性五一人で、北村の縄文集落には女性が男性の一・四倍近くいたことになる。これは、先の上肢型AとBとの比にかなり近い。はたして腕の形は男女差を示しているのだろうか。**表2**を見ていただきたい。上肢型と性別とはまったく対応しないことがわかっていただけるだろう。それどころか、両極にある上肢型Aの女性は、男性のほぼ一・四倍、上肢型Bも女性は男性の一・四倍程度であり、それぞれの上肢型の男女比は、北村遺跡の全男女比にきわめて近い数字になる。もし、北村の男女の人口が同じであったと仮定すると、上肢型AもBも、男女の人数がほぼ半分ずつになるのである。

異なる集団と選択居住婚

抜歯《ばっし》の研究を通じて縄文時代の社会組織のあり方を検討した春成秀爾さんは、抜歯様式のちがいによって、自集団出身の人たちと、別の集団出身の人たちが、一つ集落に同居していたことを想定した。また、墓制《ぼせい》の研究で林謙作さんは、一つの墓地に葬られている集団が二あるいは三以上の系統の違う集団からなっていることを、頭位方向《とういほうこう》の分析などから導いている。分析の視点は異なるが、北村縄文人の社会も、どうやら二つあるいは三つの、系統が異なる集団によって構成されていたらしい。しかもそれを、埋葬時の腕の形で表現していたのだ。

わたしたちは、上肢型の異なる集団が、北村縄文墓地のどの場所に埋葬されたのかを調べてみた。すると、上肢型Aの人たちが、墓地の全域にわたってほぼ万遍なく葬られているのにたいして、上肢型Bの人たちは、墓地の北西部と中央部に集中していることがわかった（**図4**）。相対的に数の多い上肢型Aが、北村墓地全体を占め、逆にBは埋葬場所を限定されているとみることができそうだ。また、今回骨角や牙を材料にしてつくられた装身具を身に着けている人骨が八体あった。かれらのうち六体は上肢型Aである。

とすると、上肢型AはBに比べてどちらかといえば優位な集団といえそうだ。それならば、上肢型Aの人々が北村集落出身の人たちで、上肢型Bは何かの事情でよその集落から移ってきた人たちという想定はできないだろうか。

図4　上肢型別の分布

じつは、上肢型はわかっていながら性別が判明しなかった九人のうち八人までは上肢型Aで、このなかには一五歳以下の子どもが半数含まれている。つまり、北村縄文集落で生まれ育った子どもの上肢型はAなのである。上肢型Bの人たちは、大人になってから北村集落へ移ってきたのだ。移住の原因は、たぶん結婚だろう。

さきに紹介した抜歯の研究で春成さんは、三〜四〇〇〇年前の関東・中部地方は、結婚した男女が夫の家に暮らしても妻の家に住んでもどちらでもよいという選択居住婚《せんたくきょじゅうこん》から、夫の家に暮らすことが一般的な夫方居住婚《おっとがたきょじゅうこん》へと変化する時期と考えた。もし、上肢型Bの人たちが婚姻によって移住してきたと仮定すると、北村縄文人の社会では、結婚した男女がどちらの家に暮らしてもよい、選択居住婚がおこなわれていたと想定することができる。

母の腕と父の腕

上肢型には、両方の腕とも伸ばすAや折り曲げるB以外にも、片方を伸ばしてもう片方を曲げるなどの、複雑な組み合わせがある。なかでも、上肢型ABとBAは合わせて一五例もある。上肢型が北村縄文人の出身地をあらわしているとすると、左右の腕の曲げ方が異なる人たちを、いったいどのように理解すればよいのだろう。

SH七一七からは、成人の女性と未成年の男性が一緒に発見された。墓の様子からみて、二人はほぼ同時期に葬られたらしい。年齢差や年上の方が女性であることなどから考えて、二人は姉弟か母子であった可能性が高い。しかし、北村縄文女性は、骨盤に残された出産痕と死亡年齢との関係から、遅くとも二〇歳までには初産を済ませていたとされている。すでに成人している姉が弟と一つの墓に葬られている状態は、いかにも不自然だ。おそらく二人は母子だろう。

ところで、この母親の上肢型はA、子どもはABであった。つまり、この子の右腕は母親と同じように伸ばし、左腕は強く折り曲げていたのである。想像をたくましくすると、右腕は母の出自をあらわし、逆に左腕は父親のそれを表わしているのかもしれない。とすると、両親ともに北村出身者の場合、子も上肢型はAだが、父親がよそ者の場合は上肢型ABまたはAC、母親がよそものならばBAあるいはCAになるというわけである。
北村縄文人たちの上肢型はAとBとで、全体の七〇%以上を占めることは前にみてきた。とすれば、かれらの間に生まれる子どもの上肢型ABやBAが、それらに準じて多くなっても別段不思議ではなかろう。

土偶・石棒の意味するもの

壊された土偶《どぐう》と再生

およそ七〜八〇〇〇年ほど前、縄文人たちは粘土でつくった人形を焼きはじめた。土偶とよばれるこの人形は、はじめ多少の凹凸があるだけの土のかたまりだった。やがて手や頭が表現され、四〜五〇〇〇年ほど前になると顔に表情がでて、二本の足で自立できる立派な像になった。北村縄文人たちもまた、こうした土偶をたくさん焼きあげていた。

土偶は、多くの場合、豊かな乳房や大きくせり出した腹、安定感のある尻が表現されている。臨月を迎えた女性の姿そのままである。ところが、遺跡から出土するときには、五体満足な姿をとどめているものは少ない。土に埋もれる過程で壊れてしまったのではない。もともと縄文人たちの手によって壊されていたのだ。山梨県釈迦堂《しゃかどう》の野呂原《のろばら》集落では、壊れた土偶の片割れが、およそ二〇〇メートルも離れた三口神平《さんこうじんだいら》集落に持ち運ば

写真7　集落の外れの一対の石積み（上）**と、それぞれの石積みに残されていた石棒**（右下）**、壊された土偶**（左下）

れていた。土偶のマツリのため三口神平集落（あるいは野呂原集落）からやってきた縄文人は、マツリのあと、壊わした土偶の片割れをだいじに自分の集落へ持ち帰っていたのである。

　縄文農耕論の提唱者藤森栄一さんは、壊れて出土する土偶を、食物栽培民族のあいだに伝わる作物起源神話に登場する女性神と重ねあわせた。生命を宿り充実した土偶を壊すことによって、バラバラになった身体の各部分から、やがていくつもの新しい生命が誕生すると考えたのである。

性のマツリ

北村遺跡の西部、墓地のある場所から隔たった集落の外れに、一対の石積みが残されていた。それぞれの石積みのあいだに残っていた土器片のなかには、互いに接合するものがある。二つの石積みはほとんど同じころ使われたらしい。片方の石積みの下からは、緑色片岩《りょくしょくへんがん》を磨いてつくった、長さ三〇センチ太さ四センチ内外の石棒《せきぼう》が発見された。もう一方の石積みの上には、胴体から下が壊れてなくなった頭と両腕だけの土偶がうつぶせになっていた。わずか二〜三メートルしか離れていない石積みの片方から男性を象徴する石棒が、他方から女性を象徴する土偶が出土したのである。おそらく、この場所は男女の性の営みにかかわるマツリがおこなわれたのであろう（**写真７**）。

北村遺跡から出土した土偶の数は一〇〇個。信州のなかでは、もっとも土偶を保有していた縄文集落のひとつである。北村縄文人がもった土偶の数の多さは、おそらくかれらの先祖たちが眠る多くの墓と無関係ではない。かれらはこの世の生を終えた仲間を葬送すると同時に、石棒や土偶に託して、再生を祈るマツリを繰り返していたのである。

写真８　北村遺跡に建つ記念碑

記念碑

発掘調査から六年、調査報告書を発刊してからすでに二年がすぎた。四〇〇〇年近い眠りから目を覚ました北村縄文人の声にもう一度耳を傾けながら、仲間の死を前にしたかれらの営みを書き綴ってみた。かれらが聞いていたら何と答えてくれるだろうか。遺跡に建つ記念碑から苦笑いが聞こえてきそうである（写真8）。

昨（一九九四）年も、およそ一万件の遺跡が開発事業と引き換えに姿を消していった。しかし、いまだに三〇〇体の人骨が出土した遺跡は内陸部に例がない。そういう意味でも、北村遺跡は、他の縄文集落とは一線を画す重要な遺跡であり続けている。「未完の研究」と評された北村縄文人との協同作業は、まだ当分終わりそうもない。

⑨縄文人の心性

縄文土器の図像学

その太陰的な世界観

小林　公明

いま、同じ時代に生きている人々の間でも、他人の心の奥を見抜くのはむずかしい。しかし逆に、あの不可解な文様で飾った土器をはじめ、現代人の論理では計り知れない歴史遺産の中には、縄文人の心性を化石化した何かがあるはずである。

八ヶ岳の山麓で

土器の繁縟《はんじょく》な文様と造形

南にむかってゆるやかに土地は傾き、前面を甲斐駒と鳳凰の山脈がさえぎり、それが尽きようとする南東の低みに玲瓏《れいろう》として富士が端座している。

ここ八ヶ岳の南麓は、およそ四、五〇〇〇年前の縄文時代中期、中部高地から西南関東に展開していた民族と文化の中心舞台であった。そうした遺跡群のただなかに、井戸尻《いどじり》考古館がある。「縄文農耕論」の提唱者として世に知られる藤森栄一氏亡きあと、館に集う考古学の素人たちは「山麓考古」というガリ版雑誌を出しはじめた。ちょうど二〇年前のことだった。

そこに武藤雄六氏は「中期縄文土器の文様解読」と題する文章を前後七回にわたって載せた。文字通り、土器文様が内蔵しているはずの意味を解き明かそうとする試みであった。少なくともこの地方にあって縄文時代の勉強を志そうとするなら、つねに接しているこれら土器の繁縟な文様や造形をただ漫然とながめているわけにはゆかない。

ゆらい考古学では、土器文様をたんに器物の変遷の目安として扱ってきた。より細密に土器の変化を知ることが正道だと固く信じられ、編年至上主義の古器物学の狭い枠が墨守されてきたのである。そうした風潮の下では、別な道筋はまったく意識にのぼってこない。文様の意味解釈などとは、まじめに取り合うに値しない戯言としか映らないし、第一そんなことには関心がない。

何事によらず先入観念というのは頑迷だ。問題意識の根本的なあり方や相違は決定的であって、出発点においてすでに道は分かれている。同時代の人々の生活と精神の営みの所産として、なんとか土器を理解したい。学界の大勢から外れたところで、山麓考古に独自なテーマが進行していった。

蛇と蛙の文様

折しもそのころ、「縄文造形研究会」と名乗る四、五人のメンバーが東京からときどきやってくるようになった。陳列してある土器のあれこれを観察させてほしいという。それを前にして、奥の部屋で半日近くもこむずかしい議論をしては帰る。何だか形而上学的な話で、さっぱりわからない。

武藤さんの文様論は一〇号で一段落した。それから数年を経たところ、そのメンバーのひとり田中基さん（当時、季刊『どるめん』の編集人）が一つの原稿を寄せてきた。

「縄文人と体液」と題した考察の土台として敷衍《ふえん》されているのは、ネリー・ナウマンの論文であり、月と生命の液体の観念が示されていた。読んでみたいと連絡すると、コピーを送ってくれた。「山麓考古」の一三号、八〇年の暮れから翌年の正月ごろだった。

ドイツの日本学者ネリー・ナウマン女史の論文「縄文時代の若干の宗教観念について」は、『民族学研究』39―4（一九七五）に発表されたものである（後に、ネリー・ナウマン『哭《な》きいさちる神スサノオ』言叢社、一九八九に所収）。

八ヶ岳南麓の藤内《とうない》遺跡から出土した、頭に蛇を戴く土偶と、三本指の手をもつ蛙形人像のあらわされた土器ほかをとりあげ、中国・西アジア・アメリカの同様な考古遺物と対比させながら、月神話の表徴をみてとり、そこにある中心的主題は「死と再誕生」であるとする。そして、あらゆる細目にわたって、新石器ないし初期青銅器時代の中国との符合が見いだされうる古代の宗教的表徴のまとまりある複合体がここに提示されているという事実のまえで、目をつぶることは許されないであろうと述べ、つぎの課題は、この文化の中国の領域からの伝播の可能性を眼中にとらえることであろう、と結んでいる。

ただし、いくつかの前提となる認識、とりわけ同じドイツの中国先史古代学者カール・ヘンツェの仕事が随所に引用されており、難解である。ことに中国に関するこの方面の研究はヘンツェによってなされているらしいが、邦訳されていないので残念ながら知ることができない（その後、若干が邦訳された。現在、まとまった論集が準備されているときく）。

もう一つ、このときになって思い出されたのは、江上波夫氏の「勝坂式系土器の動物意匠について」（『国華』72―6、一九六三）という論文だった。

蛇と三本指の前肢をもつ蛙もしくは蛙に類する動物文が、西アジア・アメリカ・中国のものと類似することを指摘し、それは生活環境の著しい共通性と、それにもとづく心的状態の驚異的な同似性によってのみあり得ることだと述べる。そして勝坂式系縄文土器文化の担い手は、原初的な農耕を営み、農耕や土地に特別な関係あるものとして、蛇や蛙や、異様な人類形象的な神的存在に日常深い関心を抱いていたと考えざるを得ないであろう、と結んでいる。

未踏の研究領域へ

書かれた年代からしても、江上氏の広い視野は卓越したものといわなければならない。だが、縄文文化は自然の恵みに依存し、列島内において一系的・内的に進化してきたとする考古学の研究者が、このような視点に関心をもちえなかったのは、推して知るべしである。時間と空間をふみ越えて相似た事象を比較検討すること自体、毛嫌いの対象でしかない。

いっぽう、原文のドイツ語表現がなじみにくいことも加わって、ナウマン女史の論文は難解だったが、田中さんの論考とも相まって、何度か読みかえすうちにじわじわと効いてきた。

藤森栄一氏は、具象的な土器文様を農耕文化の所産としてとらえ、それらに地から無限に生まれては伸び育つ新霊《あらたま》を直感した。武藤さんもつねに農耕生活を念頭におきつつ、生命の営みやさまざまな自然神、あるいは農耕神を直観的に読みとろうとした。ところがナウマン女史は、ずっと深いところで確かな方法にもとづいて論述している。諸民族の神話によって図像の意味を照らし出そうとする図像解釈学は、縄文文化の研究ではまったく未踏の領域だ。そして、月……。

かえりみれば、月と生命の水に関する古い観念の所在は、民俗学や国文学では論じられたことがある。しかし、こうも正面きって考古遺物において指摘されようとは、だれが予測したろうか。

転機は突然にやってきて、未知の世界はそこに大きな口をあけている。長年にわたって蓄積されてきた地酒の原料が、新鮮な酵母を得て発酵しはじめるような時だったかもしれない。

一年後、田中さんは「メデューサ型ランプと世界変換」と題する論考を「山麓考古」一五号に寄せてきた。人面のついた香炉形土器（天蓋状の造形で浅い鉢をおおい、窓をいくつか設けた燈火器）をとりあげ、日本神話において火の神を生んだ末に冥界の女王と化したイザナミの神の姿と対比し、その造形に託された世界像を考察している。名をもつ神に相当する土器造形の存在が、特定されたのである。

問題の資料群のただ中にいて、先人の仕事にたちおくれてはいられない。自分なりの思考回路と日本語で、ヘンツェ―ナウマンのような図像認識をきちんと整えてみたい。そんな思いでわたしは、三本指の手をもつ蛙形人像の探訪にむかった。

「三本指の手」は、自分もずっと以前から興味を抱いてきた課題だった。結果はほどほどにまとまり、「山麓考古」の一六号（一九八四）に「月神話の発掘」と題して載せた。同じ年の秋、縄文造形研究会では論集『縄文図像学Ⅰ』（言叢社）を刊行した。

蛙文の図像学

半人半《はんじんはん》蛙《あ》像《ぞう》と有孔鍔付土器《ゆうこうつばつきどき》

あらためて断っておくと、四六〇〇、七〇〇〇年前の縄文時代中期、中部高地から関東地方の西南部に居住していた人々は、土器の文様に蛇や蛙、山椒魚みたいな動物文、猪、それに人の顔など、具象的な図像をあらわした。

ながい縄文時代を通じて列島の各地では、それぞれに地域色ゆたかな土器文化が継起していたが、このように多様な具象性が一挙に発露したことは、後にも先にも例がない。

図像学的な考察は、まずその文様なり造形が何をあらわしたものか、正確に知ることである。それには、一〇人中八、九人までが素直にそのものと認めうる写実的な図像を基準にとり、近似するものを順次ならべて比較する。そうした手順を踏めば、抽象化または簡略化されたものも同定し得る。ある部分の表現手法が異なっていても、基本的な図像構成が一致しているなら、数学でいう代入もしくは置換の論理が適用される。

いわゆる火焔土器の造形は、燃えさかる炎を象ったものとか、渦巻文様は渦をあらわすとか、くねくねと蛇行した文様は蛇だとかいった認識は、人それぞれのたんなる直感や思い込みにすぎない。それが本当に何であるのか、図像自身に語らせる手続きが必要なのである。

そうやって整理してみると、蛙ないしは蛙と人の合の子である半人半蛙像、およびこれらに類する文様は予想外に多くて、確たる系統をなし、もっとも基層的な図像であることが知られる。大胆にデフォルメされた図像は、大きな双環突起で誇張された眼、三本指の前肢と赤ん坊のそれのようにくびれては瘤立った手首、宝貝を介して女性器の形象をかさねた背などがことさら特徴的だ。しばしば、これら部分のみが独立して象徴的にあらわされてもいる。

うがってみれば、蛙の背と女性器と宝貝、それに蛙の前肢と赤ん坊の腕は、たがいの形態に似通うところがあって連想をさそう。それゆえ不自然もなく重ね描きされている。蛙の背から人面が生まれ出ようとしている作品すらある。

けれど、蛙とも人ともつかない半人半蛙の存在とは、何であろうか。実在を越えて動物界と人間界の間に浮遊しているようなもの、それは精霊とでもいうほかなさそうだ。

ところで、この種の図像は酒造器と目される有孔鍔付土器にだんぜん多い。樽形あるいは壷形をして、口縁の下に鍔のような凸帯と小孔がめぐらされた土器である。

いったい土器の文様構成というのは、器種と密接な関係をもっている。つまり、ある種の用途、機能形態をそなえた土器には、ある種の系統の文様が固有的に施されているのである。だから、有孔鍔付土器が酒樽、酒壷だと考えられることは、その文様の意義に重要なかかわりをもつことになる。

こうして、問題の図像を構成する諸要素が明らかとなる。すなわち、蛙・半人半蛙の精霊・女性器および宝貝・赤ん坊の手・誕生する人面、それに酒である。これらが一体となって、何かまとまりある意味を形づくっている。それぞれは、目には見えないものの一部面にほかならない。

蛙とは、何だったのだろうか。これより後の時代の遺物、たとえば弥生土器や銅鐸、銅鏡などの図像にも、蛙と三本指の人物が認められる。だが、それらから直接、深い意味を読みとることはむずかしい。

古事記や日本書紀の神話では、蛇についての観念はかなりくわしく伝えられているのに、蛙の方は「たにぐく」と呼ばれるヒキガエルがちょっと登場するくらいで手がかりはえられない。

半人半蛙文有孔鍔付土器（長野県富士見町藤内遺跡）

中国の古典と考古資料の照合

そこでわたしたちは視野を転じて、隣りの中国の考古遺物に目を向けることになる。古代中国に、もっとも古くて伝統的かつ明白な蛙に対する観念を見いだすことができるからである。日本の比でなく、中国では紀元前後を溯る漢の時代に伝えられたり漢の時代に書かれた古い書物が、今日に読み継がれてきている。それらのうちの一つ『淮南子《えなんじ》』には、蟾蜍《せんじょ》とよばれるヒキガエルが月にいる、と記されている。別な古典では、月に兎がいるとも述べられ、こちらは現代のわたしたちにもなじみ深い。ほかにも、日月に関する神話伝説がいくつか記録されている。

他方、この時代の墳墓を発掘すると、墓室の壁画やその石材等に画を彫った画象石《がぞうせき》、あるいは副葬された帛《はく》画《が》（絹に描いた画）などに、そうした記載どおりの図像があらわされている。ヒキガエルもちゃんと月の中におさまっている。その代表作品として、湖南省長沙の馬王堆漢墓《まおうたいかんぼ》の帛画が有名だ。同時代の考古資料によって古典の記述が検証され、同時代の文献資料によって図像の意味が解き明かされるのである。双方あいまって、漢の時代の人々が抱いていた観念の一端を毫の疑いもなく知ることができる。

中国考古学では、このようなことがいっこうにめずらしくない。ちなみに、漢代から殷周の時代をへて新石器時代に溯る膨大な領域の図像解釈について、日本で林巳奈夫氏の精緻な仕事をみることができる。それで、いくつかの古典の記述と、馬王堆の帛画ほかの図像を詳細に照らし合わせてみる。すると、ヒキガエルはたんなる月の表徴でなく、光らざる暗い月、しかしこれから甦らんとする古い月を表徴していることに気づく。

春先、西の夕空によみがえってくる月をみると、古い月が青っぽく澄んで、横に寝た三日月の上にのっている。美しい、敬虔な気持ちを誘う光景だ。西洋ではこれを「新しい月に抱かれた古い月」という言葉であらわすが、『元命苞《げんめいほう》』という書物では、これを「陰が陽をよるべとしている」と表現している。その記述どおり、馬王堆の帛画の蟾蜍は暗緑色をして、新月の上に後足を踏んばっているのである。伝説によれば、不死の薬を盗んで月に走った姮娥《こうが》という女人がヒキガエルになったという。

漢代の書物にはまた、月と水の関係が述べられている。鑑《かん》とか方諸《ほうしょ》という器物があって、月から水をとるという。実際には、月のこうこうと照るような晩にこれを外に置くと、露が降りてたまるわけである。その水をどのように用いたかはさほど明らかでないが、ある書物には、これを水銀で覆い、中味を加熱した丹《に》を長く服用すれば死なないとある。

またある書物では、これを明水と記している。「明」は死者の霊に関連した事象をさし、明水とは死者に捧げる水だという。いっぽう、方諸とはどういう器物か不明だが、鑑はその名を刻した銅器がある。大きな鉢形の器で、漢以前の春秋後期から戦国時代にかけて使われていた。

こうして、およそ二〇〇〇年前の漢の時代に月とヒキガエル、月と水に関するたしかな観念の存したことが知られる。

仰韶《ぎょうしょう》文化の彩陶《さいとう》壺の蛙文

さて、古代中国における最初の蛙文は、黄河中流域の仰韶文化の彩陶（彩色された土器）に登場する。およそ七〇〇〇年前のことである。

盆《ぼん》と称される洗面器のような器の内面に、魚文とともに三本指のヒキガエルが描かれている。これの用途は不明だが、水を注げば蛙も魚も現実の生物となるかのようだ。

　仰韶文化は西方の黄河上流域に波及して、華麗な彩陶をもってしられる甘粛仰韶《かんしゅくぎょうしょう》文化が花開いた。馬家《まか》窯《よう》文化とも称され、およそ五〇〇〇年前から四〇〇〇年前の間である。こちらの縄文時代中期に並行する時代だ。その初期の盆の内面には、やはり大柄な蛙文がおかれている。半ば以降は、墓に大量の彩陶壺を副葬する風習が盛んで、その壺の文様に擬人化された蛙文があらわされている。他に女性器形や宝貝の図文もみとめられる。また、一方の面に粘土を盛って妊娠中の女性像をあらわし、蛙形の彩文に対置させた特異な作品もある。

　これら死者に捧げられた壺には、何がはいっていたのだろうか。ただちに推定できないが、壺という形態からしてやはり酒か水の類いを容れたものと考えるのが穏当だ。死者の飲み物であろう。してみると、擬人化された蛙すなわち半人半蛙の精霊は、なかんずく死者の霊魂ないし祖霊の姿ではないかと推察される。そうすると彼の地においては、蛙・半人半蛙の祖霊・女性器および宝貝・妊娠した女性・水ないし酒、あるいは死者の飲み物といった要素の複合が措定されるのである。それらが合わさって、一つのまとまりある意味を構成している。

　この複合は、縄文中期のそれと驚くほど符合する。図像じたいも著しく似ている。とはいえ、ここでも同様に、なぜ蛙なのかが問われる。だが、もし蛙が月の表徴だとすれば、これらの要素は何の不都合もなく結びつき、背後にある観念をうまく説明することができそうだ。漢代に明白な月と蛙の観念だが、なにもそれは漢のときにはじまったわけでなく、もっと古い時代に淵源するにちがいない。

殷代の盤《ばん》

漢と馬家窯文化の間を占めるのは殷周《いんしゅう》の時代だが、有力な手がかりとなるような蛙の図像はとくに見当らない。ただ、盤《ばん》とよばれる殷代の銅器は注目に値する。仰韶文化の盆と称される器にまったくよく似た形をして、高い脚が付いた水器である。その内底にとぐろを巻いた龍や亀の図文をおき、魚文を従わせたものがみられるが、亀と覚しきあるものはヒキガエルの特徴をそなえている。金文《きんぶん》（銅器上の銘文）で「黽《ぼう》」と書かれる蛙の一種らしい。

これの具体的な用法はつまびらかでないが、赤塚忠氏によれば、祈年祭（豊年を祈る祭り）や祖先祭において水を灌《そそ》ぎかける灌《かん》という儀礼がおこなわれた。本来それに用いる水を盛り、神前に供えておくのが盤ではなかったかという。とすれば、それは漢代の明水と馬家窯文化の死者に捧げる飲み物の中継ぎとなる。さらに、最古の蛙文をもつ仰韶文化の盆の用途を類推させる。

少なくとも漢の時代、月に蟾蜍が棲むと信じられ、いっぽう鑑や方諸をもって月から水を得るということが伝えられていた。問題の盤は、その両方を兼備していることになる。漢代の図像から推せば、蛙が円い器の内底を占めるとは朔の月の表徴である。すると、そこに得られた水または盛られた水は、紛れもなくこれから甦ろうとする月の水、すなわち不死の水ということになる。死者もしくは祖霊に捧げる水として申し分ない。

細い地下水脈をたどるような推論だが、目下のところは、このように殷周の時代を通過し、漢代と仰韶・馬家窯文化の図像を対話させるしかなさそうだ。そもそも漢代のように月の中に蟾蜍を描いたのでは、表徴としての蛙の意義は半減してしまう。蛙はただそれだけで月を意味するというのが、表徴ほんらいのあり方ではないだろうか。月そのものの図象を見つけようとするのは、見当ちがいというものである。ともあれこうして、先にみた彩陶壷の複合要素の背後に隠されたもの、光らざる月の影が浮かびあがってくる。

月に帰する蛙と水と女性

月の盈虚《えいきょ》と潮汐、月の暈《かさ》と雨、月夜と露など、月と水の因果律は現実のものだ。陸上にありながらも、蛙はその水と雨を好む。そして、女性の生理と月も不思議な暗合で通じている。けれど月と蛙、とりわけヒキガエルを直接むすびつけるものは何だったのだろうか。考えられるのは、その表面のいぼいぼである。小望遠鏡でみる月面は凸凹していて、満月のころになると、それらの凹穴（クレーター）から出てのびる白い条（光条）が目立つという。

かたやヒキガエルも、ぶつぶつとした疣《いぼ》状の突起が発達していて、危害を受けると後頭部両側の耳腺から白色の粘液を分泌する。いわゆる蝦蟇《がま》の脂である。古代の人々の知覚能力が現代人と同等だと思うのは、見込みちがいだろう。眼も相当によくて、月面のクレーターくらい識別できたろうと天文の専門家は教えてくれる。そうすると、蛙と水と女性は、月という共通項のもと、即物的な連想によっておのずと組織される。そして永遠に止むことのない満ち欠けをくり返す月こそ、死と再生の源泉であるとみられた。そこに不死の水があると信じられ、女性の生殖力が月の再生力に比せられた。馬家窯文化の彩陶壷は、つまるところ死者の再生というテーマで彩られているのだ。

もとよりわたしたちは、中国の図像を考察することが主眼ではない。それでもつい、古代中国に引き込まれてしまう。漢の時代に確固たる拠りどころがあるだけに推論を立てやすく、たのしい。ともかく何か糸口がわかっていなければ、失われた過去をたぐり寄せることなどできはしない。

黄河上流域と列島中部の先住民

さて、彼我の図像とその複合はきわめて似ている。ほぼ同じころ、はるか遠く隔たった黄河上流域と列島中部の先住民は同じ意識を抱いていたのだ。いまや前者における意味の方が明るいから、それに照らせば、おのずと後者の観念像もみえてくる。すなわちこちらでも、隠されているのは光らざる月に相違ない。

そこでまず、有孔鍔付土器で醸された酒が、月の不死の水に擬せられていたことが推量される。つぎに、蛙に女性器や赤ん坊の手が重ね描きされているのは、女性の出産力が月の再生力と同一視されていたからだと理解される。蛙の背から生まれ出ようとする人面は、人の子の誕生が新月の光に喩えられていたことを暗示する。そして半人半蛙の精霊、これも馬家窯文化のそれと同じく祖霊の姿にちがいない。祖先の精霊が蛙と人の合の子の形をとるのは、やはり死者の復活が月の蘇生力に託されていたからだろう。

およそこんなふうにして、わたしたちの図像認識の基礎は固められた。当時の人々の意識の根幹をなす太陰的な世界に、たしかな一歩を踏み出すことになったのである。

月の死

月と人のたましい

それ以来、わたしは何とはなしに月を観測するようになった。一年を通してみると、これまでまったく関心を寄せることもなかった月の運行が新鮮でものめずらしく、その軌跡が脳裡にとどまるようになる。それら月の諸相の中でもっとも感動的なのは、やはり春先の新月だった。まだ肌寒い西の夕空に甦ったばかりの細い三日月が光り初《そ》める。それからややあって、その月の舟にのる古い月が、藍色にうっすらと黄色い絵の具をかけたような色合でみえてくる。それは古色をまとった銅鏡のように澄んで、えもいわれぬ美しさだ。いつの間にか、見えている者の気持ちをも透明させる。その古い月が、シャボン玉のごとく軽やかに飛び離れてしまいそうに感じることもある。そんなとき、霊魂とはこのようなものかと思ったりする。

月舟の玉とでもよびたいこの月を、西洋で「新しい月に抱かれた古い月」(The old moon in the arm of the new moon) とよぶことは前に述べた。奇しくも、蛙文系の図像にはその字義どおりの表現さえ見いだされるのである。それは、蛙の円い胴体を下手から抱き支えるような赤ん坊の腕である。月と蛙と女性が三位一体の存在であってみれば、生まれたての三日月を赤ん坊の腕でもって形容することも道理にかなう。

春にたいして秋の三日月は、斜めに立っている。それがとっぷり暮れた山の端にかかって沈みゆこうとする瞬間、匕首《あいくち》を立てたごとく光を放つさまに驚かされたりする。季節がら、そんな月牙《げつが》はいかにも刑殺をなすもののように思われる。

夏の月は、なぜか密やかだ。円い月は冬の太陽のように南天低く、梅雨の雲間に見え隠れする。

冬の満月は、夏の太陽のように頭上高く運行する。月の出は一日一日おくれるから、望をすぎていびつになった月は夜の間に沈みきれず、朝日がのぼっても西北の空に残っている。その白々とした楕円体の残月は、これも季節がら、いかにも寂寞《せきばく》として所在ない。

白川静氏によれば、古代中国において「白」という字は、されこうべの形であらわされる。覇者のことを伯ということがあるが、覇は雨下に革をかくのが初形で、風雨にさらされて漂白された獣屍をいう。月を加えているのは、のち月光をいう語となったからである。西周期の金文では、月色がみちはじめるのを既生覇《きせいは》、欠けはじめるのを既死覇《きしは》といった、という。

そんな思いで残月をながめると、いつしかそれは、されこうべのようにも見えてくる。人のたましいには魂《こん》・魄《ぱく》の二種があるとされる。魂は雲気となって浮遊するもの、魄は白骨についているものだという。魂は春の新月にのって浮かんでおり、魄は冬の残月に宿っていると思うのは、わたしのひとりよがりだろうか。

春の新月（田枝幹宏氏撮影）

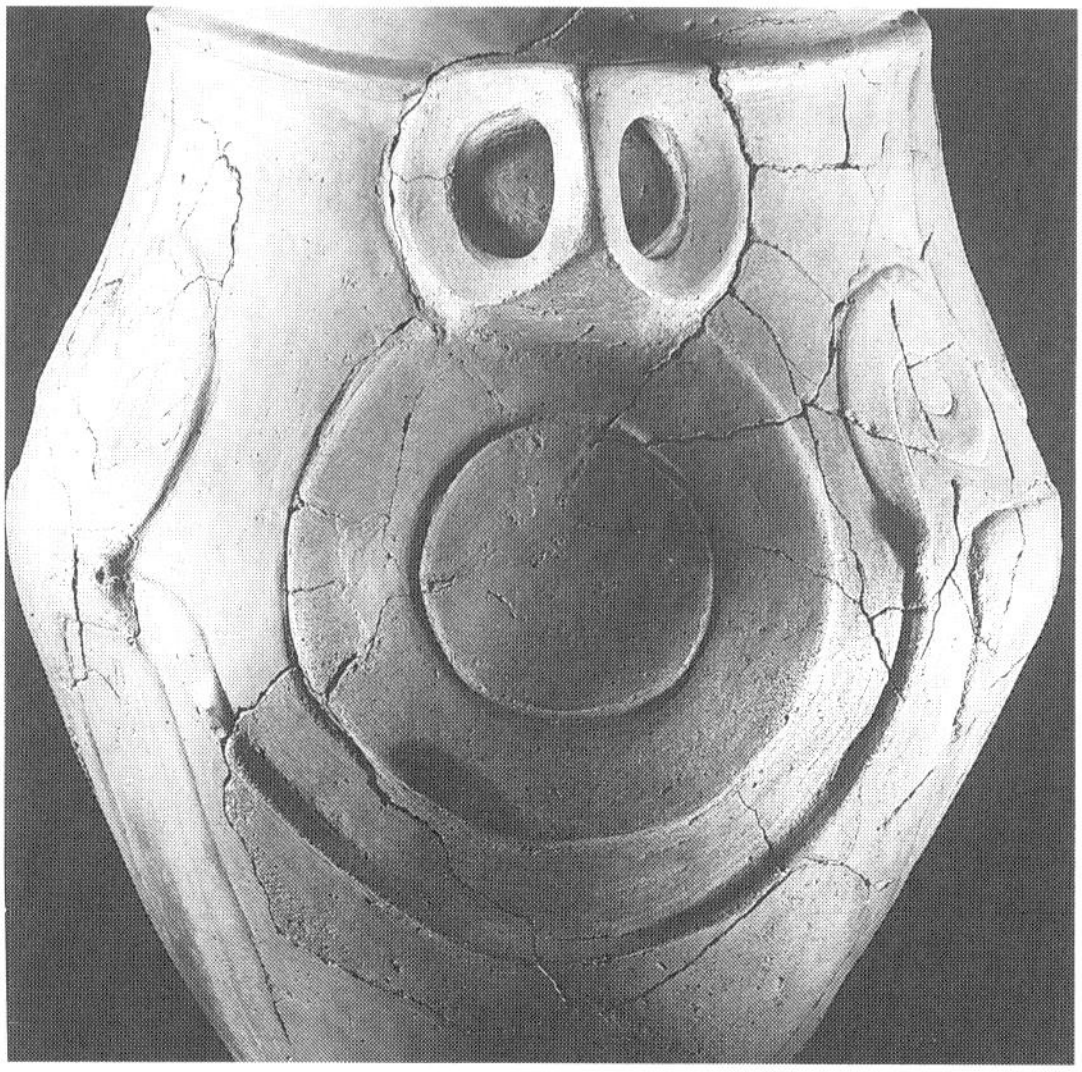

蛙の円い胴体（暗月）を抱く赤ん坊の腕（三日月）
（長野県富士見町藤内遺跡の有孔鍔付土器）

逃れられぬ死と太陰的な世界観

ところで、月は二九日半の周期で満ち欠けするが、太陽とまったく同方向にある朔の月は見ることができない。明け方の東の空にいくら眼を凝らしても、痩せ細った「後の三日月」は見えなくなる。いっぽう、夕方の西空をいくら探しても、新しい月は見つからない。その間、ほぼ三日である。三日待てば、西の空に爪跡のような新しい月が生まれてくるのである。

すると思いあたるのは、三本指だ。ふつう蛙の指は前肢が四つ、後肢が五つだが、ちょっと見た目にはたいてい三本にしか映らない。だからといって自然や天文の観察に秀でていた古代人が、ゆえなく蛙の指趾を三本に描いたとは考えられない。そこには、三日の闇をへてよみがえる新月の、その日数が表徴されているのではあるまいか。もう少し深く考えてみると、日々、満ち欠けをくり返して位置を変えてゆく月の諸相にあっては、まったく光を失った暗闇の三日間こそ、月がもっとも安定しているときである。月の安息日といってもいい。光の誕生と生長、衰弱と死がそこから発してそこに帰る不動の起終点である。また、こうも考えられる。その三日の晦《つごもり》の間、月はただじっとしているだけではない。夜毎に月と日は交わっている。陰陽の交会である。その結果、新しい光が生まれてくる。

江上氏やナウマン女史も言及しているように、蛙や半人半蛙の像は、中国のほかインダス・西アジア・ヨーロッパ・中南アメリカなど各地の新石器時代から青銅器時代の遺物に共通に見いだされる。ニューギニアや台湾の民族にも伝えられている。月を中心にすえ、即物的な連想の論理によって組織された世界観、すなわち太陰的世界観はいずこの文化にも普遍的なものだったとみえる。そしてどうもそれは、もともと新石器時代を特徴づける世界観のようだ。

一万数千年前、人類は最後の氷期にみまわれ、巨大な死に直面していた。種の存続をかけて、世界各地の民族は新石器革命の道を歩みはじめる。有用植物の栽培と有用動物の飼育である。同時に、人間の意識も大きな変革を遂げていったことは推測に難くない。

とはいえ、どうして月だったのか。そのことを本当にわかろうとするには、できるだけ素朴な気持ちになって、純な感覚で月のことを理解するほかない。そんな心積りも加わって、先のようなことを思いめぐらしてみたのだった。そして、さらに想像してみる。

今日でもそうであるように、遠古より人間の究極的な苦悩とは、絶対に逃れられぬ死であろう。どうしたら恐れることなくそれを受け容れることができるか、意識あるがゆえに悩みつづけてきた。はるかな古代、人はその答えを月の盈虚に見いだして悟りを得た。

月の輪廻は、眼前にあって万物の生生流転の法則を圧縮してみせてくれる。死は生命の循環基地、たえることのない生成と消滅の一時の安息にすぎない。月と一心同体になってみれば、死はなんら恐れるに足らない。死こそじつは、生の源泉ではないか。

肝心なところをうまく言いあらわせないが、きっとそんなふうに達観したのではないだろうか。月の死を真理の中心にすえてこの世界を秩序づけ、月のように生きようとする「月教」とでもいうべき宗教観念の誕生である。

そのように月を見て月を思い、古代の人の気持ちのいくほどかを汲もうと努めてみれば、図像学的に論証された認識が、心を得てやんわりと沈澱してゆくように思われる。もとより、理屈では宗教心を理解できないのである。

胎内の月

擬人化された土器

月はその時代、とりわけ女性の胎内で明滅していた。蛙文系の図像をもつ土器のなかには、まさにそのことを表徴する一群の造形がある。口縁に立体的な人面がつけられた土器、人面付深鉢《じんめんつきふかばち》である。大きさや形はいろいろでも、総じて円筒形の土器を深鉢と称している。大体は煮炊きに用いたもので、この種の土器も煤やお焦げの付着、火熱による傷み具合などからみて、食物を煮炊きしたことが疑いない。それも、特別な造形から推して、年一度の新嘗の祭りに用いられたのではないかと考えられる。

ところが、人面が土器本体の口縁にちゃんと付いた状態で遺されることはごく稀で、たいていは人面の部分だけが分離して、本体不明なままに出土する。中部高地から西南関東でおよそ三〇〇以上と見積られる出土例のうち、本体の全部またはある程度の部分が人面とともに遺された例は、わずか二〇例弱しかない。つまり、最後に人面が欠きとられ、本体は壊されてばらばらとなる運命を負っていたわけである。

つぎに、口縁に顔を頂くということは、土器全体が擬人化されていることを示す。ことに山梨県須玉町の御《ご》所前《しょまえ》遺跡から出土した作品では、器腹の表裏に描かれた一対の蛙の背から人面が生まれ出ようとしている。それにかぎらず、総じてこの類の器身はふっくらとして大型で、母胎に見立てられている。ちなみに弥生時代の関東地方では、再葬用の骨壷として、口頸部に人面をあらわした壷がつくられたが、それと同じ発想である。

人面は中空につくられ、全体としておむすび形をなす。その顔、わけても目尻のつりあがった切長な目は稚児のものである。いっぽうまた人面じたいは、それを包む綿帽子のような造形から生まれ出ようとしている。すなわちその造形は、女性器につうじる蛙の背と同等な図像であることが論証される。そこから顔を出すとは、赤ん坊の誕生にほかならない。その大きさも、出産時の赤ちゃんの頭にほぼ匹敵する。他方、人面の裏側も蛙の両眼と背をかたどっている場合が多い。そちら側からすれば、中空にふくらんだ蛙の腹から人面が生まれ出ようとしていることになる。

要するにこの種の人面の造形は、人の子の生誕が、朔月のうちより萌してくる新月の光に喩えられていたことを、当然のごとく示している。それはそれとしていいのだが、この土器の造形の本領は別なところにある。

有孔鍔付土器の蛙文（平塚市上ノ入遺跡、明石新氏恵贈）

蛙の背から生まれ出る人面（山梨県須玉町御所前遺跡、山路恭之助氏恵贈）

その器腹を母胎とする擬人化された土器。その人面は母である一方、そこから生まれ出ずる赤ん坊。赤ん坊であると同時に稚児。このような多重性は、どうしたわけなのだろうか。それに、具象的な人の顔とはいえ、この土器をたんに擬人的な器物とするわけにはゆかない。ある神がかった観念の産物、ある人格神の具現とみるべきである。それも月の神格に属すものである。

穀物の母神と穂に宿る神霊

するとはっきりしてくるのは、この母神の胎内から食物が産み出されること、最後にその体は殺《あや》められ、もぎとられた首だけが保管されることである。もう少しうがってみれば、胎内からは新しい生命が誕生するのだから、そこで煮炊きされるのは新穀であったこそふさわしい。そして、母神の体より切り離された首はもはや母神のものにあらず、そのものは生まれ出ずる稚児となる。

月の母神が殺められ、生まれ出ずる月の子が残される。それはまさしく、月の死と再誕生の模擬行為にほかならない。だがそのことは、この土器の用途にそくして、現実的にどのような意味をもつのだろうか。母胎から首を欠きとるという行為の背景には、おそらく、収穫時における穂首刈りの作業が想起されていたにちがいない。

立秋のころ、イネ科の雑穀類の桿《かん》の先はふくらんで、浅黄色の花穂が頭を出す。「穂孕《ほばらみ》」というとおり、初々しい穂が生まれてくる。花をかけて結実した穂は色づき、やがて成熟して頭を垂れる。穂はそれ自身、生長するのである。それを擬人化したのが生まれ出ずる人面にして稚児の顔であろう。そして収穫にあたっては、穂首を断つ。人面の部分がもぎとられて保管されるのは、まさしく穂首刈りの模擬行為であったと類推される。

アワの出穂

生まれ出ようとする人面の神（長野県富士見町曽利遺跡、田枝幹宏氏撮影）

穂首を刈られた母体は枯れて土に帰し、つぎの世代の肥《こやし》となる。壊されてどこかに散らされる土器本体は、そうした作物の一生になぞらえられる。こうしてみると、人面付深鉢は作物の擬人的造形だと理解してさしつかえないだろう。ひとつ身で穀物の母神と穂に宿る神霊、その死と再誕生を演じている。

以上の推論にさほど誤りがないとすれば、わたしたちはこの土器の図像解釈において、作物栽培の哲学ともいうべき観念を見いだしたことになる。女性の胎内だけでなく、作物のなかにも月は宿り、その一生をともにしていたのである。ふり返ってみれば、月は雨露を司るとみられていた。雨露なくしては植物の生長もありえず、月の輪廻は植物の体内にも泌み透っていたことになる。

作物が擬人化されることには、それなりのゆえんがあろう。今日だって農山村の老主婦は（老主婦にかぎらないが）、作物をわが子を慈しむような思いで育てる。ことに幼い苗には、赤ん坊にたいすると同じような気持ちで接している。洋の東西、古今を問わず、作物にたいする農民の心根とはそういうものだ。農作物だけでなく、家畜にたいしても同じ愛情をそそぐ。それはきっと、はるか古代の新石器時代にまで溯る感情であろう。

わが子のように作物を育て、家畜を育てる。作物と家畜を全き運命共同体として生きてゆくこと、それが新石器革命の道のりだったのである。そして月が、その道すじを照らしていた。

「記紀」神話に残る面影

さてそうすると、まぎれもなくこの時代、月と女性と作物を三位一体のものとして体現した人格神が観念され、しかもその神はしばしば殺害されていたわけでる。じつに、これとまったくよく似た面影をもつ神が「記紀」に書きとめられている。

大気都比売《おおげつひめ》の神　食物神である。鼻や口、尻から種々の味物《ためつもの》をとりだして須佐男命《すさのをのみこと》にたてまつった。だが須佐男はこれを殺してしまう。すると、屍体の各所に穀物などが化生した（古事記）。

保食神《うけもちのかみ》　食物神である。口より飯や海山の幸をはき出して月夜見尊《つくよみのみこと》にたてまつった。だが月夜見はこれを殺してしまう。すると、屍体の各所に穀物などが化生した（日本書紀）。

稚産霊《わくむすひ》　火神の軻遇突智《かぐつち》と土神の埴山姫《はにやまびめ》の子。臍《ほぞ》の中に五穀が生《な》った（日本書紀）。

まず、人面付深鉢の全体は、殺される食物神である大気都比売ないし保食神に対応する。鼻・口・尻から食物を出したというが、それは人面が中空であること、土器の大きなうろが体腔に擬せられることに符合する。

ついで人面に主眼を移すと、これは文字どおり稚《わか》い産霊《むすひ》の姿である。その臍、つまり土器本体の腹に五穀が生るというのもうなずかれる。稚産霊は穂ないし種子に宿っている神霊だとされるが、その点でも申し分ない。してみると、「記紀」の時代に伝承された二柱の神、大気都比売（保食神）と稚産霊とが一体のものとして具現されているのが、この人面付深鉢の神であるといえよう。月と蛙に関する伝説はいつの時代にか忘却されてしまったが、人面付深鉢の神の伝説は途絶えることなく受け継がれ、「記紀」に書きとめられるにいたったのだ。

ちなみに、「記紀」の所伝と似たような、殺された女神の屍体から作物が発生するという神話は、インドネシアやメラネシア、南米において顕著に伝えられているという。しかもその女神なり原古の人物は、月の神格に属している。日本書紀の記述では、そこに月神のツクヨミが登場するものの、日本では欠落してしまった重要な要素が伝えられているのである。

すでにみてきたとおり、人面付深鉢の神が最終的に殺され、首を刈られるのは、月の死と再生に重ねられた穂首刈りの模擬行為であったと推察される。殺害は、死のなかより新しい生命が誕生してくるという、月の宗教観念の実践的な表明にほかならない。こうしてわたしたちは、神話にその名をとどめる神の原形を見いだすいっぽう、殺害という行為の宗教的なゆえんを、それなりに理解してみるのである。

壊された石うす

この時代において、故意に破却されたものは少なくない。まず筆頭にあげられるのは、土偶である。誰よりも藤森栄一氏は、その殺される女神像に保食神《うけもちのかみ》や大気都比売《おおげつひめ》、もしくは稚産霊《わくむすひ》の姿を直感していた。そして農耕存在の一証左としたのだった。

ここで関連してとりあげてみたいのは、石うすである。不適切な考古学用語でふつう「石皿《いしざら》」と称されるこの石器を、わたしたちは穀類の調製（籾摺《もみす》り）と製粉をおこなう石うすだと考えている。手のひら一杯分くらいの穀物を石うすのへこみに広げ、磨《す》り石を手にして軽い円運動をおこなうと、子実《しじつ》を包む殻は難なくとれる。それをふっと吹いて除去する。粉を碾《ひ》くには、引き続いて力を入れて磨る。それは、楕円状の安山岩の扁平な円礫《えんれき》に手前のかき出し口が狭く、奥の方が広まったへこみをつけたものだ。その形は、いかにも優しくておだやかな感じがする。けれど調製や製粉の仕事をするには、もっと広い作業面の方が便利である。ちょっと皿状にへこんでいれば十分だし、平らなままでもかまわない。それなのに、どうしてこんな形に作っているのだろうか。

石うすの形は何に由来するのか。鳥居龍蔵は『諏訪史』第一巻のなかで、あるものは女性器とみられていたのではないかと記したが、後の考古学では一顧だにされなかった。だが俗に人は、その形に女性の表徴をみてとる。まさしくそのとおりだろう。それは、子宮もしくは女性器に擬せられている。そうすると、かき出し口を手前にしての調製や製粉の作業は、疑いもなく性的な動作に喩えられる。おのずと、磨り石の方は男性に擬せられよう。あるいは、石うすの子ともみられる。そこから装いあらたに穀物の子実が生まれ、白や黄の粉が湧き出ずるのである。それを得ることこそ、農耕の最終目的だ。

ところがこの石うすは、完全な形のまま住居跡に遺されている場合より、壊された破片の状態で出土する方がだんぜん多いのである。そして、かなり広い面積あるいは一村をそっくり発掘してもくっつく相手がほとんど見つからず、元の形を復元できた例《ためし》はない。それは、土偶のあり方とまったくよく似ている。明らかに石うすは打ち割られて、どこかに散らされたのである。ガリ版雑誌の仲間のひとり、平出一治さんはそのことに気づいて、「山麓考古」九号で「こわされた石皿」と題する考察をおこなった。そして、穀物の豊穣を祈って石うすが砕かれたものと考えた。

そもそも石うすが女性を体現していて、そのはたらきが神格化されていたとすれば、まさに尽きることなく食糧を生み出す母神である。すなわち人面付深鉢の神に呼応するものだ。食糧の生産は、ひとえにこの母神の生殖力の賜物と信じられていたわけである。

当然のことながら、この女神は朔月の神格に属している。念のために振り返ってみれば、同時代の土器の図像で、女性器は光らざる月を表徴する蛙の背に重ねられ、女性の生殖力が月の蘇生力と同一視されていた。そして月の死と再生は、地上においても必ず実行されなければならなかったのである。

かくして、石うすは破却された。それは、石うすを使っていた一家の女の死に際してであったろうか。

ものからことへ

古代の世界観と科学的な世界観

太陰的な世界観というテーマから枝道に逸れぬよう、この十数年来の歩みの一端を記してみた。

わたしたちが知りたいと思うのは、物の本質、事の中身である。発掘されたものの表面にのみとどまって、それに「呪術」とか「信仰」とか「祭祀」とかいった言葉をくっつけても、肝心なことは何ひとつわからない。他人の本から借りてきた字面だけの「死と再生」には、少しの奥行きもない。

これまで考古学は科学的であろうとするあまり、事実関係の現象にばかり拘泥して、そこから先へはいっこうに進もうとしなかった。否、そこから先は考古学のあずかり知らぬところと決めこんできた。いったい今日の科学的な世界観は、一八世紀の産業革命とともに急速に確立してきたものだ。それによって滅び去ってしまった古代の世界像を、とって代った科学的な方法で知ろうとすること自体、無理な話だろう。

それにしても、中部高地の先住民が自身の世界観なり宗教観念を具象的な土器図像として遺してくれたことは、なんという幸いだろうか。その図像と神話伝説とが共鳴しあうところに、はるかな古代世界への入口が開かれていたのである。

もうひとつの世界像

ところで、はじめの方でふれたように、田中基さんはいち早く、香炉形土器の造形に託された世界像をみてとっていた。それから数年をへて、人面付深鉢の造形の意味が明らかになったわけである。

ところが改めて双方を対照してみると、両者は共通するところが多く、もともと同じ観念体系に根ざす二つの顔であることがわかってきた。それを示すのは、「記紀」の神話で、火神の誕生を契機として太母イザナミが黄泉《よみ》の国の大神と化してしまうくだりである。

国生み神話のもっとも重要な場面で、文化史上の一大事件が語られている。火の誕生はたんなる火にあらず、火山活動であって、山の神と雷《いかづち》の神が化生してくる。そしてこの世に死がもたらされ、殺害がはじまる。

そこには、これまでみてきた太陰的な世界とは趣を異にする火山神話の世界が横たわっていたのである。「月教」にたいして「火教」とでもいうべき宗教観念である。双方あいまってこそ、世界は成り立っていた。

けれどいまは、もうひとつの方に立ち入れない。

もとよりこのような探究は、中部高地から関東地方西南部におよぶ井戸尻文化の範囲にかぎられている。久しい時の流れに重層して、列島の各地にはそれぞれ特色ある文化が堆積している。同時代の他地域の文化ではどうだったのか。時代を溯った前期や降った後晩期でどのようにたどり得るかは、また別な課題である。

中部高地にあっては、まさにこの時代、潜みつづけてきた新石器農耕文化の鮮明で熱い意識が一気に噴出し、大きな山脈を残したのである。同じく列島各地には、そうした世界像が、未踏の山群のようにつらなっているはずだ。それらを眼中にとらえたとき、失われた時代と人々は、本当にわたしたちの胸の中に甦ってくるにちがいない。

⑩縄文人と現代

縄文時代論のもう一つの視角

戸沢　充則

縄文時代観の転換ということがいわれている。すでに学界内部では、さまざまな形の縄文時代論があり、本書でもその問題がとりあげられた。それらの内容にもふれながら、いま縄文時代観転換の意味をどのように受け止めるべきかを語る。

縄文時代とはどんな時代か

「縄文ブーム」

このところしばらくの間、いわゆる考古学ブームが続いている。記憶に新しいところでは藤の木《ふじのき》古墳（奈良県、古墳時代）、吉野ケ里《よしのがり》遺跡（佐賀県、弥生時代）などが、少し以前までたいへん話題になった。ところが一昨年（一九九三年）来、縄文時代についての大発見があいついで、新聞などで大きくとりあげられ、文字通り〝縄文以来の縄文ブーム〟がいまも続いている。

この縄文ブームの一つの特徴は、それぞれの時代についての個別の学説や研究テーマに関する、新発見や新知見が加わったというだけに限らず、「縄文時代観が変わった」などと、マスコミや考古学界内部でもさかんにいわれるように、縄文時代・縄文文化全体のとらえ方や観方、縄文人のイメージを大きく変えなければいけないという点が、いままでの考古学上の大発見とはちがう、縄文ブームの特徴といえる。

縄文時代の一般的素描

ところでいま縄文時代観の転換が迫られているというなら、いったいいままで縄文時代とはどんな時代かということについて、どれだけのことがわかっていて、またそれが一般的にどのように説明されてきたのかということについて、ある程度の理解をしておくことが必要であろう。

しかし、そのことを短い言葉で要約的に記述することは容易ではない。これは専門家と称するわたし自身の反省もふくめて、土器や石器、住居や墓などといった縄文文化を特徴づける個々の考古資料の実証的研究や、ある特別の地域での特定のテーマに関する研究は、きわめて精密にまたかなり高いレベルでおこなわれているが、しかしそれらを総合して、日本列島全体についての縄文文化の歴史的な動き、地域性や特質を全体的にとらえるといった研究は、まだほとんど体系的に試みられたことはないといってもよいからである。

縄文時代はその年代が非常に長く、また日本列島の自然環境も複雑・多様で、その中で生起した縄文文化のさまざまな様相を、包括的にとらえてその歴史的特質を明らかにするということは、かなりむずかしいといわなければならない。ここではごく一般的に、いままでの研究成果にもとづいて要約すれば、次のように説明することができよう。

(1)縄文時代は縄文土器が作られ、使われていた時代という、考古学研究上の慣例的な名称からつけられた、日本列島の新石器段階の時代である。したがって時代の特質にもとづいて検討された、ほんとうの意味での歴史区分、時代区分とはいえない。

(2)縄文時代の年代は、いまから約一万二〇〇〇年前から約二三〇〇年前までにわたり、その間約一万年間も続いた時代である。この年代幅は同年代・同じ段階の世界の先史文化の中では例のない長さといえる。

(3)縄文文化は更新世《こうしんせい》最後の氷河期が終って、後氷期《こうひょうき》（完新世《かんしんせい》）に入るのとほとんど同時に、岩宿《いわじゅく》時代（旧石器段階）の文化にかわって出現する。約七〜六〇〇〇年前には現在の年平均気温より二〜三度も高い、縄文時代の最温暖期が訪れ、その恵まれた自然環境を基盤として縄文文化最盛期がもたらされた。

(4)縄文人の生業は一部で食物の栽培がすでに始まっていたが、それで主食をまかなうにはいたらず、総体としては食料採集経済段階、つまり狩猟・漁撈・植物採集の生活を中心としていた。そのうちでも豊かな森や林で、秋になれば大量に採集できる堅果類《けんかるい》、とくにドングリやクリ・クルミ等への依存率がきわめて高かったことが知られている。

(5)縄文時代の社会構成については、最近ようやく具体的な研究が盛んになったが、家族やムラの構成、経済や社会の構造などの実態はまだ明らかにされていない。ただしあいつぐ最近の大規模な遺跡の発見などによって、縄文社会は予想以上に発達した社会構成をもっていたのではないかという観方が強まり、そのことが縄文時代観の転換を主張する大きな理由になっている。

以上のような点が、縄文時代について一般的にいえることの概要である。ひとことでいって、具体的な内容をもつ歴史叙述をおこなうためには、まだまだ多くの研究の蓄積が必要であるというべきであろう。

世界史の中の縄文時代

ところで、前記のように要約することのできる縄文時代が、世界史的にみてどんな位置づけがなされるべきかについて、簡単にふれておこう。

人類の歴史はおおよそ次のような段階を経て変遷することが、広く一般的に認められている。

第一の段階は食料採取経済の段階で、これは文化の段階でいいかえると、旧石器文化と中石器《ちゅうせっき》文化の段階に相当する。全地球的にみてその年代は、約四〇〇万年前から約一万年前まで、人類史の大部分を占める長い年代幅をもつ。

第二の段階は食料生産経済の段階、いいかえると農業・牧畜の生活が確立した、新石器文化の段階である。最も古く農耕が始まったのは西アジアの地域と考えられ、その年代はいまから約一万年前をややさかのぼる古さだとされている。その農耕あるいは牧畜の生産がもたらせた富の蓄積をもとに、古代王朝や国家が生まれ、現代につづく文明の段階に入るというのが、ごく大雑把な歴史の流れであるというのが、誰でもが知っている人類史の発展の図式である。

ところで、その人類史の流れを日本列島のそれに対比してみるとどうなるか。農耕のはじまり、ついで古代国家の形成という過程を、「文明化の度合」と仮にとらえると、日本列島における文明化の度合は、中国大陸やアメリカ大陸（特に南米）など周辺地域と比較して、いちじるしく、というよりは異常にという表現が当っているほど遅れている。

中国での農耕の起源は少なくとも紀元前六〇〇〇年にさかのぼり、黄河文明の中で殷《いん》王朝やそれ以前の最初の王朝が成立するのは、紀元前一五〇〇年より古いことが知られている。南アメリカ大陸でも、農耕文化の起

世界史の中の縄文時代（小野昭・春成秀爾・小田静夫編『図解　日本の人類遺跡』東京大学出版会刊より）

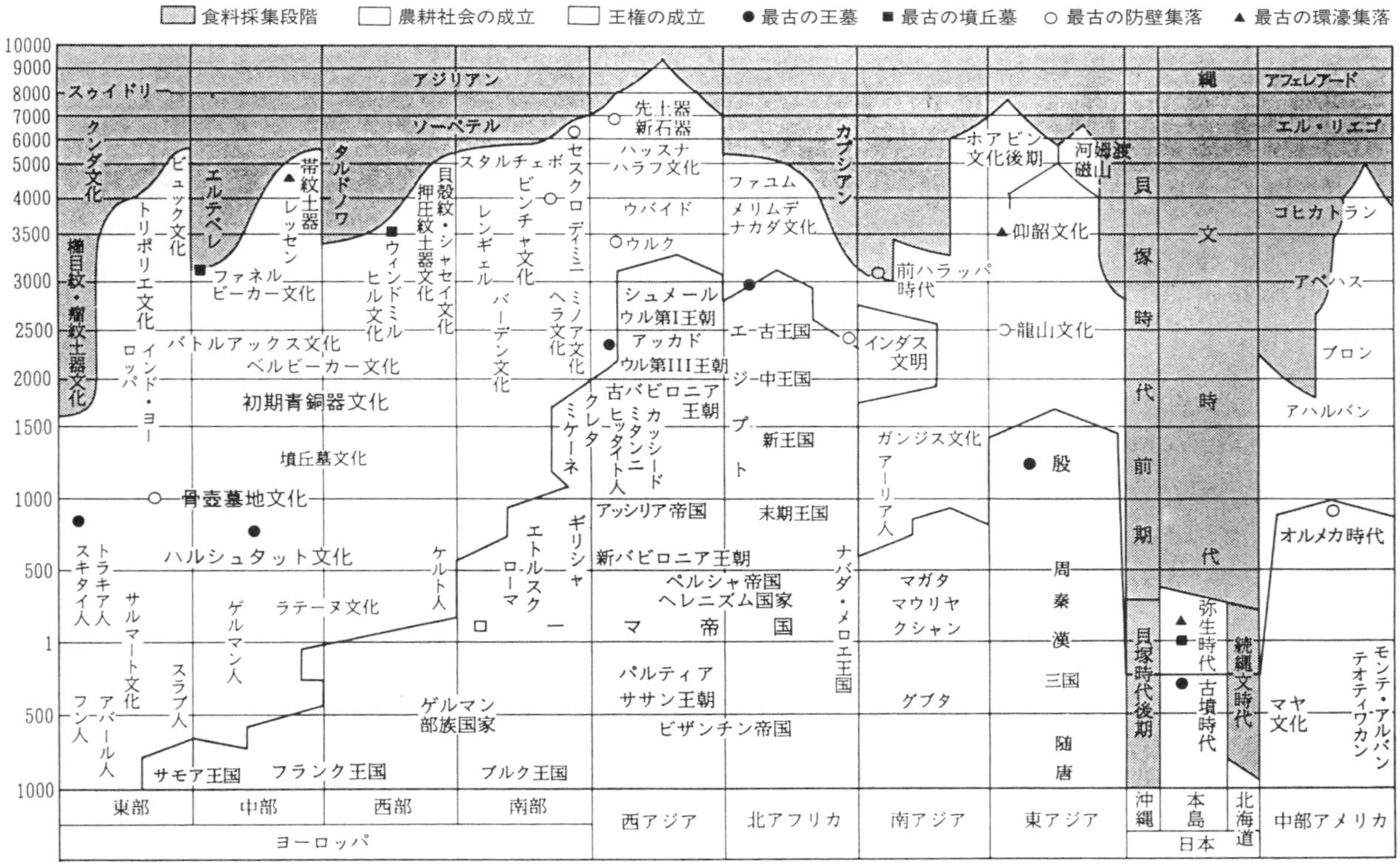

源は紀元前五〇〇〇年という古さをもっているのに、日本列島の本格的な農耕社会のスタートは、紀元前三〜四〇〇年前の弥生時代になってからという新しさである。いいかえれば、それほど遅くまで、基本的には食料採取経済段階である縄文時代が、後まで長く続いていたということになる。

このことは従来の「文明史観」の立場から評価すれば、日本は世界史の中でも、もっとも未開な歴史を永くもった国の一つとされ、文明化の度合では後進国に属するといわれても仕方がない。もっとも弥生時代以後の文明化は他に例をみないほど急速であったが……。

日本歴史を考える時、またその中に縄文時代を位置づける場合、右のような「文明史観」の枠組でとらえていいのかどうかは後にふれるつもりであるが、ここではとりあえず、縄文時代（文化）が世界史の中でも例のない、約一万年間という長い間、その間に時代や地域のちがいが認められるとはいえ、ある共通性で括ることのできる文化として、その生命を保ち続けた文化の時代であったということを、ぜひ記憶にとどめておいてほしいと思う。

日本歴史の中の縄文人像

縄文人がいなかった戦前の教科書

今年（一九九五年）はちょうど太平洋戦争が終って五〇年目にあたる。前にも述べたように、いまさかんに「縄文時代観の転換」「縄文人のイメージが変わる」といったキャッチフレーズの下で、空前の「縄文ブーム」が続いている。それはあいつぐ新しい大発見で、それまでの学説や常識がくつがえされたといった類の、単なる学問上の議論だけではすまされない問題をもつものと、わたしは考えている。

それはなにかというと、戦前の日本歴史と、戦後五〇年のそれをくらべて、日本歴史に対する日本人全体の歴史認識や歴史観にかかわる大切な問題を、「縄文時代観の転換」ということの意義に結びつけてとらえてみたいからである。

そこで、明治時代になって近代科学としての日本考古学がおこり、縄文時代に関する考古学的研究が盛んになって以来、日本歴史の中で縄文時代がどのように扱われ、縄文人がどんな運命を負わされてきたかを簡単にふりかえってみる。

その一つのもっともわかりやすいめやすは、小・中学校の児童・生徒が、学校の授業の中で使った日本歴史の教科書に、縄文時代や縄文人がどのように記述されていたかをみることである。その結論はきわめて明白である。すなわち太平洋戦争敗戦前の日本歴史の教科書には、縄文時代も縄文人もまったく登場してこないということである。二、三の実例を検証してみよう。まず、いまわたしの手元にある一八九四年（明治二七年、日清戦争の年）の教科書では、その第一頁を飾る章は「第一章・神武天皇以前」であって、そのはじめの項目に「太古の土人」がある。そこには次のような記述がみられる。

「何レノ國ニ在リテモ太古ノ事ハ詳カナラズ。サレバ吾ガ國ニ住居セシ人民ハ如何ナルモノナリシカ知リ難シ、唯古ヘノ記録ニ土蜘蛛ト云ウ名アリテ其ノ穴居野蠻ノ民タリシヲ知ル。……」

以上の記述につづいて「蝦夷＝アイヌ」のことや出雲の「大国主命《おおくにぬしのみこと》」の記事があって、「国譲り《くにゆず》」や「神武東征」の神話に入っていく。こうした日本歴史第一頁の記述の中に、内容の云々はともかくとして、「太古の土人」が書かれていることに注意したい。

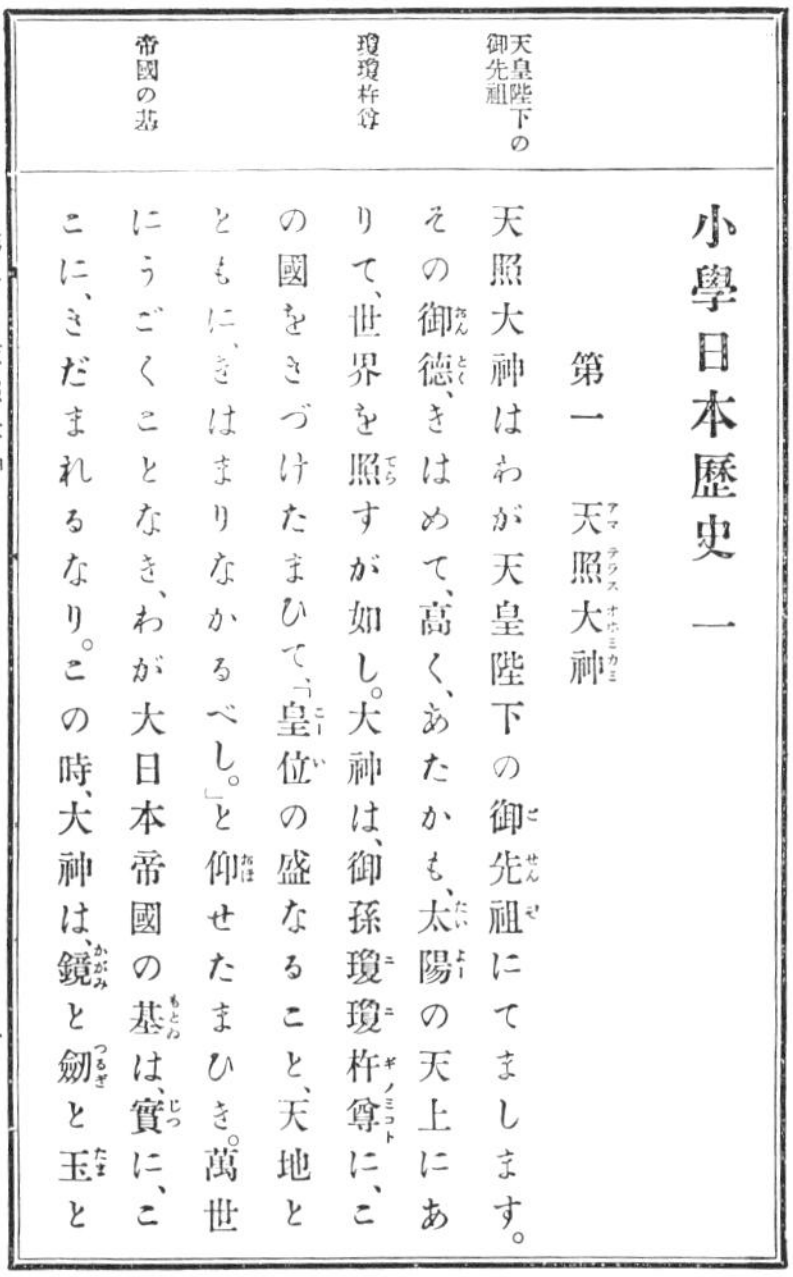
天皇陛下の御先祖
瓊瓊杵尊
帝國の基

小學日本歴史 一

第一 天照大神《アマテラスオホミカミ》

天照大神はわが天皇陛下の御先祖《ごせんぞ》にてまします。その御徳《おんとく》きはめて、高く、あたかも、太陽《たいよう》の天上にありて、世界を照《てら》すが如し。大神は、御孫瓊瓊杵尊《ニニギノミコト》に、この國をさづけたまひて、「皇位《こうい》の盛なること、天地とともに、きはまりなかるべし。」と仰《おほ》せたまひき。萬世にうごくことなき、わが大日本帝國の基《もとゐ》は、實《じつ》に、ここに、さだまれるなり。この時、大神は、鏡《かがみ》と劒《つるぎ》と玉《たま》と

第一 天照大神 一

1904年（明治37年）文部省発行の国定教科書

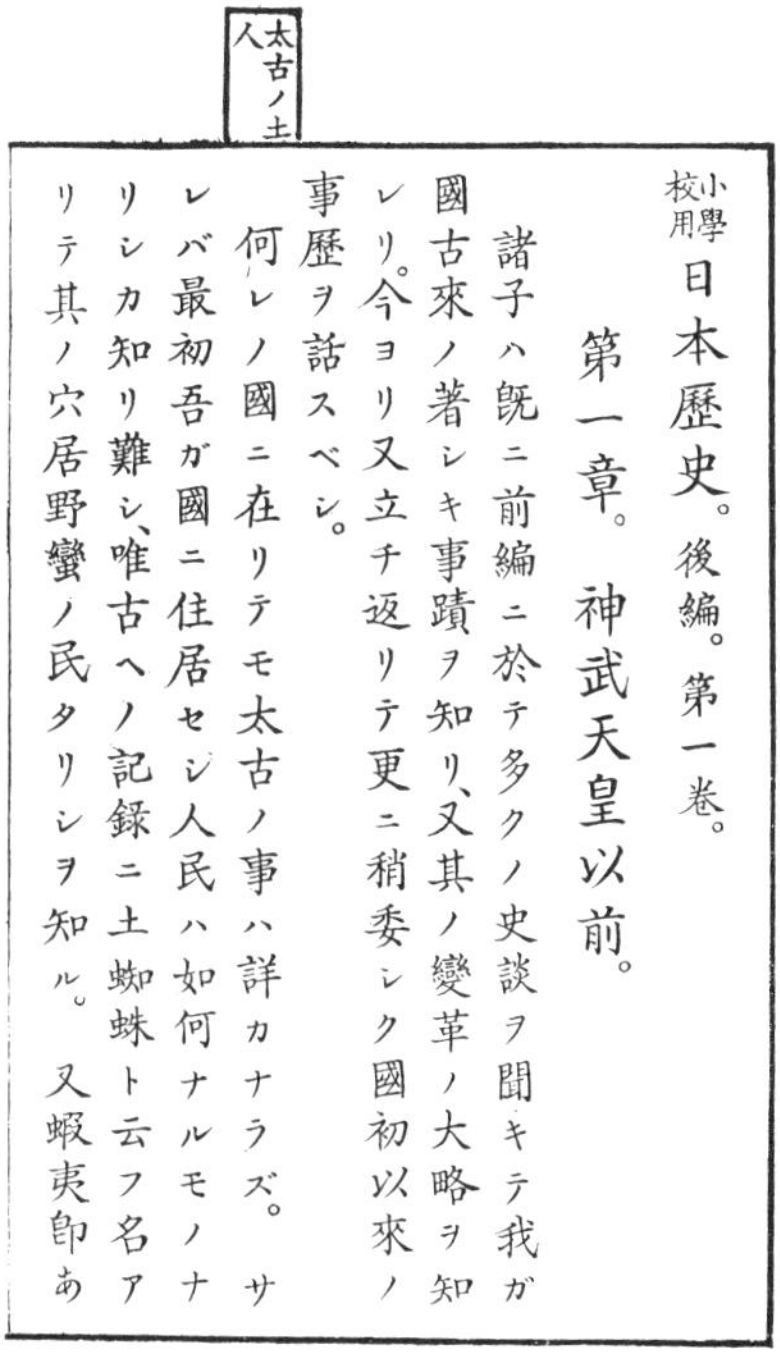
太古ノ人

小學校用 日本歴史。後編。第一巻。

第一章。神武天皇以前。

諸子ハ既ニ前編ニ於テ多クノ史談ヲ聞キテ我ガ國古來ノ著シキ事蹟ヲ知リ、又其ノ變革ノ大略ヲ知レリ。今ヨリ又立チ返リテ更ニ稍委シク國初以來ノ事歴ヲ話スベシ。

何レノ國ニ在リテモ太古ノ事ハ詳カナラズ。サレバ最初吾ガ國ニ住居セシ人民ハ如何ナルモノナリシカ知リ難シ、唯古ヘノ記録ニ土蜘蛛ト云フ名アリテ其ノ穴居野蠻ノ民タリシヲ知ル。又蝦夷卽あ

1894年（明治27年）金港堂発行の検定教科書

いま例にあげた教科書は、横浜の金港堂という出版社が編纂・発行し、文部省の検定をうけて市販されたものである。同じようにして出版されたいわば「検定教科書」は、この時期何種類もあって、記述の内容はさまざまである。

ところが一九〇三年になって、当時の政界・教育界・出版界を広くまきこんだ「教科書疑獄事件」が摘発された。明治政府はこれを口実にして、翌年「国定教科書」制度を制定した。つまり、小学校など義務教育で用いる教科書は、今後いっさい、文部省が作ったもの以外は使用を許されないという制度である。

その一九〇四年（明治三七年、日露戦争の年）に発行された『小学日本歴史』をみると、その第一章は「天照大神《あまてらすおおみかみ》」となっていて、「天照大神はわが天皇陛下のご先

祖にまします」の書き出しではじまるいわゆる建国神話が、とうとう全頁を埋めつくし、縄文人はおろか、一〇年前の検定教科書にはまがりなりにも書かれていた、神武以前の「太古の土人」も姿を消してしまっていることがわかる。

そしてここで忘れてはならないのは、この最初の国定教科書が出て以来一九四五年の敗戦の時まで、多少の表現や体裁の変更はあったとしても、内容的にはまったくちがいのない神話にもとづく日本歴史が、すべての日本国民に強いられていたという点である。

いうまでもなくこの間、縄文人の存在は日本史の中からまったく抹殺されていた。いま縄文時代観の見直しが叫ばれている時、心に刻んで記憶すべき第一の点は、そうした過去の事実についてである。

ゆがんだ縄文人像

太平洋戦争の敗戦は、神話中心の古い日本古代史を破棄する機会を与えた。終戦の年、学校の教室でそれまで使っていた教科書を、墨で塗りつぶすという衝撃的な体験をもった人が少なくないはずである。

そして敗戦の翌年の一九四六年（昭和二一年）、文部省はいそいで小・中学校用の新しい歴史教科書を編集した。その小学校用としてまず発行されたのが有名な『くにのあゆみ』である。ひきつづいて発行された中学校用の『日本の歴史』と併せて、その原始・古代の内容、とくに考古学的な記述はまだけっして十分とはいえないとしても、ともかく日本の歴史教育の場ではじめて、考古学的事実が教科書にとりあげられ、日本歴史の第一頁に、神話の神々にかわって縄文人が登場したのである。このことはもちろん日本人の歴史認識を一変させる大きな変革であったし、同時に日本考古学史の中で、特筆大書すべき画期的な事件として記録されなければならない。

こうして縄文人は日本人の祖先として認知され、日本歴史の中の地位を得たわけであるが、現代日本人のもつ縄文人像は必ずしも正当なものだったとはいえないのではないか。このことに関して十数年前、ある女子大学の学生一〇〇名ほどに、「わたしのイメージする縄文人像」という簡単なレポートを課したことがある。じつにさまざまな縄文人像がイメージされていたが、答を平均的にまとめてみると、「食べ物もなくいつもガツガツしていた人」「いつも暗い家の中で、グロテスクな神に祈りをしている人々」「まずしくてみじめな原始人」ということになる。この答をみて、これが日本人がもつ平均的な縄文人像であり、また縄文時代観であろうと感じた。

女子大生諸君がどうしてこういう縄文人像をイメージするのか、そのヒントをつかむため、当時多く使われていたある中学校用の歴史教科書をみた。それには一頁半ほどのスペースを割いて縄文時代についての記述がある。その最後のいわば結びの文章にこんなことが書いてあった。

「当時の人々は自然のめぐみを神に祈りながら、みんながとぼしい共同の生活をしていたのである」

そして一連の文章の記述の真中に、グロテスクな姿態をした土偶の写真が、他の竪穴住居跡や土器・石器などの挿図を圧するような大きさでレイアウトされているのである。これでは前記の女子大生たちの語るような、日本人の平均的な縄文人像がイメージされるのは、当然だと思わざるを得なかった。

縄文人は生きている

縄文人に対する女子大生たちの暗いイメージに接して、専門家としてなにか反省をこめた、暗然たる気分に襲われていたちょうどその頃、すばらしい縄文人像を版画に描き出した小学生たちに、わたしはめぐり逢うことができた。その小学生たちは学校の近く、というよりはやがて彼らが学ぶ学校を建てるためにおこなわれた、縄文時代中期の遺跡の発掘中、しょっちゅう発掘の現場に遊びに来たり、自由に発掘の見学をしているうちに、いつしか考古学や縄文人に強い興味を抱くようになった。

やがて彼らが六年生になった時、先生に相談して自分たちでさまざまな体験学習（縄文体験）を積み重ねた上で、『縄文の人々のくらし』と題する八〇枚ほどの版画集を、同級生一七七名の共同制作として作りあげたのである。

描かれた絵は、どれをみても子どもらしい奔放な発想とタッチで、細かな部分の描写もふくめて、じつにいきいきとしたすばらしい縄文人の姿と、その生活の様子を見事に描き出している。そして体験学習と版画の制作を通して知った縄文人像を、それぞれの小学生たちが感想文として書き残している。以下はその二、三の例である。

「縄文人がうらやましい。タイムマシンがあるなら、いって、一生けんめい生活してみたい」

「今、わたしたちが使っている物のもとは、ほとんど縄文の人びとが考え出したものじゃないかなと気がついた。それに縄文の人びとがいなければ、わたしたちだって生まれてこなかったのだから、感謝しなくちゃと思った」

「わたしは今、なんでも、できたものにたよって、自分でつくれるものもつくらないでいるが、これでいいのかなあ、と思った」

「縄文の人びとは、生活のもとになるものをきずいて残してくれたから、ぼくたちも、後の人間たちのた

獲物をもってムラに帰る

縄文土器をつくる

小学生が描いた縄文人像（戸沢編『縄文人は生きている』有斐閣刊より）

めに、何かをのこしていきたい」

このわずかな感想文の例からも読みとれるように、遺跡や体験学習を通じて、より身近かに縄文人とめぐり逢った小学生たちの縄文人像と、教科書で教わっただけの女子大生の縄文人像とのひらきは非常に大きい。自由な発想と大胆なタッチで描き、素朴な言葉でいい表わした小学生の縄文人像の方が、はるかに真実に近いと、わたしは信じている。

問題はどちらが正しいか、すぐれているかといった比較の問題ではない。重要なことは、縄文人に対するイメージが、このように相反するともいってよいほど大きくわかれているという点である。このちがいは小学生対女子大生という、たまたま歴史教育＝学習のプロセスであらわれた経験差をこえて、日本人一般や研究者の歴史意識や歴史観の差として、より深い意義をもって縄文時代観そのものにかかわる問題を秘めているという点である。その意味で「縄文時代観の転換」を、マスコミのキャッチフレーズだけで終わらせるようなことがあってはならない。

縄文時代観を変える発見と研究

縄文の大発見

いま縄文ブームをひきおこしているような考古学上の発見は、ここ二、三年の間に急に始ったことではない。最近ある雑誌の特集記事で、「縄文観を変えた重大遺跡はこれだ！」というのがあって、重要遺跡を一〇カ所あげてほしいというアンケート依頼がきた。ややためらいながらわたしが答えたのは、次の諸遺跡であった。

念のため発見ないし主要な調査結果がもたらされた年代順に、その一〇遺跡をあげてみる。

①長野県井戸尻《いどじり》遺跡群（一九五八年）　「縄文王国」とも称される八ヶ岳山麓に残された、発達した縄文中期の遺跡・遺物を豊富に発掘し、「縄文農耕論」の先駆となる研究が進められた。

②福井県鳥浜《とりはま》貝塚（一九六二年）　低湿地遺跡の本格的な発掘を通じて、多量の木製品をはじめ、陸上の遺跡ではみられない、豊かな縄文人の物質文化を明らかにした。「縄文のタイムカプセル」と評価された。

③北海道キウス遺跡群（一九七四年）　環状土籬《かんじょうどり》と呼ばれる、縄文時代の大型の墓地が群をなして発見され、この時代の社会構造がかなり高度に組織化されたものであったことを示唆した。

④長野県阿久《あきゅう》遺跡（一九七五年）　縄文前期の環状集落跡と掘立柱建物跡群の存在が明らかとなり、さらに「環状《かんじょう》集石《しゅうせき》群」と称される、径一二〇メートルの環状に配される集石土壙《しゅうせきどこう》群（墓）が発見された。広域にわたる集団の墓と祭祀《さいし》のセンターと考えられている。

⑤石川県チカモリ遺跡（一九八〇年）　環状に巨木（半截したもの）を立て並べた、いわゆる巨大木柱列遺構《きょだいもくちゅうれついこう》の最初の発見。その巨木の伐採・運搬・加工の技術と組織力などが話題となった。

⑥青森県小牧野《こまきの》遺跡（一九八八年）　大湯《おおゆ》遺跡をはじめ、古くからその性格が議論されていた環状列石《かんじょうれっせき》について、その全体像を明らかにする調査と研究が進められている。

⑦鹿児島県掃除山《そうじやま》遺跡（一九九〇年）　縄文草創期の住居跡・配石炉などの遺構が発見され、最古期の縄文人がすでに定住生活をはじめていたこと、また南九州での縄文文化の生成・発達が意外なほど早かったことがわかった。

⑧栃木県寺《てら》野東《のひがし》遺跡（一九九三年）　本書勅使河原彰氏の論文参照。

⑨長野県鷹山《たかやま》黒耀石鉱山跡（一九九三年） 本書小杉康氏の論文参照。
⑩青森県三内丸山遺跡（一九九四年） 本書勅使河原彰氏の論文参照。

以上がわたしがアンケートに答えた一〇遺跡であるが、他の八名の研究者とマスコミ関係者がそれぞれあげた一〇遺跡の中には、栃木県根古屋台《ねごやだい》遺跡、群馬県矢瀬《やぜ》遺跡、石川県真脇《まわき》遺跡、群馬県茅野《かやの》遺跡等々の重要な遺跡が三〇カ所近くもある。

このように、縄文時代を見なおすような発見は、すでに二〇年以上も前から学界の内部では話題になっていたのである。事実、わたしは一九七五年の阿久遺跡の発見の際、鳥浜やキウス遺跡の評価、縄文農耕論の意義などを加えて、「転換迫られる縄文時代観」と題するたいそうな文章を、ある新聞に連載したことがある。しかしそういう問題提起に対して、学界は一般にきわめて「冷静」で、当時二、三の研究者から与えられたコメントは、「縄文時代観の転換というのはおかしい。調査方法や技術の進歩によって、いままで見えなかったものが見えてきたにすぎない」というものだったことをよく憶えている。

学際的研究の進展

右に紹介したコメントが指摘するような、調査方法や技術の進歩、それにともなう発掘現場での自然科学諸分野の研究者との共同調査、それを基礎とした考古学と自然科学の学際的研究の進展は、白黒の写真に色彩をつけたように、あるいはがい骨だけの人体に肉を付けたように、縄文文化の様子をよりくわしく解明する道をひらいた。

戦後間もなく導入された^{14}C年代測定法では、夏島《なつしま》貝塚出土資料の測定によって、縄文土器の起源が世界の他の地域の土器出現年代をこえる古さであることが明らかにされた。そしてその後、黒耀石水和層法《こくようせきすいわそう》、熱ルミネッセンス法、フィッショントラック法等の理化的年代測定法がつぎつぎに開発され、縄文時代の編年はほぼ絶対年代（実年代）をもって語ることができるようになった。

X線解析法・蛍光《けいこう》X線分析法は、土器や石器の産地同定に応用され、その結果にもとづいて広域な人と物の交流を知る基礎資料を提供した。

花粉分析法や灰像《かいぞう》法は、遺跡出土の自然遺物や遺跡周辺の土壌などを分析して、自然環境の復元や植物遺存体の検出を可能とした。

脂肪酸《しぼうさん》分析法や炭素《たんそ》・窒素《ちっそ》同位体《どういたい》（コラーゲン）分析法は、遺物に付着する食物の残りかすの残存脂肪酸や人骨をサンプルとして、縄文人の食性《しょくせい》（食品の種類や摂取量）を復元することに成功した。

こうしたいわば先端科学技術の応用だけではなく、地質学・植物学・動物学等々の自然科学固有の方法や知識が、自然科学者自体の積極的な参加もあって、考古学への豊富な導入がはかられた。そればかりでなく、人類学・生態学・民族誌などの研究分野からの考古学へのアプローチも目立ち、縄文文化の性格や社会構造等をめぐる理論的な研究も、ようやく盛んになったというのが現状である。

縄文時代観の確立に向けて

さまざまな縄文時代論

いま一種の「縄文ブーム」をひきおこしている数々の縄文の大発見、そして先端科学技術までとり入れた、自然科学諸分野等との学際的研究の進展という現状の中で、考古学研究者は新しい縄文時代観の確立を迫られている。

たまたま本書はその方向性を探るための、一つの試みともいえる内容となった。編者であるわたしを除いては、筆者はいずれもこれからの縄文時代研究を担う、中堅・若手の研究者である。当然のこととして、全体としていえることは、縄文時代あるいは縄文文化のとらえ方、とくにその日本歴史における位置づけということに関して、世代の古い編者とは異なった、それぞれに新しい観方を示している。

個々の論者の著述の内容は、本書の読者の評価に任せられるところであるが、全体として、これからの縄文時代観の確立に向けて、いくつかのあり得べき方向性を示唆しているものと、わたしはうけとめることができた。

とくに本書の冒頭を飾った山田論文では、「縄紋文化」を東アジア全体の中でとらえ、従来よくいわれたように、縄文文化を日本列島できわめて特殊的に発達した文化であり、その後の日本文化の基層文化として評価し、日本民族や日本歴史との結びつきを強調するといった、わたし自身そうであるような縄文時代観に対して、かなりきびしい反論を提示している。

近年のあいつぐ縄文の新発見によって、縄文時代の文物の中に、日本列島周辺の地域からもたらされたもの、また予期された以上に海外交流が活発だったことを示す証拠が明らかにされた。とくに照葉樹林《しょうようじゅりん》文化論の登場以後、日本列島の人類文化、とりわけ縄文文化以降の日本文化の基層に、広くアジア地域全体の生態系や、文化・歴史の動きとかかわりの深い諸要素が、濃厚に存在することが知られるようになったことは周知のことであり、わたしも山田さんのように、縄文文化を東アジア人類文化史の広い視野で見直す必要のあることにはまったく異論がない。

別の視座からの観方であるが、本書の小杉論文が、いままでの視点では、せいぜい土器や特定資源（硬玉などの）の広域分布・地域間交流のあり方からしか推測できなかった縄文社会の構造について、「縄文黒耀石鉱山」の発見を契機として、その採掘と流通・消費のメカニズムの復元に迫り、いままでの縄文人の枠組をいったんはなれて、真の「縄文人」を究める必要があることを示唆しているのも、耳を傾むけるべき見解である。

他のそれぞれに固有のテーマを扱った諸論考も、縄文文化全体の中で問題の所在を提示し、縄文時代観の確立をめざす各筆者の意図を十分に読みとることができる。

それらのことを総体的に説明するならば、各筆者は新発見の事実や新しい研究の成果を、個別資料や個々の事実に対する評価に終わらせるだけでなく、縄文文化とはどんな文化であり、その時代はいかなる時代であったのかということを具体的に論ずる、重要な糸口を示している。

こうした将来の研究に向けての縄文時代観、縄文文化論への問題提起は、なにも本書の論者に限ったことではなく、ここ十数年来、学界ではすでにいくつかの研究がおこなわれてきた。戦後間もなくはじまった、藤森栄一さん等による「縄文農耕論」、その延長線上で語られた本書の小林論文。そして中尾佐助・佐々木高明さん等による「照葉樹林文化論」や「ナラ林文化論」は、「縄文農耕論」を農耕の存否という枠から、縄文人の生業・文化全般を包括した縄文文化論に拡大させた。

最近では鈴木公雄さん等による縄文文化の画期の見直しにもとづく「縄文文化基層文化論」。そして哲学者梅原猛さんの「縄文深層文化論」ともいうべきものも加わって、縄文文化を日本歴史の中でどのように評価するかといった論議が注目されるようになっていた。

いうなれば本書の論者の諸見解を合わせて、縄文時代観の確立をめざす縄文時代論は、方法も理論・理念もいまはさまざまな形であるが、いよいよこれから本格的に論争をたたかわせる段階を用意するものだと認識しなければならない。

縄文時代論の一つの視角

学問的な論争として、さまざまな縄文時代論があってもよい。いやむしろあるべきだと考える。しかしただ学術的な合理性を論じ合うだけの議論は、山田論文の指摘にはそぐわないことになるが、日本歴史に縄文時代を正しく位置づけることの重大性からいって、わたしは避けなければいけないと強く思う。

その理由はすでに第一・二節の記述を通じて、縄文人に対するわたしの思い入れを再三にわたって述べてきた。とくに第二節で述べたように、戦前の歴史教育の中で、教科書からも縄文人がまったく抹殺されていたという事実については、戦後五〇年を経たいまも、わたしにとっても、日本国民全体にとっても忘れることのできないにがい体験なのである。

縄文時代の歴史を、伝統的・一体的な日本人の歴史と結びつけて、縄文人を讃美し、遠い過去へのノスタルジアをかきたてるといった思い入れは、たしかにわたしの縄文時代観になかったとはいえない。だから梅原さんがいうような縄文人の歴史（「縄魂《じょうこん》」）を、後世の日本歴史に働きかける「怨霊《おんりょう》」の歴史だなどとする、「縄文深層文化論」には強い反発を感ずる。

それとは逆に、これも第二節で紹介したように、縄文人とめぐり逢った小学生たちが、無心に描ききった版画、率直に書き綴った感想文に見るような、現代の子どもたちの心に生きている縄文人像にこそ、現代人とし

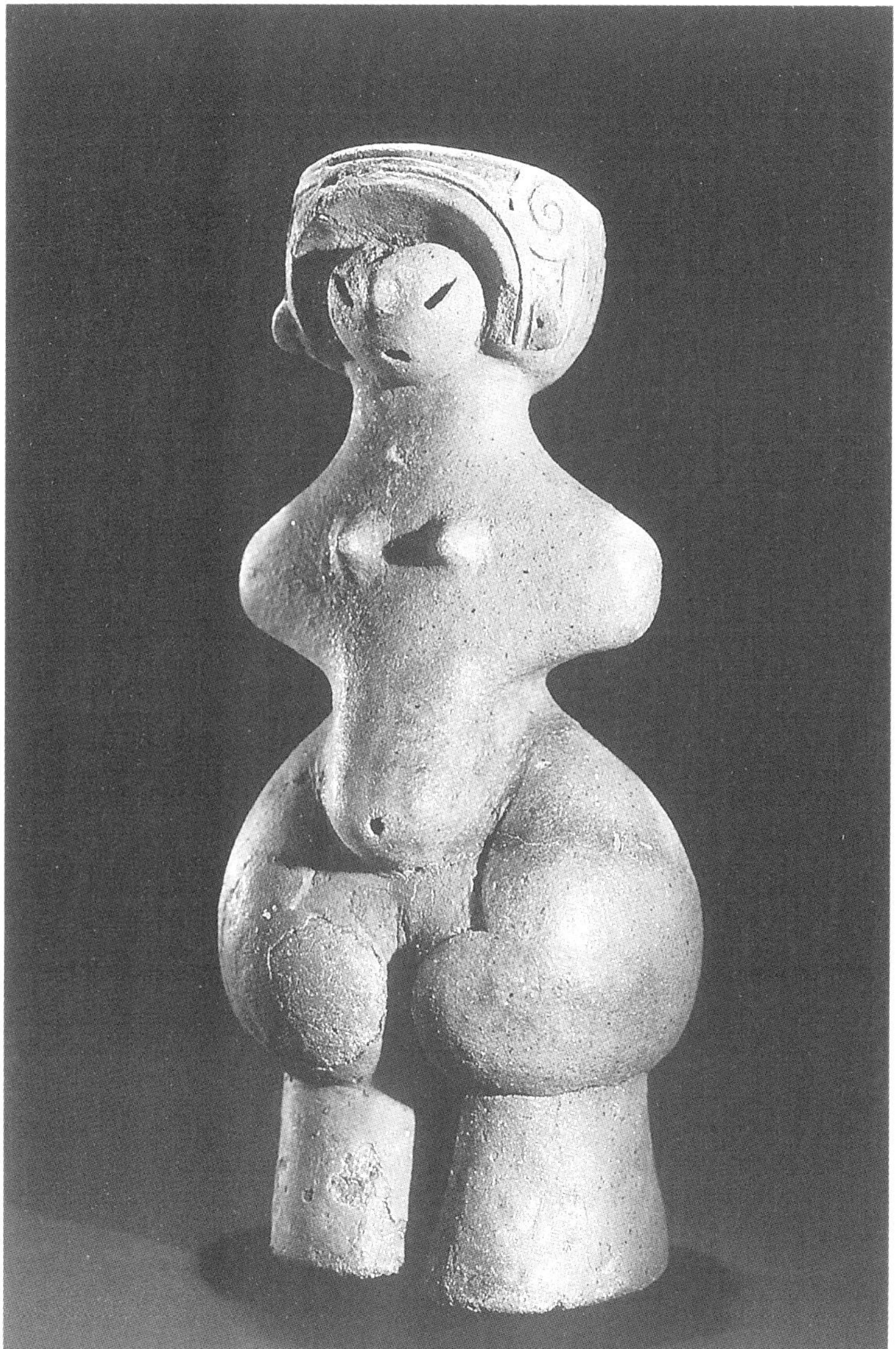

今年(1995年) 4月、縄文時代の文化財として、全国初の国宝に指定された縄文中期の大型土偶。〝縄文ヴィーナス〟と愛称されるその豊満な造型美の中に、活力のある縄文人の生活と文化をみる。
(長野県茅野市棚畑出土、尖石考古館所蔵、全高27cm)

て生きている考古学研究者の縄文時代観や、もっと包括的な意味での歴史観の一つのよりどころがあってしかるべきことだと信じる。

その小学生の感想文の一つを再び想いおこしたい。

「縄文の人びとは、生活のもとになるものを築いて残してくれたから、ぼくたちも後の人間たちのために、何かを残していきたい」

核爆発の危機や地球的規模の環境破壊を前に、いま人類はその生存をかけた対応を迫られている。わたしたち日本人の身近なところでは、阪神大震災があり、東京地下鉄サリン事件など、不幸で悲惨な事件をあいついで経験している。これらのことを、現代の最高の技術と文明におごる人類が、人類と地球を自らの手で滅ぼす道につなげてはならない。

そう考える時、わたしたち日本人の祖先として、日本列島の自然と調和し、その恵みを十分に活用して、物質的にはいまとくらべて格段に貧弱な生活だったとはいえ、約一万年間にわたって、創意と活力にあふれた独自の文化を残した縄文人の生き方に、多くの学ぶべきところがあるというのは、たんなる古き過去へのノスタルジアだとはいえないと、わたしは考えるのである。

縄文時代についてだけではなく、過去の永い人類の歴史をふりかえり、蓄積された英知と現代の最高の科学を動員して、未来に備える遺産を創造することがいま全人類に求められる。縄文時代観の確立ということも、その一点を視角に加えることによって、人類の将来に重要な役割を果しうるにちがいない。

追補

縄文時代研究への理念

戸沢　充則

「旧石器発掘捏造」事件への反省

二〇〇〇年一一月五日、日本考古学界と社会一般に、衝撃的な事件のニュースが流れた。「旧石器発掘捏造」の発覚である。その朝、ある新聞の記者からコメントを求められ、「心臓の血が凍るようなショックだ」と述べて絶句した覚えがある。

それからちょうど一年、日本考古学協会をはじめとする全国各地の研究者団体、それに関係自治体などの諸機関が協力して、いわゆる「検証」にとりくみ、この許しがたい捏造が二〇年余も前から実行され、疑惑の遺跡数は四〇をこえる多数にのぼり、その中には、日本の前・中期旧石器時代研究の骨格を作りあげた、座散乱《ざざら》木《ぎ》遺跡（一九八一年発掘）、馬場壇《ばばだん》A遺跡（八四〜七年）、上高森《かみたかもり》遺跡（九三〜二〇〇〇年）、そして関東地方でも秩父遺跡群（二〇〇〇年）などの「重要遺跡」が軒並みふくまれていることが明らかとなった。

「検証」によるこのような結果については、いまや大多数の研究者の間では、少なくとも一九八〇年代以降の、日本の前・中期旧石器時代の体系は見直され、いったん白紙に戻して、新しい旧石器時代史の再構築のために、これからの発見・発掘・研究に向けて、努力を集中する必要がある。そのことこそが、失墜した日本考古学の信頼を回復する、最も具体的な道だという、共通認識が固りつつあるというのが現状といってもよい。

そうした中でこの捏造事件が、一人の実行当事者や、それを見逃してきた一部の研究者たちの信じがたいミスというだけでなく、日本考古学の科学性や方法論の欠如という批判や反省が、研究者自身やマスコミの論調として強まってきている。

例えば、発掘調査の結果は現場主義で石器の出土と担当者の判断を第一として、事実についての客観性が保証されていない。また、当事者以外の研究者との間で共通の資料と共通の用語で、考古学的事実に対して、相互批判という形で理解と評価を共有する学界状況がとぼしく、その努力を怠ってきた等々である。

さらに、前・中期旧石器研究についていえば、地層の古さや年代の決定が優先されて、考古学が本来もっとも基礎的な方法論としてもつ型式学的研究がないがしろにされてきた。そのため何十万年前の地層から、数千年前の縄文時代の石器が出土しても、それに気づかず、あるいはそうした疑問を無視してすごしてきたなどといった指摘は、笑い話にもならない、考古学研究者にとっては全く恥ずかしいことだったといわねばならない。

いずれにしても、「旧石器発掘捏造」事件の検証は、日本考古学の基本的な方法論の欠陥や、それを生み出してきた学問としての考古学の体質の問題に、強い反省を求める段階にまで進んできていることを、冷静に受け止めなければならないだろう。

歴史教科書と考古学

ところで、本書は旧石器を扱った本ではなく、縄文時代を主題とした書物である。捏造事件で揺れる旧石器問題を外において、縄文時代の研究は果して問題がないだろうか。

実は「旧石器発掘捏造」が発覚する少し前から、いわゆる「教科書問題」が社会の関心を集めはじめていた。これは『新しい歴史教科書』（扶桑社刊）の検定・採択をめぐって大きな社会問題となり、韓国や中国をはじめアジアの近隣諸国から、その内容等に関する強い批判が相次いで、国際的な問題にもなったことはよく知られる通りである。

この教科書の古代史の部分についても、誤った記述や、事実認識のズレなどがあるといった指摘が、韓国・中国の学界や日本の古代史家（若干の考古学者をふくむ）からあったが、わが国の考古学界、あるいは考古学研究者が、この問題に対して組織的に取り組み、発言することは少なくとも私の知る限り現在まではなかった。

前章（「日本歴史の中の縄文人像」二六九〜二七六頁）にも書いたように、私は歴史教科書の中で、縄文人＝縄文時代がどんな扱われ方をするのかに、以前から関心をもっていたので、市販本で世に出た『新しい歴史教科書』を見た。縄文時代に関する記述は、「第1章　原始と古代の日本」の「1．日本のあけぼの」の中に三頁にわたって書かれている。中学生用の教科書としては、けっして少ない頁数とはいえないだろう。つまり縄文時代についてかなり重要な位置づけをしているといってよい。

その前半の記述は「森林と岩清水の生活文化」と題して、当時の日本列島が豊かな自然環境に恵まれていて、世界の四大文明がおこった大陸の他の地域とは異なり、「文明や文化は当然、違った形となってあらわれた」とし、以下、縄文土器の起源が世界最古であることを強調する。ちなみに、ここで引用されている最古の縄文土器の年代「およそ一万六五〇〇年前」という数値は、学界内でも異論のある年代で問題があるが、それはおくとしても縄文土器が世界最古の土器の一つであること、そして日本列島が自然に恵まれて、その中で生活を営んだ縄文人が、自然と共生して、一万年という長期にわたる文化を一つの伝統として維持した、きわめて特異な文化であったことを強くうち出している。この点に関しては、私も早くから注目し、本書の一節「世界史の中の縄文時代」でそのことを記述した（二六七頁参照）。

「縄文文明論」のねらい

この教科書の代表執筆者西尾幹二さんに、『国民の歴史』という大著がある。新教科書の底本になったといわれる著書である。その第3章は「世界最古の縄文土器文明」と題され、縄文文化は「エジプト文明に並ぶ長期無変動文明」とする、安田喜憲さんの所説を強い共感を加えて引用している。

その後、最近ではこの安田さんの所説は、「第五文明論」とまでいわれて、縄文文化の優位さを過大に評価するキーワードになりつつあるようにもみえる。これに関連して西尾さんは『国民の歴史』の中にこう記述する。すなわち「十世紀唐の崩壊以降、一国の民族史として中国史などというものは全く存在しない。しかしこの列島の歴史は縄文・弥生の一万年を背中に背負って、それと直結しえんえんと同一化された文化の連続性を保っているのである」と。

「縄文人は生きている」という言葉は、縄文人や彼等の残した文化遺産に愛情を抱き、縄文時代の考古学的研究を永いこと続けてきた、一研究者としての私の心情でもあり、以前から「縄文時代観の転換」を促す私の合言葉でもあった。しかしあたかも、太平洋戦争敗戦前を思い出させる「八紘一宇」の思想につながるような縄文時代観には強い抵抗を覚える。『新しい歴史教科書』が国内でも、とくにアジア諸国から強い批判を浴びたのは、そうした思想に強く彩どられた、全巻を通しての叙述に対してであった。

イメージが先行した縄文の発見

この歴史教科書の縄文時代の記述の後半一頁は、三内丸山遺跡を表に押し出す形で、「縄文時代の生活」を記述している。食物の栽培（小規模な稲作も）が始まり、外洋航海が行われ、神殿が建てられる等々、一万年間も続く縄文文化の多様な様相を、一〇行余の字数で叙述するのだから無理なこととはいえるが、「縄文文明」の姿をなんとか浮き彫りにしようとする意図が読みとれる文章である。

三内丸山遺跡の発掘を契機として、にわかに縄文時代観の見直しが喧伝されるようになったが、調査開始の当初に強調された人口五〇〇人を越す大集落説は、学界内では批判が多数であるし、計画的「都市」建設の存在にも疑問が投げかけられている。この遺跡が他にくらべて大きな拠点的集落遺跡であり、遺物の量も質も豊富で、とくに大規模な開発の事前調査として、かつてない規模で一気に多くの情報をもたらせた重要な発見であったことは間違いないが、それだけに出土品や発掘成果の整理と分析には、少なくとも一〇年単位の多大の年月と努力が必要だとは誰もが予想していた。

しかし、そうした地道な研究よりはイメージが先行したかにみえる。そのことに対するマスコミの関与も影響した。こうして縄文時代観の転換はイコール「縄文文明論＝世界五大文明論」へと跳躍したのだと思う。

前・中期「旧石器発掘捏造」事件が発覚した直後、アジア諸国だけでなく、ヨーロッパの学界からも、経済大国となった日本がそれで満足せず、次は文化大国をめざして「原人文化」の捏造を試みたのではないかとい

2000年８月、長野県茅野市中ツ原遺跡で発見された、4000年前の大型縄文土偶（仮面の女神、全高34㎝）の出土状態（下）と、その一般公開に訪れた4000人の長い行列と熱心な見学風景（上）（写真提供：尖石縄文考古館）

う疑惑と批判が寄せられた。私には旧石器研究の当事者たちにそんな意識があったとは思えないが、先の批判や疑惑を受けるような利用のされかたが、学問の周辺には常につきまとっているという認識を研究者がもつべきだと考えている。

日本考古学の科学的精神

日本考古学は近代以来、社会とコミットすることの稀薄な体質をもっていた。敗戦前にもあれほど豊富な土器や石器を発掘し、個別実証主義的な研究の実績を積み重ねながら、ついに縄文人を日本歴史の中に登場させることもできなかった。戦後は経済優先の社会状況が続くなかで、文化財保護運動や、一般市民との共同学習などを通じて、積極的に社会とコミットする研究者も少なくなかったが、結果として大勢は開発優先の緊急発掘に追いまくられ、考古学がどんな学問かという自己への問いかけを忘れ、ついに日本考古学の主体性と存立基盤を失いかけたところに、「旧石器発掘捏造」事件が起き、教科書問題に対する研究者・学界としての主体的取り組みを怠るという欠陥を露呈した。

最近、私の大学の若い学生の一人が、捏造問題に触れて「考古学のプロフェッショナルとは?」というレポートを書いた。その中でプロの条件をいくつかあげ、その最も重要な要素は社会に積極的にコミットする姿勢だと述べた。たしかに日本の考古学は正しく社会にコミットし、学問が背負う社会的責任を果すための、具体的で積極的な努力に欠けていた。その意識を確信する道は、研究者一人一人が学問的な方法論を絶えず錬磨することとともに、学問をすることへの「哲学」と、人類社会の一員として生きることの「歴史観」をきちんと持つことだと思う。

いま縄文時代の研究について、私なりにいえる一つの歴史観は、自然と共生して一万年余にわたる文化の伝統を残した縄文人に学び、経済的欲望のもとに破壊された現在の地球環境の荒廃を回復し、テロや戦争を止めさせて、すべての人類が平和に共生できる世界を創るための努力を、研究者一人一人が惜しまないという点である。そうした研究者の科学的精神の自覚こそ、二一世紀以後の考古学の存立基盤を保証する道につながるのであろうと確信する。

執筆者紹介

①**山田昌久**（やまだ・まさひさ）
1953年生まれ。明治大学大学院文学研究科博士前期課程修了。首都大学東京教授。

②**松島義章**（まつしま・よしあき）
1936年生まれ。横浜国立大学学芸学部地学科卒業。元神奈川県立生命の星・地球博物館学芸部長。

③**栗島義明**（くりしま・よしあき）
1958年生まれ。明治大学大学院文学研究科博士前期課程修了。埼玉県立さきたま史跡の博物館学芸員。

④**西本豊弘**（にしもと・とよひろ）
1947年生まれ。北海道大学大学院文学研究科博士課程修了。国立歴史民俗博物館教授。

⑤**小杉　康**（こすぎ・やすし）
1959年生まれ。明治大学大学院文学研究科博士後期課程退学。北海道大学教授。

⑥**鈴木素行**（すずき・もとゆき）
1958年生まれ。明治大学大学院文学研究科博士前期課程修了。(財)ひたちなか市文化・スポーツ振興公社所長。

⑦**勅使河原　彰**（てしがわら・あきら）
1946年生まれ。明治大学文学部史学地理学科卒業。文化財保存全国協議会常任委員。

⑧**平林　彰**（ひらばやし・あきら）
1959年生まれ。日本大学文理学部史学科卒業。長野県教育委員会文化財・生涯学習課主任指導主事。

⑨**小林公明**（こばやし・きみあき）
1945年生まれ。長野県立諏訪清陵高等学校卒業。井戸尻考古館長。

⑩**戸沢充則**（とざわ・みつのり）
＊奥付編者紹介参照。

編者紹介

戸沢充則（とざわみつのり）

1932年生まれ。考古学者。

1945年秋、旧制中学校１年生の時に、学校の裏山で縄文土器片を拾った感動から考古学の道を歩む。高校生時代には、藤森栄一氏の主宰する諏訪考古学研究所に参加。その後、明治大学に進学。以後、明大で岩宿時代・縄文時代の研究と学生の指導をつづけ、明大考古学博物館長、文学部長、学長を歴任。2000年３月に退職。明治大学名誉教授。

その一方、「市民の考古学」をモットーに各地で市民参加の発掘調査、考古地域史研究を実践する。2000年12月より2002年６月にかけて、日本考古学協会の「前・中期旧石器問題調査研究特別委員会」委員長として、旧石器発掘捏造事件の検証調査にあたる。

編著書　『考古学のこころ』『考古地域史論』『歴史遺産を未来へ残す』（以上、新泉社）、『縄文人は生きている』（有斐閣）、『岩波講座　日本考古学』（共編著、岩波書店）、『縄文人との対話』『縄文時代史研究序説』（以上、名著出版）、『先土器時代文化の構造』（同朋舎出版）、『縄文時代研究事典』（編、東京堂出版）ほか多数。

増補　縄文人の時代

1995年５月25日　第１版第１刷発行
2002年３月１日　増補版第１刷発行
2010年５月25日　増補版第２刷発行

編者＝戸沢充則

発行所＝株式会社　新泉社
東京都文京区本郷２-５-12
振替・00170-4-160936番　ＴＥＬ03-3815-1662　ＦＡＸ03-3815-1422
印刷・萩原印刷株式会社　製本・榎本製本

ISBN978-4-7877-0202-9